Energetická pole aury

Frank Lorentzen

Energetická pole aury

Essencia

Frank Lorentzen: Energetická pole aury

www.auric-energyfields.com
mail@auric-energyfields.com

První vydání 2011
Copyright tohoto vydání 2011
Z originálu: Auraens energifelter
vydáno ve vydavatelství Sphinx, Dánsko

Ilustrace a fotografie: Frank Lorentzen
Návrh obálky: Bente Grue

ISBN 978-87-994189-1-6

Překlad: Klára Ivanicsová

Všechna práva vyhrazena.
Žádná část tohoto díla nesmí být reprodukována (prostřednictvím fotografování, mikrofilmu nebo jiným způsobem), zpracována elektronickými systémy, rozmnožována nebo rozšiřována bez písemného povolení vydavatelství.
Každé kopírování z této knihy může být realizováno pouze na základě pravidel v souladu s autorskými právy.
V případě citací je třeba uvést jejich zdroj.

Obsah

7 Předmluva

9 Kapitola 1 - Éterické energetické pole

10 Úvod k éterickému energetickému poli
17 Sedm primárních čaker
23 Kořenová čakra
39 Sakrální čakra
35 Čakra solar plexu
40 Srdeční čakra
46 Krční čakra
52 Čelní čakra
57 Korunní čakra
60 Dvacet jedna sekundárních čaker
72 Důležité éterické body

87 Kapitola 2 - Archetypální symboly čaker

88 Energetická řeč vědomí a energetického pole
    - Úvod do energetické řeči vědomí
89 Kořenová čakra   a její archetypální symboly
94 Sakrální čakra   a její archetypální symboly
99 Čakra solar plexu   a její archetypální symboly
105 Srdeční čakra   a její archetypální symboly
109 Krční čakra   a její archetypální symboly
113 Čelní čakra   a její archetypální symboly
115 Sny - Rozvoj osobnosti - Energetické pole

123 Kapitola 3 - Astrální energetické pole

124 Funkce
125 První roky života
129 Vyšší astrální energetické pole
131 Nižší astrální aura
134 Rozdíl mezi emocemi a pocity
138 Sympatie a antipatie
139 Forma astrálního energetického pole
140 Astrální oheň
142 Čtyři astrální brány
145 Astrální vědomí - astrální cestování - astrální projekce
149 Astrální energetické pole a hudba

www.auric-energyfields.com

150 Astrální barvy
151 Zdraví škodlivé astrální barvy
159 Normální astrální barvy v souvislosti s rozvojem osobnosti
164 Vyšší astrální barvy

175 Kapitola 4 - Cvičení
176 Dechová cvičení
178 Cvičení s partnerem
179 Cvičení na uzemnění se
180 Vizualizace barev - cvičení a čakry
181 Barevná meditace s třemi synchronními barvami
183 Medová barva
184 Speciální cvičení
186 Přehled bodů - přední část těla
187 Přehled bodů - zadní část těla
188 O autorovi - Frank Lorentzen

✳ Barevné ilustrace k této knize najdete na
www.auric-energyfields.com

Předmluva

Tato kniha je založena na mých více než 20 letých praktických zkušenostech a na jejich důkladném testování a ověření v každodenním životě.

Smyslem mé knihy je naplnit potřebu vytvoření praktické a jednoduché knihy, která má potenciál odkrýt čtenáři snadným, srozumitelným a praktickým způsobem hluboké porozumění pojmu psychické energie nebo energetického pole člověka. Zároveň poskytuje kniha čtenáři možnost najít pomoc sobě samému na několika úrovních. V souvislosti s mými poznatky, které se týkají jednotlivých témat knihy jsem byl často vyzýván, abych zaznamenal své poznání v písemné formě. Také mně samotnému v mém mládí i pozdější dospělosti chyběly knihy podobného zaměření. A z toho důvodu bych se se svým poznáním rád podělil s co nejširší vrstvou zájemců.

Kniha je určena všem, kteří mají hluboký zájem o poznání energetických aspektů energetického pole. Jejím tématem je éterické energetické pole s jeho čakrami a éterickými body, jejich funkce, význam a umístění. Kromě toho obsahuje popis astrálního pole (pocitového těla), jeho funkce a popis jeho umístění spolu s velmi podrobným popisem astrálních barev.

Co je energetické pole?

Slovo aura znamená vyzařování. Avšak samotné slovo "aura" nevystihuje všechno, když bychom chtěli popsat lidský "energetický systém". Pojem "energetické pole" je výstižnější a výpovědnější. Lidské energetické pole je reflexí, zpětným odrazem nebo vyzařováním našeho vědomí. Vyzařování vědomí, tak jak se jeví v rámci energetického pole, lze nejvýstižněji popsat jako subtilní energii, která se projevuje v jejích různorodých kvalitách.

Kromě samotného fyzického těla se celkový energetický systém člověka skládá z éterického pole, z astrálního, mentálního a spirituálního pole.

Éterická životní energie

Éterické pole v sobě zahrnuje subtilní anatomii životní energie se všemi čakrami, body, éterickými proudy, nádí a meridiány. Éterická energie je podstatou toho, že jsme vůbec naživu. Právě proto je poznání o éterické životní energii tak důležité a významné. Éterická energie se váže na fyzické tělo, má však vyšší vibrační rychlost než fyzické tělo, což ji činí sice neviditelnou, ale měřitelnou.

Energie, kterou je možné cítit

Astrální pole má ještě vyšší vibrační rychlost a spojuje v sobě celkové pocitové a emoční subtilní vyzařování lidské podstaty. Tuto astrální formu energie má na mysli většina lidí, když používají pojem energie. Protože většina z toho, co si lidé dokáží uvědomovat, cítit, vnímat a co spojují s energií a aurou, patří do astrálního pole. Energie, kterou dokážeme vnímat, kterou lze cítit, je velmi rozmanitá a komplexní. Všechny lidské citové stavy ovlivňují astrální pole. Vyzařování, atmosféra a zabarvení našich citů a emocí formují naše astrální pole a jsou vnímatelné ve formě barev a symbolů. Poznání toho, jak emoce a city formují náš život a vědomí je podrobně popsáno a uvedeno v obrazovém vyjádření.

Vyjadřuji poděkování zvláště Larsi Mühl, Jane Lili Wermus a Marianne Mikkelsen za to, že si mou práci prostudovali a poskytly mi praktické rady, skvělou konstruktivní kritiku a také podporu a inspiraci. Navíc hluboce děkuji Bobovi Mooreovi, Stine, Emilovi, Lasse a Sofii.

A vám, milí čtenáři, přeji příjemné chvilky strávené s touto knihou a ať v ní najdete pro sebe inspiraci.

S přátelským pozdravem,
Frank Lorentzen

Kapitola 1
Éterické energetické pole

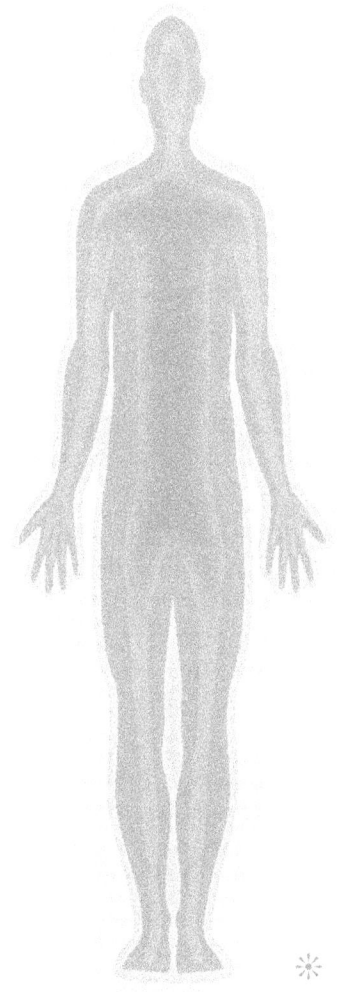

Éterické pole se čtyřmi éterickými vrstvami spolu se sedmi primárními čakrami a 21 sekundárními čakrami.

Úvod k éterickému energetickému poli

Poloha v souvislosti s fyzickým tělem
Éterické pole se nachází v bezprostřední blízkosti fyzického těla. Obklopuje fyzické tělo, proniká přes tělo a kopíruje jeho tvar. Prostřednictvím aurického vidění je éterické pole rozpoznatelné jako 10 cm široký, průhledný, jakoby mléčný pás vyzařující směrem ven z těla. Hned po fyzickém těle je to nejsilnější komprimované energetické pole a proto je to pole, o kterém máme nejdostupnější poznání.

Historie
Na východě je poznání éterického pole člověka staré tisíce let. V Číně je poznání o tom, jak lze éterické pole posilovat, téměř každodenní záležitostí. Tak jako při meditativní formě pohybu (tai či), i při léčení příznaků onemocnění se používá prastaré vědění o éterickém poli. V průběhu posledních desetiletí začali lékaři, kteří disponují přírodovědnými poznatky, používat v nemocnicích a na soukromých klinikách v celém západním světě speciální léčbu - akupunkturu.

Rozdíl mezi éterickým polem a fyzickým tělem
Rozdíl mezi neživým tělem zesnulého a tělem člověka v hlubokém kómatu je ten, že člověk, který je v kómatickém stavu má své éterické pole, avšak tělo zesnulého jej nemá. Éterické energetické pole je životní energií, která nás drží při životě. Na východě se nazývá tato vitální životní energie prána a v západním světě je pojmenována pojmem bioenergie nebo orgon. Éterické energetické pole mají tak lidé, zvířata i rostliny. Vše živé je obklopeno energetickým polem - bez něj by fyzický život, tak jak ho běžně vnímáme, neexistoval.

Funkce
Primární funkcí éterického energetického pole je zachycování životní energie, její uchovávání a předávání dál nebo prosté udržování těla při životě. Éterické energetické pole má za úkol koordinovat éterickou energii, zprostředkovat ji a předávat ji miliardě buněk fyzického těla, aby ty byly funkční a spolupracovaly navzájem jako jeden celek. Při disfunkci éterického energetického pole můžeme být postiženi nemocemi. Když tělo nedokáže přijímat éterickou životní energii ze slunečního záření, kosmu, ze vzduchu a z potravy, umírá.

Stavba éterického energetického pole z různých čaker a éterických bod
Éterické éterických bodů je sítí skládající se z energetických drah, meridián, nádía bodů. V místech, kde se protínají největší energetické dráhy, se nachází sedm

primárních čaker, 21 sekundárních čaker a různé významné éterické body. Kromě toho existuje množství éterických bodů, které zde nebudou popsány. Jsou však využívány v rámci akupunktury, shiatsu a dalších systémů, které se zaměřují na práci s éterickou životní energií prostřednictvím jejích energetických drah.

Čtyři éterické vrstvy

Éterické energetické pole je rozděleno do 4 vrstev - jsou to dvě vnější vrstvy kolem těla a dvě vnitřní vrstvy uvnitř těla. Pokožka těla tvoří přirozenou hranici mezi vnějšími a vnitřními éterickými vrstvami. Dvě vnější vrstvy jsou energetické pole zdraví a vrstva představující přítomný stav a jeho projevy - manifestaci. Dvě vrstvy nacházející se pod kůží se nazývají vrstva pravdy a vrstva vnitřních chemických struktur. Hranice mezi vnitřními a vnějšími vrstvami éterického energetického pole jsou dynamické a nejsou tak výrazně ohraničené jak je to možné vidět na obrázku na 9. straně. Ilustrace nám vlastně zobrazuje existenci těchto čtyř vrstev.

1. Pole zdraví

Nejvrchnější éterická vrstva mimo těla se nazývá energetické pole zdraví a odráží všechno, co v sobě nosíme. Současně poukazuje na zdravotní stav člověka. U normálně fungujícího lidského těla dosahuje tloušťku cca 8 cm.

Pokud je člověk ve všech ohledech zdravý, energetické pole zdraví je zářivé. Tento stav energetického pole zdraví je žádaný a všichni bychom ho rádi dosáhli. Dnes existuje velký počet lidí, kteří se věnují tréninku svého těla, zdravě se stravují, nekouří, a to vše v naději, že zůstanou zdraví. Je to dobrý směr vývoje, díky čemuž může být celkový zdravotní stav populace na vyšší úrovni. Co se však týče energetického pole zdraví - a zejména té složky, která odráží zdravotní stav - ne vždy je dostačující zaměřovat se na čistě fyzický aspekt jako jsou pohyb a strava, ze které jsou vyloučeny škodliviny. Pokud je naším cílem dosáhnout optimální zdraví, je třeba identifikovat a také eliminovat všechny psychické aspekty, které brání proudění životní energie, aby organismus pracoval optimálně, aby mohla éterická energie proudit volně, bez jakékoliv blokády, ne omezeně v důsledku ztuhlého tělesného svalstva.

2. Vrstva přítomného stavu a manifestace

Éterická vrstva těsně nad pokožkou se nazývá vrstvou přítomného stavu a manifestace. Odráží ty aktivity, které jsou spojeny s naším běžným myšlením a cítěním a to jak tyto vnitřní impulsy manifestujeme a vyjadřujeme v souvislosti s lidmi a životními situacemi. Tato éterická vrstva má u běžného člověka tloušťku asi 2 cm. Člověk je schopen v průběhu dne nesmírně mnoho myslet a prociťovat. Všechny fyzické, citové a myšlenkové aktivity člověka tuto vrstvu přítomného stavu a manifestace rozpínají nebo zabarvují.

Pokud se nám daří proměnit naše pocity a myšlenky na konkrétní projevy, dokážeme se v okolním světě přiměřeně manifestovat, projevovat. Pokud však naše myšlenky a pocity zadržujeme, aniž by jsme je reálně vyjádřili, éterická životní energie je blokována, což je jasně pozorovatelné na naší vrstvě přítomného stavu a manifestace. V takovém případě má osoba problém s tím, aby se projevila lidským způsobem, jako člověk. Strach vyjádřit jisté myšlenky a pocity patří mezi faktory, které ovlivňují éterickou životní energii nejčastěji. A tato skutečnost je v úzké spojitosti s třetí vrstvou, vrstvou pravdy.

3. Vrstva pravdy

Třetí vrstva bezprostředně pod pokožkou se nazývá vrstvou pravdy a odráží autenticitu člověka. Je spjata s upřímností, pravdivostí, s tím, co je pro toho kterého člověka pravdou a upřímností, když se v rámci svého bytí nějakým způsobem projeví. Tato vrstva se táhne přibližně polovinou vnitřního obsahu lidského těla.

Éterická energetická vrstva je vždy vyvážena u těch lidí, kteří jsou upřímní sami k sobě a ke svému okolnímu světu. Je třeba, aby existovala jistá míra shody mezi tím, co jsme a tím, jak se navenek prezentujeme. Pokud jsme neupřímní nebo falešní (vědomě či nevědomě), v éterické auře nastává reakce, v rámci které se vrstva pravdy "vypne".

V důsledku toho dochází k rozdělení a oddělení mezi vrstvou, která se nachází nad a pod pokožkou. Znamená to, že éterické energetické proudy, které proudí ve všech čtyřech éterických vrtsvách, nedokáží optimálně fungovat, v důsledku čehož se oslabuje celkové éterické pole těla.

Všichni lidé disponují vnitřními protichůdnými silami a tendencemi. Pocity chtějí jedno, vůle něco jiného. Pokud neakceptujeme obě pravdy rovnocenně nebo je neprojevíme ve stejném měřítku, vrstva pravdy se vypíná. Popíráme sami sebe. Uzavíráme se před hlubšími city a před tím, co je pro nás pravdivým. Uzavíráme se před naší vlastní hloubkou.

Pokud se člověk uzavře před vlastní hloubkou a tím i před vrstvou pravdy a když se takové situace dějí denně, člověk přestane být schopen cítit co je správné. V takovém případě nemohou hlubší vrstvy z něj vyzařovat. Taková osoba se stává povrchní a rozpolcenou. Čím větší vnitřní rozpolcenost, tím je éterické pole v člověku více roztříštěné.

Volný pohyb energetických proudů je blokován, stáváme se náchylnějšími na onemocnění. Takzvané detektory lži jsou přístroje, které měří změny vlhkosti pokožky, když člověk mluví pravdu nebo lže. Přístroj měří rozštěpení mezi vrstvou nad a pod pokožkou.

Pokud chce být člověk celistvým, musí volit upřímnost, i když je to někdy bolestivé. Proto to někdy vyžaduje odvahu, být sám sebou. Pokud je člověk slabý, měl by to raději přiznat, než zakrývat. Pokud něco cítíme do velké hloubky nás samotných, je velmi důležité projevit to, namísto toho, abychom to v sobě ukrývali. Tyrkysová je barva, která se objeví v naší auře, když jsme upřímní. Čím více se stane upřímnost součástí naší osobnosti, tím více věrohodnosti budeme vyzařovat. Být upřímný znamená prokázat vůči sobě a ostatním respekt.

4. Vrstva vnitřních chemických struktur

Nejhlubší vrstva se nazývá "vrstva vnitřních chemických struktur". Má mimo jiné velký vliv na naše schopnosti přijímat minerální látky, vitamíny a proteiny z naší stravy. A má také velký vliv na naši schopnost zachycovat a přijímat vitální energii slunce (pránu). Vrstva vnitřních chemických struktur je éterickou vrstvou, která je bezprostředně spjata se všemi našimi vitálními orgány, endokrinními žlázami a strukturou naší kostry.

Přijímání a transformace vitální energie slunce prostřednictvím frenického bodu

Frenický bod (též nazývaný slezinná čakra) je dvojitá sekundární čakra, jejíž funkcí je mimo jiné přijímání životní energie z procesů probíhajících na slunci. Tento bod se nachází na levé žeberní hraně. Dá se najít pomocí vertikální linie, kterou vedeme pomyslně od levé bradavky až po linii žeber nebo pomocí horizontální linie směrem od solar plexu až po žebra na levé straně.

Frenický bod je hlavním centrem přijímání životní energie ze slunce. Tento bod je spojen se solar plexem, místem, kde sídlí i naše emoce. Pokud má člověk hluboké emoční problémy, snižuje se funkce jeho slezinné čakry, takže v těle buňky není dostatek potřebné životní energie a polarity, to znamená správný poměr mezi pozitivní a negativní nabitou energií v buňce.

V případě, že dochází ke stavu dlouhodobějšího snížení energie, buňky přebírají vedení a vytvářejí svou vlastní formu polarity, která se výrazně odlišuje od přirozené komplementární polarity, což může způsobit, že buňky se začnou neorganizovaně dělit a řídí se zcela odlišnými pravidly. Toto lze pozorovat v případech změn buněčných struktur a při různých druzích nádorových onemocnění.

Při nádorových onemocněních a změnách buněčných struktur představují rozhodující faktor i toxické látky v životním prostředí. Přijímaná životní energie ze slunce je ze slezinné čakry distribuována do celého éterického energetického pole a přijímána vrstvou vnitřních chemických struktur a jednotlivé čakry mohou přijímat tuto energii v závislosti na jejich funkční schopnosti. Špatně fungující čakra nedokáže přijmout tolik energie jako v případě její příznivé funkce. Přijatá energie dodává čakrám éterické energetické proudy, které jsou spojeny s autonomním nervovým systémem a ten je tímto způsobem stimulován. Autonomní nervový systém stimuluje žlázy produkující hormony, čímž dochází k uvolňování hormonů do těla.

1. Slunce
Energie slunce, která má životodárný účinek je ve vzduchu, který dýcháme a je obsažena v tom, co přijímáme ve formě potravy.

2. Frenický bod
Životodárná energie slunce se transformuje v dvojité sekundární čakře, v "slezinné čakře", na levé straně žeber v horizontální linii od solar plexu, a to na energii prány - životní energii.

3. Éterické proudy a sedm primárních čaker
Následně je životní energie vedena dále prostřednictvím éterických proudů k sedmi primárním čakrám, které zásobují dvacet jedna sekundárních čaker a všechny éterické body.

4. Endokrinní systém
Prostřednictvím transportované životní energie se v endokrinním systému, který je spojen sedmi primárními čakrami, tvoří hormony.

5. Buňky v těle
Hormony jsou transportovány krví k miliardám buněk v těle člověka, aby mohl organismus optimálně fungovat.

Jak je možné vnímat a vidět éterické energetické pole
Mnoho lidí je schopno vnímat a také vidět vnější vrstvy éterického energetického pole, protože je to vrstva vědomí, kterou je nejjednodušší vidět, vnímat či cítit. Při pozorování osoby, která stojí před bílou stěnou, je toto pole schopna vidět většina lidí. Abychom byli schopni vidět éterické energetické pole, musíme být uvolnění. Nezaměřujte svůj pohled přímo na osobu. Dívejte se jakoby za danou osobu, přes ni, na jeden bod, který je za ní. Mějte úplně uvolněné tělo i mysl a klidně se soustřeďte na to, co se kolem osoby děje.

Senzibilní osoba dokáže vnímat éterické energetické pole kolem jiné osoby pomocí svých rukou. Uvolněte se a soustřeďte se na své ruce, které držíte natažené před sebou ve vzdálenosti asi 40 cm. Pomalu a klidně přibližujte své dlaně jednu ke druhé a uvolněně se soustřeďte na to, co se ve vašich rukou odehrává. Možná pocítíte mravenčení a budete vnímat brnění - třeba budete vnímat chlad nebo teplo.

Možná něco pocítíte, když se vaše ruce přiblíží k éterickému poli. Pokud dokážete cítit éterickou vrstvu na sobě, můžete si to vyzkoušet na příteli či partnerovi. Pomalu přibližte ruce k fyzickému tělu druhé osoby. Buďte uvolnění a pozorní, když se přiblížíte k éterické energetické vrstvě energetického pole. Při pohybu směrem k fyzickému tělu možná pocítíte něco ve svých rukou - brnění, pulzování nebo jemné vibrace. Pokud se tento pocit objeví opakovaně na stejném místě aury druhé osoby, pokuste se uvědomit si, co to je. Jaký máte pocit? Co vidí váš vnitřní zrak v souvislosti s tímto brněním, pulzování či jemným vibrováním? Tyto pocitové a vnitřní vizuální informace vám možná poskytnou náhled do původu mravenčením a brnění ve vašich rukou.

Éterické energetické pole lze měřit jako elektromagnetické pole. Těmito vymoženostmi si pomáhá medicína a mnoho alternativních systémů. Je možné ho i vyfotit. Kirlianova metoda je zřejmě nejznámější fotografickou metodou zachycení éterického energetického pole.

Vědomí bodů

Éterická energetická vrstva obsahuje určitý počet éterických bodů. Všechny tyto aurické body poukazují na funkci vědomí člověka.

Každý bod v lidském energetickém systému je spojen s vědomím. Pokud uvolněný člověk zaměří své vědomí a soustředí svou pozornost na příslušný bod energetického systému, dojde k interferenci mezi daným bodem a vědomím.

Ve vědomé nebo nevědomé rovině se směrem k vědomí vyšle informace o stavu v tomto příslušném bodě. Aby mohl člověk ve svém nitru vnímat tento informační proud, musí být uvolněn a v klidovém stavu. Informační proud může být poté vnímán jako symbol, obraz nebo jistá nálada, které jsou vysílány prostřednictvím kontaktu vědomí zaměřeného na daný bod.

Když vnímá člověk tuto informaci, její význam a charakter, může osobně zažít, jak jsou daný bod a vědomí vzájemně propojeny. Prostřednictvím těchto informací je následně případně možné zabránit jistým nerovnováhám či poruchám. Člověk, který nemá zkušenosti s vnitřními symboly nebo s něčím podobným, by se měl zaměřit na to, co se mu v noci zdá. V takovém případě může docházet k vyjádření informací na nevědomé rovině prostřednictvím snů.

Prostřednictvím používání bodů energetického pole může lehčím způsobem docházet k procesu uvědomování si bez jakékoliv násilné formy a aniž by se překračovaly hranice osobnosti. Pokud klade člověk příliš silný vnitřní odpor, svou pozornost a svou koncentraci zpravidla ztratí a klesne do nestálého proudu myšlenek. Případně se při kontaktu s jistým bodem, ve kterém se nachází nevědomý materiál potlačeného charakteru, ponoří do spánku. Pokud člověk opakovaně ztrácí svou koncentraci a pozornost v některých bodech, mluvíme o blocích.

Příčina těchto bloků se dostane do vědomí až když je na to člověk připravený a zralý. Pokud by v souvislosti s meditativním cvičením došlo v jistém bodě ke ztrátě koncentrace, je třeba tuto skutečnost plně akceptovat a vrátit se do zmiňovaného bodu, jakmile ten opakovaně upoutá naši pozornost.

V souvislosti s osobním a spirituálním rozvojem má vědomí bodů velký význam, zejména pokud se používá mnoho bodů energetického systému. Je samozřejmé, že vědomí bodů - jejich uvědomování si - může posloužit vývojovému procesu člověka jedinečným způsobem. A to zejména pokud je na to dotyčná osoba zralá.

Barva a poloha sedmi čaker v éterickém energetickém poli

Forma energie, která se objevuje v sedmi čakrách, není éterická, i když ty spočívají v éterickém energetickém poli. Každá ze sedmi primárních čaker má svou barvu, která vyjadřuje vědomý kontakt a vědomé funkce člověka ve spojitosti s různými čakrami. Úplně na spodku se nachází červená barva, která se váže ke kořenové čakře a ke křížové oblasti na dolním konci páteře. Oranžová se váže ke křížové oblasti a k sakrální čakře uprostřed břicha na 1-4 šířky prstu pod pupkem. Žlutá barva se váže k dolním hrudním obratlům a k čakře solar plexu. Zelená se váže k horní části obratlů hrudníku a středu hrudníku, kde je umístěna srdeční čakra. Modrá barva se váže ke krčním obratlům a k oblasti bezprostředně pod čelistmi, kde se nachází krční čakra. Indigová je barva korespondující s centrem uprostřed hlavy, kde se nachází hypofýza a pineální žláza a také se středem čela, kde se nachází čelová čakra, přibližně 2cm nad úrovní obočí. Fialová a červenofialová se vážou k samotnému vrcholu hlavy - k temeni, kde se nachází korunní čakra, lokalizovaná přibližně 1 cm nad temenem hlavy.

Éterické vědomí

Člověk, který má přístup k éterickému vědomí, má možnost pomoci nemocným lidem, například pomocí léčivých bylinek, které nemocný potřebuje. Tato schopnost může být nápomocna i při léčbě magnetickými pásy nebo při jiných formách léčení. Lidé běžně usínají při éterickém stavu vědomí. Éterický stav vědomí odpovídá stadiu vědomí rostliny. Pokud je člověk schopen navázat vědomý kontakt s éterickou dimenzí, například prostřednictvím rostliny, může sám zažít, jak fascinující éterické vědomí dokáže být.

Je všeobecně známo, že rostliny disponují jistou formou vědomí. Esence této formy vědomí se vyjadřuje v západním světě prostřednictvím pohádkových postav jako jsou víly a elfové. Ve východním světě se nazývají elfové a víly "dévové". Lidé s éterickým vědomím komunikují s esencemi rostlin – tedy s elfy a dévy.

Sedm primárních čaker

Co je čakra?
Slovo "čakra" znamená v sanskrtu kolo. Jiné pojmenování pro čakru je energetické kolo. Tady, v západním světě, se čakry často označují jako "energetická centra". Z pohledu na přední část těla připomíná čakra točící se kolo s paprsky. Pokud jsou čakry pojmenovány podle tohoto jevu, pak je toto pojmenování výstižné. Počet paprsků poukazuje na potenciál psychické a duchovní funkce čakry. Ve východním světě se čakra často popisuje jako lotosový květ. Počet lupenů lotosového květu má podobný význam jako počet paprsků jednotlivých čaker.

Čakra připomíná jistým způsobem spirálový pohyb vodního víru, kdy se vypouští voda z vany nebo umyvadla. Čakru lze vnímat jako trychtýřovitý energetický vír. Na přední části těla je „trychtýř" čakrového energetického víru otevřený a má průměr čtyři až pět centimetrů. Postupně se její tvar trychtýřovitě zužuje, a to čím blíže k páteři se nachází a zde končí v jednom bodě.

U čaker poukazuje počet jejich paprsků a také barva na to, o které čakry se jedná.

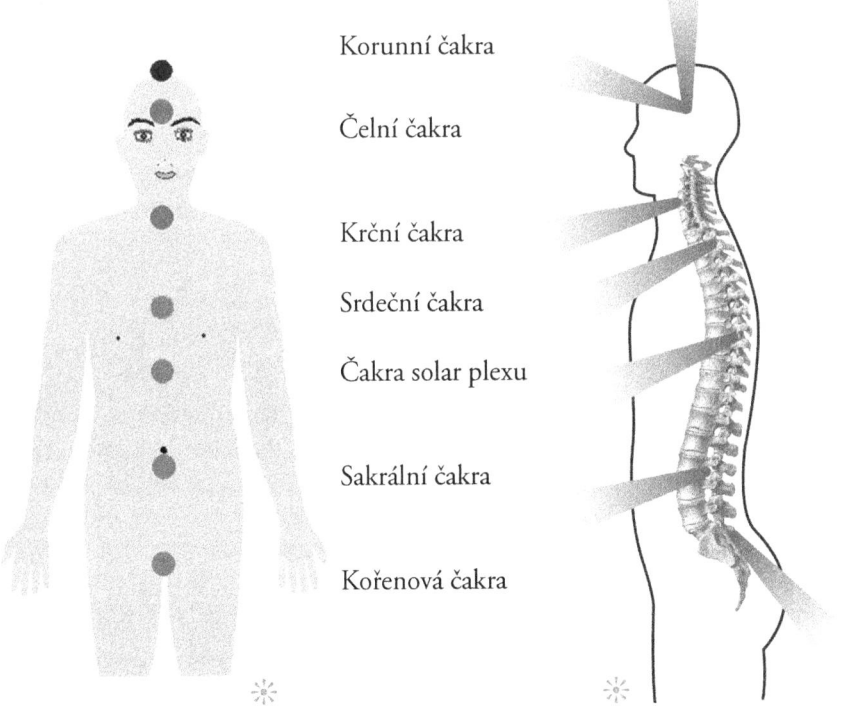

Například kořenová čakra má čtyři paprsky, sakrální čakra šest, čakra solar plexu, tedy pupeční čakra jich má deset, srdeční dvanáct, krční šestnáct, čelní čakra 96 a korunní čakra má 998 paprsků.

Počet paprsků čakrového víru lze chápat i jako malý energetický spirálovitý vír. Pokud jsou některé z drobných energetických vírů čakry poškozené, je to znak toho, že je poškozen některý z psychických aspektů, který se k dané čakře váže.

Pokud je jeden z drobných energetických vírů čakry ve srovnání s druhým deformovaný, poukazuje nám to na to, že něco v dané čakře nefunguje optimálně.

Aurický vztah čaker k různým vrstvám energetického pole je možné vnímat ve více dimenzích, podle toho, na co se člověk se schopností jasnovidectví ve svém vědomí zaměří.

Čakru lze vnímat v éterickém energetickém poli ve více dimenzích. Vědomí jasnovidce může rozhodnout zaměřit se na barvu, pulzování nebo na rotaci čakry jako takové. Také se může vyladit na vnitřek čakry, například na možné bloky nebo na drobné energetické viry v ní.

V éterickém energetickém poli probíhá rotační pohyb sedmi primárních čaker "proti chodu hodinových ručiček" avšak jejich rotační pohyb je v astrální dimenzi "ve směru hodinových ručiček".

V mentální dimenzi probíhá rotační pohyb opět "proti směru hodinových ručiček" a v spirituální auře je rotace "ve směru hodinových ručiček". Tato alternace v směrech rotace slouží, zdá se, jako změna řazení v rámci vědomí.

Ve fyzickém těle a v éterickém energetickém poli je vibrace vědomí na nejnižší hladině a lze ji přirovnat v prvnímu a druhému stupni řazení.

V astrální dimenzi se vibrace vědomí stupňuje až na třetí stupeň řazení. Čtvrtý stupeň v mentálním systému lze přirovnat k vibraci vědomí nebo k úrovni vědomí v rámci běžného denního stavu lidského vědomí.

V spirituální dimenzi jsou vibrace vědomí tak rychlé, že odpovídají pátému stupni řazení.

Poloha

Sedm primárních čaker lze nejjasněji rozpoznat v éterickém energetickém poli, i když jejich energie není éterického charakteru. Jsou spojené zároveň s astrální, mentální a spirituální aurou, kde svítí jejich energie jako odraz samotných čaker v éterickém energetickém poli. Energie sedmi primárních čaker se spojuje spíše se sedmi fundamentálními archetypální stavy vědomí, které tyto čakry reprezentují. Nacházejí se v energetickém poli jako točící se energetické viry, kde jsou pozorovatelné spolu s jejich vibracemi a barvami. Na přední části těla se čakry nacházejí 1 až 2 cm nad kůží. Velikost sedmi primárních čaker se může jevit u lidí nepatrně rozdílná, běžně však mají energetické viry čaker na přední části těla průměr 4 až 5 cm.

Tyto energetické víry jsou jako trychtýře, které se zužují směrem k páteři a končí v její oblasti jako body. Každý jeden z nich je při každé konkrétní čakře přesně popsaný. V těchto bodech na zádech se spojují čakry s třemi energetickými kanály v páteři: Pingala, Ida a Sushumna.

Pingala, (pravý kanál) reprezentuje jogínskou, disciplinovanou, volní mužskou cestu rozvoje, která je symbolizována lanem. Ida (levý kanál) reprezentuje ženskou cestu rozvoje, která je citlivější a mnohem akceptující - jak je vyjádřeno v tantře a je symbolizována křídly. A konečně Sushumna (střední kanál), jehož cesta rozvoje je symbolizována žebříkem a je to cesta rozvoje individualizace. V osobnostním a spirituálním rozvoji v rámci západního světa se praktikují všechny tři způsoby rozvoje.

V souvislosti s polohou čaker učinil americký lékař a radionologický specialista Dr. David Tansley jistý objev. Ve své knize "Radionics and the Subtle Bodies of Man" píše, že v místech, kde se nacházejí primárně čakry se protíná 21 svítících energetických linií a právě sjednocení těchto všech svítících energetických linií je definicí primární čakry. Při sekundárních čakrách se protíná čtrnáct svítících energetických linií a při větších éterických bodech se jich protíná sedm.

Akumulovaná energie

Energie v čakře je akumulace energie, která začíná prvním nadechnutím se člověka. U dospělého člověka je energie v různých čakrách akumulací energie na sedmi různých úrovních jeho vědomí. Energie v čakrovém systému vytváří individuální vzor na základě různorodých vlivů, kterým je člověk během svého dětství a dospívání vystaven. Tyto vzory jsou například rozhodující pro naše odlišné reakce v rámci stejných situací.

Funkce

Každá čakra má svou funkci a hlavní roli, které jsou úzce spjaté se žlázami vylučujícími hormony. Každá čakra má dvě primární funkce. Její primární funkcí je přijímání životodárné energie z éterického energetického pole. Druhou je rozdělovat tuto energii a dodávat ji mimo jiné do žláz s vnitřní sekrecí. Proto má každá z čaker jak psychickou, tak i fyzickou funkci, které jsou velmi úzce propojeny.

Éterická životní energie, která je absorbována do čaker z éterického energetického pole, je ve všech sedmi čakrách stejná. Ale přece se mění, když je vedena do energetických proudů různých čaker. Je takříkajíc determinována nebo zabarvována stavem, funkcí a úrovní vědomí konkrétní čakry.

Význam vody

Obsah vody v lidském těle činí až 60%. Každá jedna čakra má své pulzování, tón (vibraci) a svou vlastní barvu. Pulzování čakry se zvyšuje, když se sprchujeme nebo když se odpařuje voda z našeho těla. Spočívá to ve vlivu vodní páry na éterické energetické pole. Příjemný pocit, který máme po koupeli, souvisí s příjmem vodní páry do našeho éterického energetického pole. Voda vede energii. Vodní pára, když se dostane do kontaktu s čakrou, obsahuje životní energii éterického energetického pole. Přívod životní energie zvyšuje pulzování v čakře. Bez vodní páry by byla rotace energie v čakrách oslabena.

Barvy v čakrách

Existuje sedm primárních čaker a každá z nich má svou vlastní barvu, která je výrazem specifické funkce vědomí. Barva čakry vzniká na základě její pulsace a rotace. Barva je zpětným odrazem stavu vědomí, tento stav je zase reflexí úrovně vědomí a funkce vědomí. Pokud je barva v čakře čistá a jasná, poukazuje to na to, že čakra a patřičná funkce vědomí s ní spojená fungují dobře.

Osobní rozvoj a čakry

Osobní rozvoj člověka je v podstatě jistá forma přizpůsobení a harmonizace čaker. Všechny čakry jsou stejně potřebné a mají stejně pozitivní význam. Pokud se má proces osobního rozvoje skutečně vydařit, všech sedm čaker musí projít harmonizací. Jen takto může proces osobního rozvoje probíhat vyváženě.

V souvislosti s čakrami to znamená, že člověk nemůže například upřednostnit intelekt před emočním světem. Nebo upřednostnit spiritualitu před sexualitou nebo introspekci před extrovertním aspektem svého já.

V procesu osobního rozvoje je třeba usilovat o to, vytvořit harmonii mezi různými úrovněmi vědomí a čakrami. Když se má tento proces podařit, musí být vždy zaměřen na hlubokou podstatu člověka.

Harmonizace, tedy vyvažování čaker, není vždy jednoduchá. Čakra je energetickým zpětným odrazem funkce vědomí člověka. Pokud je funkce vědomí člověka omezená, povrchní, limitovaná nebo není v jednotě s hlubokými vrstvami vědomí, tento fakt se energeticky odrazí v každé jedné čakře. Navrátit čakru zpět k jejímu původnímu pulsování a k její obvyklé barvě je dlouhodobý proces. Může trvat i roky, pokud má být realizován seriózně a má být úspěšně završen.

V případě, že je deformovaný například jeden z drobných energetických vírů v čakře, musí být nejprve objasněna příčina této deformace. Pokud je příčina odhalena, následující krok sestává z toho, uvědomit si všechny negativní a obvyklé způsoby chování a eliminovat je. Pokud si člověk v rámci svého rozvoje uvědomí jisté limity ve své vlastní podstatě a v obraze o sobě samém a učiní změnu, dotyčná čakra začne pulsovat svým vlastním původním způsobem a navrátí se i jí barva. Deformovaný, drobnější energetický vír znovu nabude svou obvyklou kooperaci s ostatními energetickými víry čakry.

Člověk, který hodlá pracovat se svými čakrami seriózně, musí disponovat dostatkem času, angažovaností a obzvláště trpělivostí. V procesu harmonizace nedostatečně fungující čakry není jednoduchých řešení. Kdo má zájem o vyvažování svých čaker, měl by se nejprve v čistě teoretické rovině seznámit se systémem čaker. Následně by se mělo odhalit, v čem spočívá disharmonie v souvislosti s čakrovým systémem konkrétního člověka. Případnou kvalifikovanou pomoc lze najít u schopného terapeuta, léčitele či učitele. Na konci této knihy najdete řadu cvičení zaměřených na vyvažování čaker. Tato cvičení mohou navodit lepší stav v rámci jejich rovnováhy.

Prostřednictvím poznatků o energetickém poli a významu čaker získá člověk jasný cit pro to, co by měl v sobě rozvíjet, aby nabyl harmonii a rovnováhu. Často se jedná o životní situace, ve kterých si neradi děláme pořádek, kterým se vyhýbáme, které obcházíme a znovu a znovu je odsouváme někam stranou. Ale mohou v nás být i pozitivní stránky a vlastnosti, které přehlížíme nebo jsme na ně zapomněli. Každý člověk, který začne vědomě vytvářet rovnováhu a harmonii mezi čakrami, rychle odhalí velkou energetickou výhodu, která je s tímto procesem spojena. Zejména když člověk pracuje na sobě jako celku. Energetická úroveň se tak zvýší v éterickém poli i v čakrovém systému. Spočívá to v jednoduchém důvodu, že člověk se v souvislosti s takovým procesem orientuje na svou hlubší podstatu. Pokud po několika letech člověk dosáhne relativně dobré rovnováhy a harmonie v čakrovém systému, jeho rozvojový proces automaticky změní směr. Člověk se automaticky dostává do intenzivnějšího kontaktu se svými hlubšími zdroji a kvalitami a tím se mu dostává i větší kvality života. Z lidského a psychologického úhlu pohledu je to pro člověka významný benefit.

Bloky v čakrovém systému

Čakrový systém novorozence je ve stavu harmonie a rovnováhy, i když malý človíček právě absolvoval dramatickou událost - "porod". Je velmi vzácné, aby si dítě tuto jemnou formu rovnováhy ve svém čakrovém systému zachovalo během celého svého dětství. Všichni lidé jsou příliš hluboko ovlivněni svým dětstvím a lety dospívání. Dítě se rychle učí přizpůsobovat se rodičům, svému okolí, společnosti a kultuře, ve kterých vyrůstá. Přijetí a láska jsou ty nejdůležitější a základní potřeby pro psychické přežití dítěte, což se však nesplní každému. V tomto procesu přizpůsobení může zažít dítě místo svého přijetí a lásky mnoho negativních zkušeností. Tyto negativní zkušenosti se ukládají v čakrovém systému jako větší či menší bloky. Blok v čakře se projevuje jako tmavý flek v energetickém víru čakry. Typickým blokem je například blokována představa o svém vlastním obraze. Tento nesprávný obraz o sobě samém se vnáší do člověka prostřednictvím rodičů nebo prostředí. Takové navyklé vnímání obrazu o sobě samém se projevuje jako pocitový a myšlenkový vzor chování, který není v souladu s hlubší podstatou dotyčného jedince. Blok snižuje pulzování a rotaci v čakře, což snižuje přísun energie k žlázám s vnitřní sekrecí. Tím se snižují tělesné funkce člověka a také to ovlivňuje energii v energetickém poli zdraví.

V případě problémů s čakrou výše uvedeného charakteru je možné zvýšit její rotaci několika způsoby. Pokud se zvýší rotace v čakře, může dojít k tomu, že bloky se v důsledku zvýšené rotace uvolní. Je to možné porovnat s centrifugou, která odstřeďuje mokré prádlo. Při nízkých obrátkách zůstává voda v prádle. Čím jsou obrátky vyšší, tím větší množství vody se z prádla odstředí.

Když začne člověk rozpoznávat svůj obvyklý pocit ze sebe samého, svou identitu a časem také zjistí, že tento stav zůstává stabilní a permanentní, dokáže se s tímto novým stavem stále více identifikovat.

Jednou z nejznámějších metod na zvýšení rotace v čakře je vizualizace barev. Člověk si vizualizuje barvu, která se váže k dané čakře, procítí ji a zažije ji. Pak se barva umisťuje na příslušný čakrový bod, nejvýše dvě minuty denně. V případě sakrální čakry, čakry solar plexu, srdeční, krční a čelní čakry se umisťuje barva na přední část těla. V případě kořenové čakry se umisťuje barva trochu níže od křížové oblasti a v případě korunní čakry umísťujeme barvu na temeno.

Onemocnění, zdravotní potíže a symptomy

V souvislosti s popisem sedmi primárních čaker se v závěru každého popisu čakry nachází krátký odstavec o zdravotních problémech a příznacích, které se na konkrétní čakru vztahují.

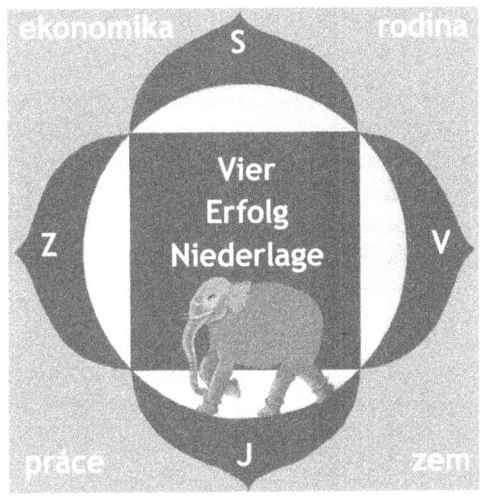

Kořenová čakra

Poloha

Zcela na spodní části páteře se nachází křížová oblast. S kořenovou čakrou (v sanskrtu Muladhara) lze nejlépe navázat kontakt o něco níže od křížové oblasti. Tato oblast se skládá z osmi srostlých obratlů. Kořenová čakra vyzařuje jako energetický ocásek směrem k zemi z bodu mezi druhým a třetím obratlem, které jsou srostlé. Charakteristické pouze pro tuto čakru je, že je to jediná čakra, která vyzařuje směrem k zemi. Ilustrace kořenové čakry v horní části na této straně znázorňuje lotosový květ se čtyřmi okvětními lístky, který je spjat s psychologickým aspektem kořenové čakry.

Kořenová čakra a červená barva

Červená barva, která je spojena s kořenovou čakrou a zemským elementem, je odrazem lidské funkce vědomí, která má co do činění s těmi psychickými aspekty, které jsou nejpozemštějšího charakteru. Jsou to například vztah k materielním aspektům, zdravé mezilidské vztahy, ekonomie, povolání, rodina, bydlení, materielní zajištění a pořádek ve fyzických aspektech života. Když fungují tyto fyzické aspekty zemského charakteru relativně vyváženě, kořenová čakra je v rovnováze.

Červená barva vibruje ze všech barev duhového spektra nejpomalejší barevnou frekvencí, zároveň je to však barva, která se nachází na samém vrchu duhového spektra. Možná to je příčina, proč nosí hinduistické ženy červenou tečku v oblasti třetího oka, které odpovídá propojení na spirituální dimenzi. Osobně jsem pozoroval, že malé děti ve věku dva a půl roku až pět let se cítí být přitahovány červenou barvou víc než jinými. Je možné, že tento jev je spjat s jejich inkarnačným procesem do fyzického světa během jejich prvních let života.

Červená barva je zároveň tou, která vyvolává největší míru aktivity v lidském energetickém systému. Když pracujeme s červenou barvou v energetickém systému, měli bychom být obezřetní, protože může vyvolat přílišnou míru aktivity.

Kvalitou červené barvy je její potenciál vnášet do vědomí ty nejoriginálnější individuální impulsy, myšlenky a pocity, pokud tyto nejsou již integrovanou součástí člověka. Červená barva vnáší do vědomí realistické myšlenky a pocity, tak, abychom dokázali zacházet s tím a realizovat to, co je pro nás ve fyzickém světě reálně užitečné.

Funkce a role

Fyzická funkce kořenové čakry má co do činění s vylučováním zemského elementu. Všechny pevné látky, které tělo nedokáže zužitkovat, z něj odcházejí ve formě exkrementů. Navíc vede kořenová čakra éterickou životní energii k chodidlům, nohám a k nadledvinám.

Psychický aspekt kořenové čakry ovlivňuje schopnost člověka zapouštět kořeny - formou zaměstnání, bydlení a vytvořit dobré kořenové základy materiální stránce života; schopnost být realistickým a konkrétním a nahlížet na realitu, jaká ve skutečnosti taky je. Energie kořenové čakry vytváří dobré uzemnění - spjatost se zemí a je spojena se schopností stát na vlastních nohou.

Energie kořenové čakry nás drží při zemi a tak nám napomáhá k možnosti realizovat se, napomáhá nám v nacházení výchozího bodu naší přítomnosti a v dosažení možnosti zabezpečit se. Jiné pojmenování kořenové čakry je centrum jistoty. Projevuje se to v našem pocitu vnitřní jistoty a v naší schopnosti cítit i pod silným tlakem jistotu v našem vlastním nitru. Schopnost nechat odejít myšlenky, pocity, potřeby a přání, které jsou nerealizovatelné, pramení z energie kořenové čakry. Je to i schopnost nestavět si vzdušné zámky a nevytvářet si iluze. Dává nám sílu realizovat projekty, které jsou realistické a užitečné ve fyzické realitě. Kořenová čakra má i velmi silné propojení s krční čakrou, se schopností komunikace a vyjadřování se.

Instinkt přežití

Instinkt přežití je spojen s kořenovou čakrou. Tento instinkt se v extrémních situacích přihlásí prostřednictvím autonomního nervového systému, když se člověk nachází například v ohrožení života. Může to být případ onemocnění, nehody nebo silného šokového stavu, zážitku. Každý člověk disponuje instinktem pro přežití, který se přirozeně projeví, když vystane reálný stav nebezpečí. Existují příklady toho, že matka, jejíž dítě bylo sraženo autem, toto auto vlastní silou nadzvedne, aby mu pomohla.

U mnoha lidí se vyskytuje přehnaný a velmi nepoměrný strach z fyzické smrti, hladu, strach ze smrtelných nemocí, který není opodstatněný. Tento druh strachu je úzce spjat s kolektivním nevědomím a s kořenovou, sakrální čakrou a čakrou solar plexu. V případě předimenzovaného strachu v energetickém systému člověka dochází k zbytečné aktivaci instinktu přežití, což vede k aktivaci činnosti nadledvin a k jejich produkci adrenalinu. Následně to u člověka vede ke zbytečnému napětí a stresu. Při dlouhodobější produkci adrenalinu, například v důsledku stresu, nastává stav, že člověk si mezi svými fyzickými aktivitami neodpočine nebo se dostatečně neuvolní. V konečném důsledku se mu nedostává dostatečného množství odpočinku a fyzického klidu.

Bezpečí a jistota

Pocit jistoty a bezpečí jsou mimořádně spjaty s kořenovou čakrou. Pro každého člověka je důležité cítit se bezpečně a mít pocit jistoty. Je to naše elementární potřeba. Pokud se však náš pocit jistoty a bezpečí přehnaně váže k financím, materiálním statkům, symbolům statusu a tak dále, tento pocit se může dlouhodobě jevit jako nesprávný, falešný. Falešný pocit jistoty je v západním světě velmi rozšířeným fenoménem.

Falešný pocit jistoty se projevuje i v tom, že člověk si volí namísto skutečné kvality náhražky. Jedinec hledá pocit jistoty v tom, že se poutá k vnějším aspektům. Co nenachází ve vlastním nitru, to se pokouší uspokojit prostřednictvím vnějších aspektů, věcí. Podstatná příčina tohoto faktu spočívá v situaci, že u mnoha lidí nebyla v dětství uspokojena jejich základní potřeba pocitu bezpečí a jistoty. Základní potřeby jistoty, které nebyly adekvátně uspokojeny, často sahají zpět až do období nejranějšího dětství člověka. Takové druhy zkušeností se mohou vázat k čakrám jako naše základní zkušenosti. Zkušenost s nedostatečným pocitem jistoty se obzvláště váže ke kořenové čakře, kde vytváří trvalé pocity nejistoty a strachu, které mohou pronásledovat člověka po celý jeho život. Mohou se projevit jako potíže se schopností stát na vlastních nohou. Nedostatek pocitu jistoty a bezpečí se může projevit v pozdějších obdobích života jako pocit, že člověk nemá své kořeny.

Toto se může manifestovat, mezi jinými, ku příkladu jako nenasytnost ve smyslu silného materialistického postoje jako je přehnané plýtvání ve spojitosti s financemi, přehnaná snaha o kariéru, pocit, že člověk nestojí za nic, i když jeho okolí to tak nevidí. Všechno jsou to projevy jednak vnitřní nejistoty a nedostatečného pocitu jistoty a bezpečí, které pramení z nefungující kořenové čakry.

Význam kořenové čakry v souvislosti s léčením

V souvislosti s léčivým procesem má kořenová čakra velký význam. Většina léčebných procesů začíná jako impuls ve vyšších čakrách a pak v průběhu dalšího ozdravného procesu pokračují tyto procesy v kořenové čakře a mají své vyústění, tedy končí ve fyzické realitě a v konkrétních životních situacích. Léčivá energie se co do svého pohybu projevuje od vyšších čaker směrem k fyzické realitě, kde vyúsťuje a končí. Proto je často možné v souvislosti s léčivým procesem zachytit, že léčivá energie dosáhne v aurickém smyslu fyzické podstaty a v jejím rámci naváže kontakt přímo se zemí. Když dosáhne léčivá energie zemi, nastává konečná transformace a léčení, což se v aurickém smyslu projevuje jako světlo, které stoupá směrem vzhůru ze země a z chodidel člověka, dále směrem k trupu, krku, hlavě, až dále nahoru přes korunní čakru k esenciálnímu bodu, který se nachází nahoře, v mentální auře.

Z hlediska energie to znamená, že je člověk konečně schopen zanechat či vypustit negativní psychické příčiny, které si během léčebného procesu vyžadovaly jeho pozornost a uvědomit si je. Jakmile dosáhne léčivá energie země, člověk dostane v rámci léčebného procesu poprvé šanci získat náhled do konkrétních příčin svých problémů a vidět tyto příčiny takové jaké jsou a ne takové, jaké by si je přál vidět.

Člověk si může tento proces představit prostřednictvím následujícího obrazu: na plochu, kde je odtok vody ucpaný, byla vylita voda. Voda (problémy) se budou rozlévat všemožnými směry a téct po ploše tak dlouho, dokud se odtok (spojení se zemí) nepročistí. Až bude moci voda odtékat přes pročištěný odtok, dosáhne většina lidí požadované odvahy nahlížet na realitu spolu s jejich problémy takovou, jaká ve skutečnosti je. Když se tento proces děje, člověk se konečně uvolní. Konečná transformace a uvolnění v něm stoupají ze země přes celý energetický systém směrem nahoru jako světlo do místa, kde se může všechno zadržované a potlačované konečně osvobodit prostřednictvím hlubokého citového uvolnění. Vyžaduje to odvahu, vidět skutečnost takovou jaká je, bez její idealizace a projekcí jakéhokoli charakteru. Ve skutečnosti je toto cílem všech osobních a spirituálních procesů. Cílem je dostat se na psychickou podstatu, protože jen tam lze reálně docenit hodnotu každého zdravého procesu rozvoje.

Vytvoření rovnováhy a pozitivního rozvoje v kořenové čakře

Negativní aspekty kořenové čakry nastávají, když tato není vyvážená. Mnoho lidí se cítí být odpuzováno tíhou této čakry. Je však znakem fyzické nezbytnosti života, aby člověk neopomínal vitální význam této čakry pro svou fyzickou existenci.

1. V první řadě si musí člověk uvědomit svou nevyváženost ve vztahu ke své kořenové čakře.
2. Následně musí denně věnovat potřebný čas k dodávání energie do této čakry. Je nezbytné, aby člověk jednal velmi cíleně, realisticky a disciplinovaně v souvislosti s konkrétními fyzickými povinnostmi, které jsou pro nás všechny jako pro fyzické bytosti nezbytné. Ať je to bydlení, ekonomika, povolání, vzdělání, fyzická bezpečnost, fyzická jistota, tělo, výživa, rodina či fyzický řád v konkrétní formě existence.

V případě, že jedna či několik z výše uvedených oblastí nefungují nebo nefungují žádoucím způsobem, člověk si musí vypracovat realistický plán svého jednání, a to nejlépe se specialisty z daných oblastí a naplňovat svůj plán svým úsilím, sebekázní a cílevědomostí.

Toto je realistická metoda, jak nastolit v čakře rovnováhu

Protože kořenová čakra a červená barva jsou spojené se zemí, osobní proces rozvoje člověka ovlivní také funkci vědomí člověka ve vztahu k jeho konkrétní fyzické realitě. Červená barva a kořenová čakra determinují to, jak člověk působí, funguje ve svém prostředí, v rámci jeho vztahu k okolí a společnosti. Uvádím pro vás několik otázek zaměřených na sebereflexi, které si můžete položit, pokud byste rádi věděli, zda je vaše kořenová čakra vyvážená.

Jste spokojeni se svým způsobem jednání s jinými lidmi? Je pro vás snadné dostat se v nějaké společnosti ke slovu? Je pro vás snadné proměnit vaše projekty v činy? Jste spokojeni s vaším bydlením a vaší situací v zaměstnání? Je vaše osobní ekonomická situace přiměřená? Máte pořádek ve fyzickém životě? Máte radost ze své práce? Fungují vaše kontakty v souvislosti s vašimi přáteli a příbuznými dobře? Je váš vztah k vaší rodině uspokojivý?

Pokud jste odpověděli na uvedené otázky jasným ANO, máte skvěle vyváženou kořenovou čakru. Pokud zní vaše odpověď na tyto otázky podobně jako: "Ano, v jistém smyslu" nebo "Tak nějak - ale mohlo by to být lepší", v tomto případě máte také relativně dobrý kontakt s vaší kořenovou čakrou a červenou barvou. Pokud by byla vaše odpověď při většině otázek NE, leží před vámi ještě kus práce na vašem osobním rozvoji.

Onemocnění a zdravotní potíže ve spojitosti s kořenovou čakrou

Po fyzické stránce ovlivňuje kořenová čakra chodidla, nohy a nadledviny. Typické onemocnění v souvislosti s nepříznivou funkcí kořenové čakry jsou bolesti v bederní oblasti, křečové žíly, hemoroidy a problémy s konečníkem.

Sakrální čakra

Poloha

Poloha sakrální čakry na přední části těla je 1-5cm pod pupkem uprostřed břicha. Energetický vír se zužuje jako trychtýř a končí v jednom bodě mezi čtvrtým a pátým obratlem, v důsledku čehož lze nejlépe navázat kontakt se sakrální čakrou na zadní části těla, konkrétně mezi čtvrtým a pátým obratlem.

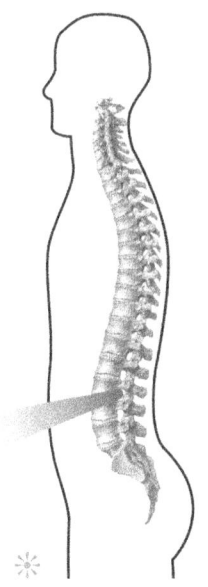

V sanskrtu je pojmenování pro tuto čakru Svadhisthana, ale její pojmenování je rozšířenější pod jejím japonským názvem Hara. Tato čakra je známá i pro zen buddhismus a karate a využívá se jako centralizační bod a těžiště těla a psychiky. Na ilustraci sakrální čakry se nachází 6 vyobrazených lupenů, které symbolizují šest duševních vlastností, které jsou s touto čakrou spjaty.

Sakrální čakra a oranžová barva

Oranžová barva v sakrální čakře odráží kontakt člověka s funkcí vědomí, která je spojena se středem břišní oblasti. Má velký vliv na to, jak éterická životní energie proudí ve fyzickém těle a v éterickém energetickém poli. K oranžové barvě se váže několik aspektů.

V pozitivním aspektu vitalizuje a má blahodárný účinek na naše zdraví. Oranžová vnáší pohyb do stagnující životní energie. Ze spirituálního hlediska zprostředkovává člověku pocit, že má své místo v duševním aspektu bytí, což se odráží v některých vztazích, v rámci kontaktů člověka s rodinnými členy a ve společnosti a v oblastech, kde se může životní energie maximálně rozvinout.

Z astrálního / mentálního pohledu oranžová barva pozitivně vstupuje do pevnosti osobnosti, ovlivňuje zdravé ambice a napomáhá našim adekvátně definovaným cílům. Pozitivní aspekt oranžové barvy se v sakrální čakře odráží i v tom smyslu, že ve svém životě má člověk dobrý a vyrovnaný vztah ke své sexualitě, je spontánní a radostný, když nevytěsňuje své zdravé instinktivní impulsy a když má dobrý kontakt se svým tělem a nevědomím. Pokud jsou tato kritéria naplněna, barva v sakrální čakře je zpravidla jasná a čistá.

Negativní aspekty oranžové předstoupí do popředí, když dochází k vytěsnění nebo k nadměrné aktivitě výše uvedených funkcí. Je to případ, kdy chování člověka ovlivňují jisté negativní stavy a postoje. Tehdy dochází k tomu, že oranžová barva se míchá například s černou (bezvědomí), což vede k přítomnosti hnědavé, šedo hnědavé barvy v éterickém energetickém poli člověka. Poukazuje nám to na stagnující životní energii a na to, že jí dominují emocionální tendence, které jsou potlačovány.

Funkce a role

Energetickou funkcí a úkolem sakrální čakry je zprostředkovat energii fyzickému tělu - nohám, bederní oblasti, nadledvinkám, podbřišku, celé zádové oblasti a křížové oblasti, slepému střevu, pohlavním orgánům, pohlavním žlázám a močovému měchýři.

Sakrální čakra má dvě základní funkce: sexualitu a spontánnost. Spontánní radost se přiřazuje právě k oblasti sakrální čakry. U spontánního člověka dochází k snadnému a bezproblémovému projevu jeho hlubokých instinktivních impulsů a bezprostředních vyjádření.

U člověka s vyváženou sakrální čakrou není stavu uváznutí, cenzury, vypočítavosti. Je přímý a přítomen.

Hluboké sexuální impulsy slasti, forma energie, s níž má mnoho lidí největší problém, vychází ze sakrální čakry. Je to také forma energie, s níž se velmi málo lidí dokáže upřímně konfrontovat. O jejich významu zde stále panuje pramálo znalostí, i když od dob Sigmunda Freuda a od počátku minulého století se toho o objasnění podstaty techniky kolektivního potlačení sexuality hodně napsalo. V souvislosti se sedmi primárními čakrami je nutné, aby byla sexuální energie spojena zejména se srdeční a čelní čakrou, aby se mohl člověk v této oblasti dále rozvíjet.

Láska v srdeční čakře a vědomé se spirituálním přítomné v čelové čakře vytvářejí spolu se sexuální energií přirozenou trojici v sakrální čakře člověka. Pokud má člověk získat co největší benefit ze sexuálního orgasmu, musí mít kontakt se svou srdeční a čelní čakrou. Pokud tomu tak není, zůstává sexuální orgasmus centrovaný nejčastěji jen v jeho pohlavních orgánech a v nohách. Pokud se však během sexuálního aktu vytvoří kontakt se srdeční a čelní čakrou, orgasmus bude často expandovat a bude zahrnovat i celé jeho éterické pole.

Tento stav se může rozšířit dále a vytvořit kontakt vědomí člověka s duchovní energií, což vede k nejsilnějšímu uspokojení a k sjednocení s tím, co člověk vlastně v souvislosti se sexuálním aktem hledá.

Mnozí mají v podstatě strach z hlubší sexuality, protože si instinktivně uvědomují, že poskytuje náhled do nepoznaného. Je to náhled do nepoznaných a často vytěsňovaných pocitů a vzpomínek, kterých se lidé podvědomě obávají a raději je nechávají ve svém nevědomí, přičemž vědomě či nevědomě touží právě po tom, před čím mají strach.

Bohužel pro mnohé lidi je to v naší sexuální poučené době celkem běžný problém. Co se hlubší sexuality a její podstaty týká, ve společnosti stále přetrvávají stejné a podobné potlačující mechanismy jak tomu bylo i kdysi v minulosti.

Vedle spontánní sexuální energie má sakrální čakra co do činění také se zakořeněnými pohyby, chůzí, rytmem a také s naším postojem v nevědomí.

Zejména k té oblasti nevědomí, kterou pojmenoval Jung kolektivním nevědomím.

Děti, které ještě nebyly příliš negativně ovlivněny svým okolím a prostředím, mají přirozené centrování ve své sakrální čakře a proto jsou veselé a spontánní. Duševní funkce sakrální čakry je navíc hluboce spojena s rozvojem individuality a pohlavní identity.

Jak vytvořit v sakrální čakře rovnováhu a napomoci její rozvoji

1. Zaprvé je třeba identifikovat, zda má člověk se sakrální čakrou problémy. Pokud máme problémy se spontaneitou a sexualitou, musíme být především k sobě samým velmi upřímní a přistupovat k sobě bez předsudků a stejně i ke svému sexuálnímu partnerovi. Zaprvé mohou být velmi užitečné a nápomocné knihy, které pojednávají o tomto tématu a případně může pomoci i terapeut, který pracuje se sexuální oblastí člověka a s párovou terapií.
2. Druhý krok se váže k uvědomění si vlastní sexuální energie. Sexuální a spontánní energie jsou přímo spjaty s éterickou životní energií. Když je životní energie omezována, výsledkem je nejčastěji emocionální a citové vytěsňování. Vytěsňované pocity a emoce se hromadí v těle a omezují životní energii. Abychom si uvědomili svoji vytěsňovanou sexuální energii, je možné pracovat s jistými formami masáží, jejichž cílem je životní energii znovu rozproudit. I zde existuje pomoc v podobě dobré literatury, případně pomoc ze strany maséra nebo terapeuta, kteří jsou zaměřeni na tyto oblasti.
Když se tělo relativně osvobodí od nahromaděné emoční energie a éterická životní energie začne proudit, zcela přirozeně se navodí spojení mezi sakrální, srdeční a čelní čakrou. Je důležité, aby se člověk zaměřil na své vědomí a kognitivní schopnosti, kdy může současně docházet k odhalování bloků tělesného, éterického a psychického charakteru. Je důležité uvědomit si, že příčina stagnující životní energie je spojena s jistými, často nevědomými myšlenkami, postoji a životním vyladěním, které je třeba uvědomit si a je třeba znovu si je prožít prostřednictvím emocí nebo symboliky - pokud mají být tělo a éterický systém trvale pozitivně transformované.
3. Když začne člověk prožívat energetické propojení mezi sexuálním a spontánním v sakrální čakře, lásky v srdeční čakře a vědomím v čelovéčakře, může začít zažívat sexuální akt jako celistvý, hluboký a uspokojující, možná že poprvé ve svém životě. Separace mezi sexualitou, láskou a vědomím je nejrozšířenějším společenským problémem naší éry, který se nejednou projevuje ve formě vzkvétajícího porno průmyslu, jako takzvané civilizační onemocnění, nemoci plynoucí z absence polarity, zvyšující se násilí a egoismus. Pokud zamýšlí člověk vymanit se z těchto tendencí kolektivního nevědomí, láska a vědomí se mají stát součástí jeho sexuality.

Sakrální čakra je v relativní rovnováze, když má člověk pravidelně sexuální kontakt s jiným člověkem, při kterém pociťuje touhu, příjemné pocity a uvolnění. Sexuální akt nebude provázen mnoha aktivitami plynoucími z fantazie, člověk bude ukotven ve své sexuální energii. Když člověk nebude více potlačovat své spontánní a sexuální impulsy - a ty jsou spojeny se srdeční a čelní čakrou - nastane přirozená kontrola nad eventuálními sebedestruktivní emocionálními silami uvnitř osobnosti.

Důvěra k vlastní podstatě, k prostředí, spontánnost a sexuální aspekt, nevědomí, také půvabné pohyby, půvabná chůze a rytmus budou tím, co takového člověka následně formuje.

Může to být těžké, pracovat se sakrální čakrou a s naším nejhlubším vnitřkem. Mnozí lidé jsou nuceni vynaložit extra úsilí v souvislosti s osobním rozvojem této čakry. Můžete si sami ověřit, zda je vaše sakrální čakra relativně vyvážená, když se zamyslíte nad níže uvedenými otázkami:

Je pro vás snadné projevit se spontánně? Zažíváte radost v souvislosti se sexualitou? Pociťujete touhu? Cítíte se po sexuálním aktu dobře a uvolněně? Máte důvěru ke svému okolí a kolegům v práci? Máte radost a potěšení z vaší práce? Máte důvěru k vaší vnitřní podstatě? Důvěřujete životu?

Pokud jste odpověděli na všechny uvedené otázky ANO, vaše sakrální čakra je dobře vyvážená. Pokud je vaše odpověď ve smyslu "Tak zhruba", máte relativně dobře fungující sakrální čakru. Pokud jste odpověděli na většinu otázek NE, vaše sakrální čakra nefunguje příliš dobře. V souvislosti se sakrální čakrou je prospěšné pracovat s terapiemi, které jsou zaměřeny na dýchání a tělo.

Obecné problémy ve spojitosti se sakrální čakrou

Žijeme v éře, v níž se stále více odcizujeme naší vnitřní podstatě. V globálním měřítku se toto odcizování projevuje zrovnoprávněním a neschopností navázat kontakt s naší podstatou a přírodou nebo se projevuje jako kolektivní potlačovaný hněv a agrese. Když se OSN a různé vlády na světě pokoušejí vyřešit některé z aspektů těchto problémů, můžeme pozorovat, že příliš mnoho zemí a států má velké zájmy obchodního a ekonomického charakteru, což jim způsobuje potíže v pozitivní, cíleně zaměřené spolupráci. Kromě toho se stále ztenčuje ozónová vrstva, led na pólech země se rozpouští, deštné pralesy na nadále nekontrolovaně vymycují, nebezpečný odpad a chemikálie se dostávají do mořských vod, dochází k nebezpečným genetickým manipulacím, globálnímu znečištění, vymírání lesů, na zemský povrch dopadají kyselé deště, dochází k obrovskému znečištění moří oleji, k ničení a k neadekvátní těžbě přírodních zdrojů. Tento přístup k přírodě a způsob zacházení se životním prostředím, který postrádá respekt, je projevem globální kolektivní nevyvážené sakrální čakry.

Kolektivní nevyváženost v rámci lidstva v souvislosti se sakrální čakrou se projevuje v narušenosti v různých oblastech, kterou můžeme pozorovat všude na světě. Pozorujeme to na kvalitě spermatu mužů, na rakovinných onemocněních varlat, na výskytu oboupohlavních ledních medvědů a aligátorů, na zvyšujícím se počtu pacientů s rakovinou kůže v důsledku ztenčení ozonové vrstvy, na alarmujícím tání ledovců na pólech, každoročně se zvyšující hladině světových moří a oceánů o dva až tři centimetry, na začínajících změnách mořských proudů, na globálním oteplování a tak dále.

Příčinou se zdá být nenasytnost a vůle člověka mít přírodu pod kontrolou. V jádru to představuje kolektivní obavy a nedůvěru, které se zakládají na strachu ztratit kontrolu a v důsledku toho mít nad sebou dominanci a nadvládu.

Taková kolektivní nevědomá emoční síla nenasytnosti produkuje paralyzovaný stav a tím i hněv a agresi, které se projevují nekontrolovanou formou ve válečných konfliktech. V souvislosti s první a také druhou světovou válkou, několik let před vypuknutím těchto válek byly v celosvětové astrální dimenzi přítomné nahromaděné nevědomé kolektivní agrese. Válka zjevně slouží z psychologického hlediska jednomu účelu, a to odebrat z kolektivního nevědomí něco z jeho napětí.

Odpovědnost za nahromadění této agrese však přetrvává a zůstává na lidstvu. Dnes už většina sečtělých politiků zná hlubší psychologickou příčinu vzniku válek. Pouze pokud se vedoucí politici světa společně setkají pod dohledem OSN a budou upozorněni na tento psychologický mechanismus, velké vojenské konflikty budou moci být vědomě odvráceny.

Jediné pozitivní na rozvoji jako takovém je, že z něj nepochybně vystává větší globální povědomí. Vystává z něho poznání, jak moc jsou na sobě různé národy a národnosti závislé.

Radioaktivní zamoření v Černobylu se týká celého světa. Ničení deštných pralesů má svůj dopad na celkové životní prostředí světa. Všechny tyto negativní aspekty a vlivy vytvářejí větší globální povědomí.

Když si tuto skutečnost jistý počet zemí, států a lidí uvědomí, na globální platformě může dojít k novému kolektivnímu a přirozenějšímu rozvoji sakrální čakry a z globálního hlediska také vystane potřeba nového kolektivního vědomí. Pokud je člověk naladěn spolupracovat se svou vlastní hlubší podstatou, nemůže se vyhnout spolupráci s vnějším prostředím.

Onemocnění a zdravotní potíže ve spojitosti se sakrální čakrou

Sakrální čakra zajišťuje energii pro nohy, bederní oblast, celou pánevní oblast, dodává životní energii slepému střevu, pohlavním orgánům, močovému měchýři, nadledvinám a pohlavním žlázám. Typickými onemocněními v této oblasti jsou problémy s menstruačním cyklem, neplodnost, vaginální infekce, cysty na vaječnících, nádory a buněčné deformace pohlavních orgánů, impotence, problémy spojené s prostatou, pohlavní nemoci, bolesti v bederní oblasti, poruchy plotének v křížové oblasti, infekce močového měchýře a močových cest.

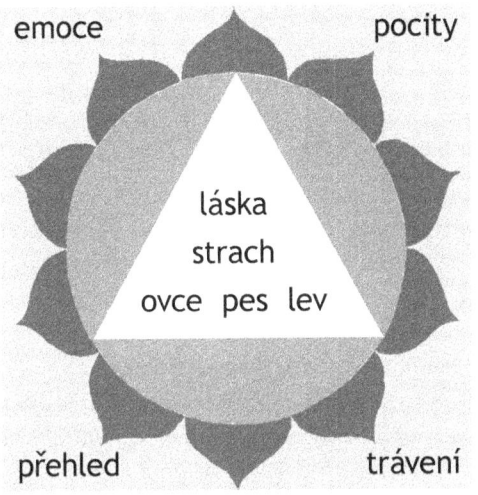

Čakra solar plexu čakra

Poloha

Čakra solar plexu, (pupeční čakra), v sanskrtu nazývaná Manipura, se nachází přímo pod žebry na pár prstů pod dolním koncem hrudní kosti. Energetický vír se zužuje do jednoho bodu mezi sedmým a osmým obratlem. Proto je čakru solar plexu nejjednodušší registrovat a vytvořit s ní kontakt na páteři, mezi sedmým a osmým obratlem nebo v jednom bodě uprostřed mezi dolními hroty lopatek. Ilustrace čakry solar plexu v horní části této strany zobrazuje lotosový květ s deseti okvětními lístky, které symbolizují deset duševních vlastností této čakry.

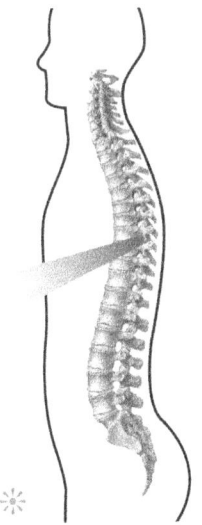

Žlutá barva

Žlutá barva v čakře solar plexu je zpětným odrazem funkcí vědomí člověka v souvislosti s jeho pocity a emocemi, od nejintenzivnějšího pocitu zamilovanosti, živého projevu radosti, hněvu, všech forem strachu, zklamaní, až po jeho citlivé a intuitivní vnímání. Žlutá je barvou slunce, protože obsahuje nejvíce světla. Žlutá je odrazem pocitu lidského tepla. Toto teplo pochází z vnitřního ohně a z elementu ohně, který je spjatý s čakrou solar plexu. Žlutá má mnoho specifických aspektů, které se v nás vytvářejí a projevují na základě našeho postoje k elementu ohně. Existují silné žluté aspekty, které poukazují na náš vztah k vlastní osobní síle a extrovertní povaze a můžeme pozorovat i jemné aspekty, které poukazují na náš vztah k vlastní jemné, intuitivní introvertní povaze.

Žlutá barva v čakře solar plexu je smíšenou barvou, která symbolizuje rovnováhu mezi silnými a jemnými aspekty nebo odstíny žluté. Pokud je žlutá barva v čakře solar plexu sytějšího odstínu, může to poukazovat na osobnost s možná až příliš extrovertní povahou. Pokud je však žlutá barva jemného a světlého odstínu, poukazuje nám to na osobnost citlivé, intuitivní povahy, která může být až příliš introvertní. Člověk, který se konfrontuje se svou extrovertní i introvertní povahou, má v čakře solar plexu vyváženou jasně žlutou barvu, která není ani příliš sytá a ani příliš jemná.

Funkce čakry solar plexu

Hlavní fyzická funkce solar plexu je spojena s procesy rozkladu, trávení a s procesem přijímání tekuté a pevné stravy do žaludku a také s procesy ve střevním traktu.

Aby mohly tyto procesy probíhat nerušeně, čakra solar plexu zásobuje vitální orgány životní energií. Jedná se zde o ty orgány a části těla jako jsou žaludek, játra, ledviny, žlučník, slinivka, slezina, trávicí systém a o celou střední část páteře.

Psychická funkce čakry solar plexu: Emoce

Čakra solar plexu a astrální energetické pole (pocitové energetické pole) jsou sběrné body pro všechny emoce člověka, zejména té části astrálního energetického pole, která se označuje jako spodní astrální aura. Existují zdravé, pozitivní emoce a negativní formy emocí. Tyto negativní emoce jsou stavy, při kterých došlo k negativní změně a k napjatému stavu běžného negativního impulsu. Příčinou je skrytý strach a obava projevit běžný emoční impuls.

Tato obava se projevuje v emocích jako egoismus, chamtivost, nenasytnost, žárlivost, odmítání, nenávist, strach, zuřivost, závislost, pocit méněcennosti nebo přeceňování se a v podobných projevech a nejčastěji je to jediná příčina vzniku a existence negativních emocí v člověku.

Poznávacím znamením pozitivních emocí je, že jsou relativně osvobozeny od obavy a strachu a jsou projevované snadno a bez problémů. Člověk nechává svým pocitům a emocím volný průběh, kde si to konkrétní situace vyžaduje. Volný průběh se může projevit ve zdravém a oprávněném rozhořčení, prudkém projevu hněvu, starostech, které se uvolňují prostřednictvím slz, spontánním projevu radosti, v projevu nadšení, humoru. Všechny zážitky emočního charakteru mají spojitost s čakrou solar plexu.

Dětství

Pocit sympatie a antipatie se váže k čakře solar plexu. Od dětství se učíme, co je dobré a co špatné. Pokud má mít člověk rovnovážně rozvinutou čakru solar plexu, musí již jako dítě zažívat pocit, co je to sebedůvěra, respekt vůči sobě samému, víra v sebe samého. Toto se dítě naučí jen prostřednictvím kontaktu s okolním světem a cestou vlastní důvěry k možnosti exprese vlastních emocí bez jakýchkoli obav.

Děti mají přirozeně velmi otevřený, senzitivní a intuitivní kontakt se svou čakrou solar plexu. Když mohou ve svém bezprostředním okolí vnímat shodu mezi emocemi a jejich projevem, tato shoda je bude formovat. Budou si umět velmi přirozeně vytvořit pocit vlastní hodnoty, sebejistoty a respektu vůči sobě samému a mít přirozenou péči o sebe samé a ostatní. Také budou moci disponovat duševní silou, vroucností a energií. Existuje předpoklad, že astrální energetické pole, které je spjato s čakrou solar plexu, je plně vyvinuté ve věku přibližně čtrnácti let.

Sebedůvěra

Když si člověk uvědomí, že má svou hodnotu, že má sebejistotu a respekt vůči sobě samému, je to odrazem skutečnosti, že má dobrý kontakt se svými emocemi a ty vyjadřuje bez obtíží. Tato emoční vyváženost se projeví v jeho zacházení s rodinou, v jeho postojích vůči práci, společnosti a světu jako takovému. Taková osoba bude mít potvrzení o své hodnotě od svého okolí, což mu bude vracet ve formě vlastní duševní síly, energie, lidské vřelosti a péče. Pokud je člověk ve svém emocionálním projevu relativně osvobozen od obav, emoční energie bude proudit do srdeční čakry sama od sebe. Odtud, z hrudní oblasti, bude moci expandovat dále do jeho vyššího astrálního pole. Emocionální energii mohou lidé zažít například mezi jinými jako vroucnost, péči, radost, soucítění, lásku, duševní sílu. Tehdy se emoce transformuje na pocit. Projev člověka relativně osvobozeného od obav má rozšiřující, expandující vliv na jeho astrální energetické pole. Takto se astrální energetické pole přirozeným způsobem rozšiřuje. Pokud je tento projev emocí naopak spjatý s příliš velkými obavami, na energetické pole to má smršťující vliv. Člověk může vnímat citový chlad.

Obava a strach

Různé typy obav je možné přiřadit k různým čakrám, ale přesně řečeno, obava a strach jsou řízeny čakrou solar plexu. Nejdominantnější a nanejvýš negativní pocit v čakře solar plexu je trvalá obava a strach, což je vlastní příčinou toho, že zdravé pocity se mění na negativní emoce. Obavy se mohou skrývat za různými pocity nebo šablonami myšlenek a chování, aniž by si je člověk nějakým způsobem uvědomoval.

U člověka, který zažil úlek, traumatizující zážitek jako šok, neštěstí, zneužívání, byl vystaven citelně chudému dětství či velkému zanedbávání, se tyto zážitky mohou ukládat jako bloky v čakře solar plexu. Emoční blok je výrazem pro obavy a strach před jistými emocemi. Ty, když dochází k jejich projevu, aktivují v člověku silnou psychickou bolest. Proto se takto vnímající osoby vyhýbají tomu, aby se dostávaly do osobní konfrontace s takovými emocemi a takovým emočním projevům se vyhýbají. Vede to k vnitřní nerovnováze mezi emočními impulsy a způsobem a formou, jakými se člověk po citové stránce projevuje.

Kdykoliv má dotyčná osoba propůjčit jistým svým pocitům formu projevu, v jeho energetickém systému nastane v důsledku strachu a obav malý zkrat. Tato nerovnováha může postupně vést k tomu, že člověk bude už těžko schopen vůbec cítit. Nebude schopen pociťovat opravdovou radost, nebude umět skutečně plakat nebo se smát, nebude schopen prociťovat opravdovou bolest či lásku. Člověk si vybuduje strach před emocemi, který jej může dovést k velkému afektu. Takový člověk se může stát vnímavější na konflikty nebo může i přehnaně vyhledávat konflikty.

Vytvoření rovnováhy a pozitivního rozvoje v čakře solar plexu

1. Vyvážený postoj k svému emočnímu já vyžaduje především to, aby byly emoce rozpoznávány. Emoce, které nejsou identifikovány jako vlastní, mají tendenci vytvářet v životě problémy. Takzvané stínové stránky osobnosti jsou většinou neidentifikované emoce, které se nacházejí v nevědomí člověka a v pomyslné tmě, a proto způsobují problémy emočního charakteru. Rozpoznat a identifikovat své vlastní emoce může být složité. Je jednodušší vidět chyby v druhých, než v sobě samém - to, že nějaký člověk vyvolá v mém nitru emoci, je důkazem toho, že ta emoce je moje vlastní. Překonání strachu vnímání a identifikace emocí jako svých vlastních je prvním krokem v rozvoji čakry solar plexu.

2. Další krok sestává z toho, naučit se uvědomovat si emoce. Kde v těle je člověk cítí? Psychická masáž a druhy masáží, které jsou zaměřené na rozproudění éterické životní energie, mohou být v tomto procesu velmi nápomocné. Nerozpoznané emoce, které si člověk v těle neuvědomuje, mají tendenci akumulovat se ve svalech a v tkáních. Následkem toho je, že éterická životní

energie je blokována v toku samotné energie a ve fyzické rovině vzniká živná půda pro fyzické onemocnění a pro tělesné potíže v pozdějších obdobích života.
3. Poslední stupeň sestává ze schopnosti vyjadřovat své emoce. Je to proces učení se jak vyrovnaně projevit emoce jako např. hněv, obavy, strach, bezmocnost, bolest, starost a jiné, nebo jak dokázat plakat. Člověk si musí osvojit schopnost vyjádřit emoce, které navodí uvolnění v každé situaci.
Ne o hodiny později nebo o několik dnů nebo někdy v průběhu roku.

Pokud máte pocit, že můžete mít potíže s vaší čakrou solar plexu, můžete si položit následující otázky. Pokud na ně odpovíte "ANO", máte výjimečně dobrý vztah k vaší čakře solar plexu.

Je pro vás snadné stanovit si hranice, když se k vám někdo příliš přiblíží? Umíte snadno říci "ano" a "ne", když se to od vás očekává? Umíte bez problémů projevit hněv, obavy, radost, starosti, lásku, dovolíte si plakat?

Je pro vás v rámci vašeho emocionálního projevu snadné nacházet rovnováhu mezi seberealizací nebo sebeprezentací a tím, co je pro vás hluboce individuální? Jste si vědomi svých projekcí a na koho jsou orientovány? Máte sílu vůle odolat velkým pokušením, o kterých velice dobře víte, že by překročily potenciál vašich vnitřních hranic?

Pokud byly vaše odpovědi na uvedené otázky povětšinou kladné, znamená to, že máte dobře fungující čakru solar plexu a dobrý kontakt k žluté barvě. Pokud jste však na většinu otázek odpověděli záporně, vaše čakra solar plexu nefunguje optimálně.

Onemocnění a zdravotní potíže ve spojitosti s čakrou solar plexu

Solar plexus zajišťuje energii pro membrány, trávicí trakt, žlučník, ledviny, játra, slinivku, slezinu a pro střední část páteře. Nejčastějšími onemocněními v této oblasti jsou dna, žaludeční vředy, potíže s břichem a střevním traktem, kožní problémy, ekzémy, cukrovka, záněty a nádorové onemocnění slinivky, problémy s ledvinami, problémy s játry, žlučové kameny, onemocnění nadledvin, zácpa, anorexie, bulimie, nevolnost a průjem.

Onemocnění v těchto oblastech mají něco do činění s emocemi. Každý zná napětí v žaludku, když se cítí být uvězněný ve svých pocitech nebo když je nervózní. Tehdy se stává žaludek reaktivním.

Energetická pole aury

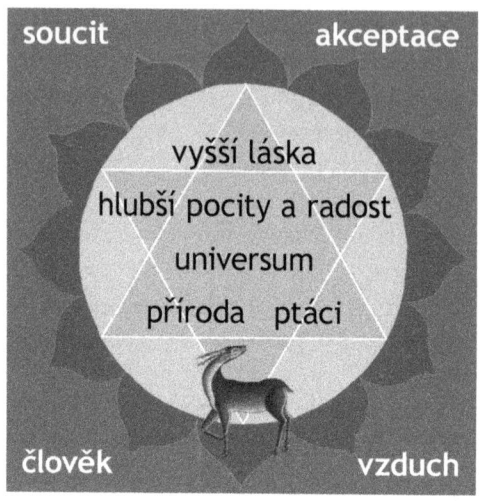

Srdeční čakra

Poloha

Srdeční čakra - v sanskrtu Anahata, má své umístění na přední části těla, uprostřed prsní kosti. Na zadní části těla ji lze lokalizovat ve středu, v jednom bodě mezi druhým a třetím obratlem, kde se v jednom bodu nachází i energetický vír srdeční čakry.

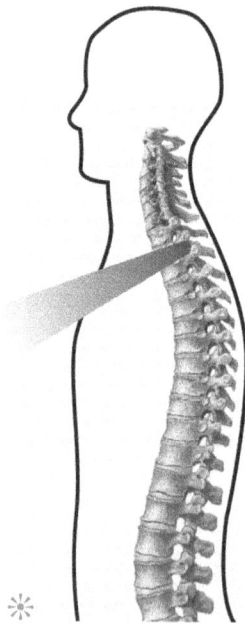

Dvanáct lotosových lupenů srdeční čakry na obrázku v horní části stránky symbolizuje dvanáct duševních vlastností, které se spojují se srdeční čakrou. Šesticípá hvězda symbolizuje rovnocennou rovnováhu mezi dolními a horními čakrami i jednotu mužského aktivního principu a ženského pasivního principu. Zvíře s parohy (tady je to gazela) symbolizuje rychlý mentální instinkt, jehož přijímací potenciál (představuje jej paroží) se orientuje na vyšší mentální podstatu člověka.

Zelená barva a srdeční čakra

Zelená barva rostlin (chlorofyl) je synergickým faktorem při procesu fotosyntézy, který probíhá v rámci všech životních procesů, které se dějí v důsledku schopnosti rostlin přijímat živiny ze země, přijímat vodu, teplo a sluneční svit. Tatáž schopnost přeměny světla a tvorby zelené barvy v srdeční čakře se může dít i v člověku v souvislosti s jeho kontaktem se zemí (kořenová čakra), vodě (sakrální čakra), teplu (čakra solar plexu) a k slunečnímu svitu. Je to proces srovnatelný s kognitivními schopnostmi lidského vědomí. Světlo, jedna z podmínek k růstu, je vědomí. Schopnost transformovat světlo v souvislosti s třemi dolními čakrami je srovnatelná se schopností člověka růst jako osobnost. Růst je tak u rostlin i lidí determinován zemí (kořenová čakra), vodou (sakrální čakra) a teplem (čakra solar plexu). Při nepřiměřených podmínkách pro růst, při příliš velkém nebo malém množství vody, tepla a slunečního svitu platí podmínka dodávat pro proces růstu právě takové množství vody, tepla a světla, jaké je pro úspěšnost tohoto procesu nezbytné. Úkolem vědomí je vytvořit optimální podmínky pro proces růstu. Právě proto je srdeční čakra spojena s přirozeným vnitřním růstovým centrem a bodem rovnováhy člověka, ve kterém se mohou setkávat v rovnoměrném poměru tři spodní a tři vrchní čakry.

Skutečně hluboký a trvalý osobnostní růst může probíhat pouze tehdy, když je do daného procesu angažována i srdeční čakra. Prostřednictvím srdeční čakry vstupuje vyšší část energetického pole do nižší části energetického pole. Zelená barva v srdeční čakře je zpětným odrazem kontaktu k této zvláštní funkci vědomí, která se orientuje na celistvost člověka a přirozeně v sobě zahrnuje v rámci lidského vědomí aspekt vyššího a nižšího. Pokud je tato celistvost v člověku umožněna, tehdy má člověk v sobě otevřenost pro spjatost s přírodou, s hvězdným nebem, s vesmírem a celým univerzem jako takovým.

Vyšší city jako láska, soucítění, pokora, úcta, vznešenost a pocit jednoty se dostaví zcela přirozeně. Všechny pocity tohoto charakteru jsou spjaty se srdeční čakrou. Srdeční energie je hluboký respekt, pokora a láska k životu a všem jeho projevům a procesům v něm.

Když je srdeční čakra ve vyváženém stavu, vede to přirozeně k tomu, že vyšší astrální aura, která se nachází přibližně 30 cm před srdeční čakrou, má pěknou růžovou barvu.

Růžová barva má atmosféru a vibraci, jejímž prostřednictvím je vysílána vodorovná srdeční energii z vyrovnané srdeční čakry směrem ven do okolí. Když je srdeční čakra vyvážená, po energetické stránce se velmi liší od spodních tří čaker. Když je srdeční energie, růžová barva, aktivní bez omezení, má zcela jedinečně zvláštní vlastnost - automaticky se pohybuje ve vodorovném směru a obklopuje jiné lidi.

Energie srdce má léčivý účinek, protože tato forma lásky nevyžaduje žádné opětování. Je to nepodmíněná láska. Tuto formu lásky mohou zažít lidé také v přírodě, ve formě takzvaných přírodních zážitků nebo v láskyplných situacích s lidmi, kde je láska oproštěna motivu chtít někoho svazovat a vlastnit.

Funkce

Srdeční čakra zásobuje životní energií srdce, štítnou žlázu, ramena, ruce, žebra, hrudní koš, jícen, krevní oběh a dýchací orgány.

Psychická funkce

Srdeční čakra je, jak již bylo zmíněno, přirozeným rovnovážným bodem mezi třemi dolními a třemi horními čakrami. V srdeční čakře se mísí vysoké a nízké, dobré a špatné, černé a bílé. V srdeční čakře se setkávají protiklady ve světle rovnocennosti. Když nejsou emoce z čakry solar plexu více potlačovány, ale jsou naopak prostoupeny světlem a vědomím, dosáhnou stádia, kdy jsou relativně flexibilní a dokáží být svobodně verbálně vyjádřené. Pokud se tento proces odehraje v energetickém systému, dochází k přirozené transformaci emocí v srdeční čakře. Ty mají od toho momentu ozdravující a expandující efekt na celkovou auru člověka. S přirozeným úsilím být celistvou bytostí se v člověku spojuje jeho vnitřní a přirozený transformační bod. Tímto transformačním bodem je srdeční čakra. Zde se transformují emoce na pozitivní a směrem ven nasměrované hřejivé pocity.

Náboženství

Energie srdce se u běžného člověka akumuluje a odbourává v průměrném cyklu sedmi dnů. Člověk měl vždy potřebu cítit vyšší city srdce a vyjadřovat je. Oblast, kde se tato potřeba může realizovat, jsou různá náboženství. Náboženství a humanita proto patří neoddělitelně spolu, tvoří celek. Celá naše společnost je vystavěna na základních etických principech nebo na životních principech, které se odrážejí i v jednotlivých náboženských systémech. Všechny obvyklé procesy růstu lidského života mohou být podpořeny náboženským životem prostřednictvím jeho pravidel, norem a obřadů, které mají především účel rozvíjet a zjemňovat lidské vědomí.

Náboženství však může také bránit v zdravém lidském růstu, zejména když se staví odmítavě k impulsům, které jsou spojeny z třemi dolními čakrami a odsuzuje je.

Když je věřící v rámci svého náboženství konfrontován například s problémem vlastního odsuzujícího postoje k sexuálním pocitům nebo aspektům, může to vést k projevu pokrytectví a k neupřímnosti. Je velmi důležité, aby si tuto skutečnost náboženské systémy uvědomovaly a převzaly na sebe odpovědnost i v zájmu svého zdravého pedagogického přístupu k věřícím. Aby jejich přístup dokázal mít podporující účinek na osobnostní růst člověka v souvislosti s impulsy dolních čaker, které mohou v člověku vyvolat neklid, místo aby je démonizovaly. Zdravý lidský růst neprobíhá ani potlačováním, ani jednostranným vyžitím sexuálních a emocionálních aspektů bytí. Mladí lidé by měli být v rámci všech náboženství schopni vyjadřovat se upřímně v souvislosti s jejich sexuálními impulsy a měli by být schopni vyjadřovat velké city, aniž by byli vystaveni konfrontaci se zdviženým, moralizujícim a démonizujícim prstem.

Individuační proces a srdeční čakra
Rozvoj srdeční čakry může probíhat i na základě individuačního procesu. Významný psychiatr a autor mnoha děl, C. G. Jung, pojmenoval nadřízenou psychologickou celistvost člověka "bytostné Já", jejíž rozvoj se přiřazuje srdeční čakře. Každý úspěšný proces individuace má tendenci srdeční čakru otevřít.

Vyšší vědomí a srdeční čakra
Člověk, který je centrovaný ve své srdeční čakře, se prostřednictvím rozvoje vlastní osobnosti dopracoval k přirozené rovnováze ve svém energetickém systému. Tato přirozená rovnováha vytváří základ k tomu, nechat občas vyšší formy energie proudit do energetického systému samy od sebe. Prostřednictvím přirozené rovnováhy jako základu lze vědomě pracovat s vyšším vědomím. Abychom mohli pozvednout své vědomí k světlu a k vyššímu vědomí, je třeba meditativního ponoření se do svého nitra prostřednictvím modlitby nebo meditace.

Jes Bertelsen píše o srdeční čakře ve své knize "Drømme, chakrasymboler og Meditation" ("Sny, čakrové symboly a meditace") následující: "Je to místo, kde je mentální zrcadlo otočené o 180 stupňů. Z úhlu pohledu na kolektivní nevědomí se zde pohled přesměruje na vyšší vědomí. Kontrola nad mentálním znamená, že osobnost se může sama rozhodnout, zda má mentálně zrcadlo odrážet zem nebo nebe, instinkt nebo vyšší vědomí, já nebo bytostné Já. Kontrola se dosahuje prostřednictvím meditace; meditace znamená být oproštěn myšlenek, pocitů a obrazu."

Rovnováha a rozvoj srdeční čakry
Protože srdeční čakra představuje přirozený rovnovážný bod v lidském energetickém systému, je také přirozeným cílem pro rovnováhu a osobnostní růst člověka. Osobní rozvoj nemůže být úplný bez integrace srdeční čakry do tohoto procesu. Skutečný osobní rozvoj proto nikdy nebude v egoistickém, narcistickém područí.

Pokud by měl člověk tento dojem, v tom případě nepochopil základní aspekt rozvoje osobnosti. Osobní rozvoj v sobě přirozeným způsobem zahrnuje zbytek světa, společnosti, přírodu a všechny lidi, ke kterým má člověk hlubší vztah.

Pro rozvoj své srdeční čakry si musí člověk trénovat svou schopnost pro sebepoznávání, lásku, soucit a odpovědnost za sebe samého. Pochopit něco svým intelektem je něco jiného než poznat a rozpoznat něco hluboko ve svém srdci. Pokud je láska prociťováním v srdeční čakře, cit je přirozeně spojen s myšlenkami a s citovým poznáním. Spojení lásky s citem a s myšlenkami je základem soucitu. Soucit se v člověku prolíná všemi jeho myšlenkami, slovy a činy. Toto poznání je často bolestivým vnitřním zážitkem, který člověkem jakoby otřese a týká se to jak fyzického těla, tak mysli a duše. Člověk může mít strach před prodírajícím se světlem lásky a vědomí do jeho nitra. Může to být příliš bolestné, najednou vidět sebe samého.

Láska rozpouští egoistické tendence, aniž by opomíjela skutečné potřeby člověka. Právě proto může být obtížné být osobnostně centrovaný v srdeční čakře dříve, než jsou dolní tři čakry relativně rozvinuté a vyvážené.

Obranné mechanismy, které se vážou k egu a k instinktivním emocionálním impulsům, jsou spjaty s třemi dolními čakrami. Proto existují v této situaci pouze dvě možnosti: "útěk" nebo „konfrontace". Když se dostanou tyto dvě možnosti pod vliv sjednocující energie lásky, obě se nutně musí poddat celistvosti a lásce. Když má člověk odvahu a důvěru k lásce, tehdy se rozplynou i obranné mechanismy. Mnozí lidé se proto cítí bez posily ega nazí, odzbrojení, zranitelní a bezbranní, i když ve skutečnosti ve své situaci obranu vůbec nepotřebují. Pověsit strach a obranu na hřebík, dokud je člověk skutečně nebude potřebovat, je výzvou pramenící z hlubší podstaty člověka, je to výzvou lásky.

Zpočátku se cítíme velice zranitelní, ale pomalu a s jistotou si začneme uvědomovat, že jsme posilováni v naší víře v lásku, v nás samotných a v jiných lidech, v přírodě a ve světě a také v rámci našeho pozemského života. Jako první musí člověk umět rozpoznat své vlastní rány na duši, musí si uvědomit, zda skutečně existuje příčina, chránit natolik sám sebe, jak se to v něm děje. Následně je nutné, aby se začal cvičit v prociťování lásky v srdci v každodenních aspektech života.

Člověk nepotřebuje pobíhat sem a tam a každému se širokým úsměvem a láskyplným výrazem na tváři prezentovat svůj zájem o procítěnou lásku. Člověk by měl sdílet lásku jen s těmi, kteří jsou hodni jeho pozornosti, s lidmi, se kterými ji skutečně dokáže vzájemně sdílet. Být centrovaný, přítomný ve svém srdci, není žádná osvobozující křížová výprava, ale hluboká, vnitřní a osobní záležitost. Staré přísloví o tom, neházet perly sviním, je způsob, jak lásku respektovat a vážit si ji. Člověk by neměl dávat svou lásku lidem, kteří nejsou v stavu, aby ji dokázali ocenit nebo aby jí rozuměli. Za docenění lásky vůči sobě samému, k bližním, k přírodě a k životu je zodpovědný každý sám.

Pokud si nejste jisti, do jaké míry je váš kontakt k vaší srdeční čakře dobrý, dostatečný nebo nedobrý, můžete si položit následující otázky. Pokud na ně dokážete odpovědět "ANO", máte velmi dobře fungující srdeční čakru a váš kontakt k zelené barvě je výjimečně dobrý. Otázky jsou následující:

Máte často hluboký emoční kontakt se sférami jako jsou láska, soucítění, k náboženství, pocitu vznešenosti, k přírodě, k univerzu? Jste si vědomi svých duševních ran a máte s nimi citový kontakt? Dokážete si připustit vlastní bolesti a starosti? Umíte vyjádřit svou bolest a starosti? Cítíte jistý druh rovnocennosti a sounáležitosti s jinými lidmi? Máte radost z dávání a dělení se? Prociťujete tuto hlubokou radost jako dar? Zažíváte ve vašem nitru pocity jasnosti, blaženosti?

Onemocnění a zdravotní potíže ve spojitosti se srdeční čakrou

Nejčastější poruchy v souvislosti s touto oblastí jsou srdeční záchvat, zvětšené srdce, astma, alergie, problémy s plícemi, bronchitida, zánět plic, poruchy krevního oběhu, problémy s horní částí zad a rameny.

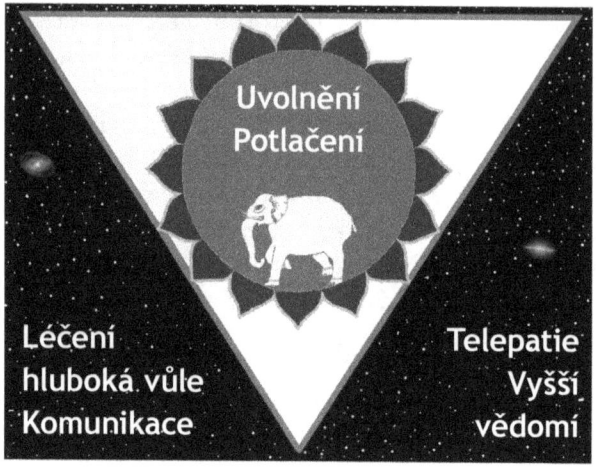

Krční čakra

Poloha

Krční čakru, v sanskrtu Vishuddha - "čisté", lze nejlépe lokalizovat přímo nad krční jamkou. Na zadní části těla můžete s touto čakrou navázat kontakt na spodní části krku, mezi čtvrtým a pátým krčním obratlem.

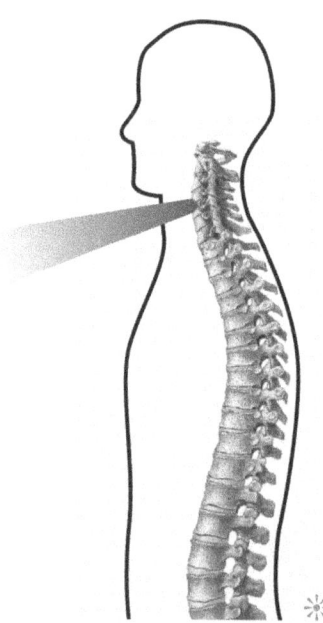

Výrazy a pojmy spojené s krční čakrou

S touto čakrou jsou spojeny následující pojmy a výrazy: hlubší aspekt vůle, vyšší vědomí, tvořivá síla, léčení, komunikační schopnosti, schopnost odevzdání se, schopnost koncentrovat se, výraz, uvolnění, potlačení, komplex viny, modrá barva.

Ilustrace krční čakry v horní části předchozí stránky zobrazuje hrdelní čakru jako lotosový květ se šestnácti okvětními lístky, který symbolizuje psychické a duchovní vlastnosti krční čakry. Bílý slon je symbolem vyváženého vztahu mezi fyzickou a duchovní realitou.

Modrá barva

Modrá barva se váže ke třem aspektům krční čakry a každý aspekt má svůj vlastní modrý odstín.

1. Ve svém extrémně pozitivním aspektu se váže tato barva na vyšší vědomí a na léčivou energii.
2. Ve svém neutrálním aspektu se váže modrá barva k mentální myšlenkové energii.
3. V negativní formě se váže modrá barva k vytěsňovacím a blokujícím mechanismům v člověku.

Modrá barva v odstínu chrpy se vždy váže k léčivým aspektům. Po emocionální stránce účinkuje uklidňujícím způsobem. Její mentální působení je symbolizováno sjednocením, rovnováhou a mírem mezi pravou a levou mozkovou hemisférou, mezi citem a intelektem.

Ve spirituální rovině nastoluje shodu, komunikaci a jednotu mezi všemi vrstvami vědomí a energetického pole. V rámci neutrálního myšlenkového aspektu se objevuje v mentální auře tmavě modrá barva a poukazuje na to, jak hluboký je kontrast nebo rozpor mezi člověkem a jeho myšlenkovými zdroji. Stupeň koncentrace a vůle v mentálním systému se projevuje i ve spojitosti s neutrálním aspektem modré barvy.

V rámci negativního aspektu modré barvy rozeznáváme její ledově modrý odstín, který se často nachází v energetickém poli lidí, kteří neposkytují svým pocitům a emocím možnost vyjádření a projevu. Popírají a potlačují je v sobě a tato skutečnost se projevuje jako ledově modrý odstín modré barvy v oblasti spodní části těla a u nohou. Když trpí člověk problémy spojenými s vyjadřováním se, daný problém je často spojen s kořenovou čakrou, protože mezi krční a kořenovou čakrou existuje velmi silné propojení. Vytěsňovací mechanismy jsou často spjaty s autonomním nervovým systémem, s instinktem přežití a s kořenovou čakrou, a ty jsou před vědomou vůlí, která je spjata s krční čakrou, uzavřeny.

Funkce

Krční čakra přivádí energii štítné žláze, průdušnici, jícnu, krčním obratlem, ústům, krku, zubům, dásním, čelisti a uším. Krční čakra má dvě primární duševní funkce, na které se vážou mnohé jiné sekundární funkce.
1. Je to centrum tvůrčí síly a kreativity.
2. Je to centrum pro všechny druhy komunikace a schopnosti navázat s druhými lidmi kontakt, nejen z verbálního hlediska, ale i cestou hudby, umění, telepatie, mystiky, duchovna a také na bázi vyššího vědomí a léčení.

Krční čakra je nerozlučně spojena s výrazem, zvukem a schopností člověka naslouchat. Je rozhodující pro způsob, jakým se člověk ve všech možných rovinách vyjadřuje.

Krční čakra je odpovědná za třídění těch vnitřních impulsů, kterým dává člověk prostor, aby byly vyjádřeny. Některé impulsy jsou zadržovány, některé ne. Většina lidí zná pocit, jaké je to mít stažené hrdlo. To se stává v případě, když je nějaký impuls zadržován.

Často je to pláč nebo něco, co jsme nevyjádřili verbálním způsobem a co se pak manifestuje jako pověstné stažené hrdlo. V takových situacích, kdy jsou impulsy potlačovány, krční čakra nevyhnutně zareaguje. Také však můžeme zažít, jak uvolňujícím způsobem energie proudí, když se vyjadřujeme upřímně.

Tento pozitivní aspekt se objevuje v úzkých mezilidských vztazích jako manželství, v důvěrném vztahu dvou lidí, v přátelství a v rámci rodinných vztahů. Zároveň jsou to právě i oblasti, ve kterých se dějí ty největší sebepopírající tendence. Rozvoj vyšší vůle člověka, jeho vnitřní hlas, schopnost člověka naslouchat a komunikovat, schopnost volit správné rozhodnutí a z toho vyplývající zodpovědnost, jsou spojeny právě s krční čakrou.

Zážitky z dětství jsou rozhodující pro to, jak se tyto základní lidské aspekty budou vyvíjet v pozdějším období života. Když nezažije dítě důsledky svého jak pozitivního, tak i negativního chování, v pozdějším období života bude pro něj těžké převzít odpovědnost za svůj život. Ale pokud se dítě naučí, že všechna jeho rozhodnutí mají důsledek a vliv na běžnou lidskou existenci a na život jako takový, v pozdějším období života bude takový člověk schopen snadněji převzít odpovědnost za své volby v životě.

Člověk s takovými zkušenostmi bude v pozdějším období svého života snadněji realizovat volby ve svém životě a bude se rozhodovat s větší důvěrou.

Tvůrčí práce je spojena s kreativní energií krční čakry. Tvořivá síla je úzce spjata s hlubší a vyšší vůlí člověka. Když v Bibli stojí "Staň se vůle Tvá - jak v nebi, tak i na zemi", je to prosba o to, aby mohla být vyjádřena naše vyšší duchovní vůle hluboko v našich srdcích, v našem životě. Tato část aspektu lidské vůle je spjata s hlubší podstatou každého člověka.

Možnost formovat svůj život na základě své hlubší vůle poskytuje člověku prostřednictvím jeho zážitků to největší zadostiučinění. Tato možnost vytváří ten nejlepší individuální život, tu největší možnou míru uspokojení, a to vše přizpůsobené hlubším potřebám člověka.

Člověk může mít ve svém nitru nespočet impulsů. Některé impulsy ho tahají na jednu stranu, jiné na tu opačnou. Pokud se toto děje, je třeba, abychom si vyhledali klidné místo, abychom tyto různorodé impulsy prociťili. Prociťujte důkladně každý impuls. Jak reaguje vaše tělo, psychika a taky vaše aura na konkrétní impuls?

Je dobré si zapamatovat, že vnitřní impuls může odrážet naši skutečnou vnitřní potřebu a tím i naši hlubší vůli. Neznamená to však vždycky to, že impulsy naší hlubší vůle jsou pociťovány jen jako příjemné. Ne málokdy se stává, že naše hlubší vůle nás chce přivést k tomu, abychom se konfrontovali s jistými postoji a abychom rozpoznali a uvědomili si, že některé nejsou v úplné shodě s naší hlubší vůlí nebo s životem. Pokud náš obraz o nás samotných není ve shodě s naší hlubší vůlí, není to jednoduché, vidět se takovými, jakými v podstatě jsme.

Když člověk není sám schopen proniknout ke svým hlubším impulsům, lze najít pomoc u dobrého terapeuta nebo u důvěryhodného člověka, který vám poskytne například výklad vašich snů. Pokud jste na pochybách, zkuste si co nejživěji představit, jak by se mohl formovat váš život, když budete následovat nějaký impuls a realizovat jej. Vyberte si impuls, který považujete za nejsprávnější a nejpřesnější.

V souvislosti s mnoha protichůdnými impulsy v rámci krční čakry je možné auricky pozorovat tři kruhy. Tyto kruhy jsou energetickým symbolem těla, mysli a vůle ducha. Čím větší je rozestup mezi těmito kruhy, tím větší je vnitřní rozpolcenost člověka a o to těžší bude pro něj procítit svou hlubší vůli. Tělo chce jedno, mysl něco jiného a hlubší podstata něco třetí. Když se tyto kruhy začnou spojovat do jednoty nebo se více či méně stanou jedním kruhem, nastane velmi příznivá shoda mezi třemi aspekty vůle, které jsou spjaty s krční čakrou.

Vyrovnávání a rozvoj krční čakry

Podle freudovské psychologické školy začíná rozvoj malých dětí jejich orální fází. Polykací reflex, období kojení, má významný podíl na tom, jakou má dítě možnost rozvíjet svou krční čakru. Pokud má dítě z tohoto období negativní zkušenosti, tyto se mohou v pozdějším období života projevit jako hluboce zakořeněné psychické reflexy ve formě jeho vyjadřování a mohou být jistým způsobem uloženy v jeho komunikačních schopnostech. Pokud zažívá dítě ve své orální fázi opakovaně bolest a nepohodlí, tyto zážitky se ukládají do celého čakrového systému ve formě negativních zkušeností. Ukládají se především do kořenové čakry a do autonomního nervového systému.

Pokud má člověk v sobě hluboko uložený strach vyjadřovat se verbálně a komunikovat, tyto poruchy vyjadřování by si měl v první řadě plně uvědomit. Mnohokrát musí člověk projít léčivým procesem spolu s jistým druhem terapie, protože osobní vzorec chování v souvislosti se strachem vyjádřit se nebo projevit se je často hluboce zakořeněný.

Nakonec by měl být vývoj soustředěný na schopnost člověka vyjadřovat se v mluvené a psané formě, případně i prostřednictvím rétoriky (umění přednesu). Tímto způsobem se procvičuje schopnost komunikovat a vyjadřovat se směrem ke svému okolí, jmenovitě v souvislosti s tím, co člověk cítí a co je obsahem jeho mysli. Sebevyjádření člověka je nedílnou součástí toho, v jak intenzivní míře jsou osobnost a hlubší podstata člověka vzájemně integrované a v jakém vzájemném kontaktu existují. Každý proces osobního rozvoje, který probíhá příznivě, je zaměřen na hlubší podstatu člověka. Čím větší integrace mezi osobností a hlubší podstatou člověka, tím větší je míra transparentnosti osobnosti člověka.

Transparentnost znamená, že v rámci lidské osobnosti se nenacházejí žádná utajovaná místa v situacích, v kterých se člověk nějakým způsobem projevuje. Většina vnitřních aspektů osobnosti je přiznaných, uvědoměných a zpřítomněných.

Jen velmi málo lidí se dostalo takto daleko. Pro všechny lidi je životním úkolem udělat krok k tomu, aby přijali sami sebe. Jen ten, kdo přijme sám sebe, dokáže ve skutečnosti přijímat ostatní. Čím více může člověk říci „ano" sobě samému a dokáže být sám pro sebe transparentním, tím silněji se projeví na člověku síla léčivého procesu, kterým prochází. Na světě je několik lidí, kteří tohoto stavu dosáhli. Není vždy snadné je najít, zpravidla však s jejich osobou bývá spojena nějaká forma vzdělávání, v jejímž rámci sehrávají hlavní roli.

Učí osobnímu a spirituálnímu rozvoji, meditaci, jsou spjati s náboženstvím, léčitelstvím a s duchovním rozvojem. Poznávacím znamením těchto lidí je volné proudění jejich léčivé energie.

Takový typ člověka se objeví v našem životě jen velmi zřídka, ale takový člověk dokáže na nás převést svou volně proudící léčivou energii přirozeným způsobem. Obdržet léčivou energii od takového člověka znamená, že jste v momentu vzájemné konfrontace otevřeni možnosti, aby do vás mohla být transportována tato léčivá energie prostřednictvím vlastního hlubokého osobního vyjádření léčitele a to harmonizujícím způsobem.

Otázky spjaté s rozvojem krční čakry

Zda je vaše krční čakra relativně vyrovnaná můžete zjistit, když odpovíte na níže uvedené otázky.

Je pro vás snadné komunikovat s jinými lidmi? Umíte se bez obtíží vyjadřovat srozumitelně? Dokážete snadno vyjádřit to, co cítíte, myslíte, co si uvědomujete nebo co chcete? Uplatňujete svou kreativitu pravidelně? Probíhá váš běžný život bez příliš velké monotónnosti a rutiny? Je pro vás snadné rozhodovat se? Máte dobrý kontakt se svou vůlí? Je pro vás všeobecně snadné prosazovat svou vůli a zároveň být upřímným vůči sobě samému? Vnímáte příležitostně existenci duchovní dimenze?

Pokud jste odpovídali na většinu otázek ANO, máte dobře fungující a vyrovnanou krční čakru. Pokud je vaše odpověď ve smyslu vyjádření "Tak do určité míry", máte relativně vyrovnanou a dobře fungující krční čakru. Pokud jste však odpověděli na většinu otázek NE, máte před sebou ještě kus práce na vašem osobním rozvoji.

Onemocnění a zdravotní potíže ve spojitosti s krční čakrou

Nejčastější onemocnění a poruchy, které se v této oblasti vyskytují, jsou bolesti v krku, bolestivé vyrážky a vřídky v ústní dutině, katar horních cest dýchacích, problémy s dásněmi, bolesti krční páteře, zanícené hrdlo, tenzní bolesti hlavy, zduřelé uzliny, potíže látkové výměny, basedova nemoc (hypertyreóza) a struma (zvětšení štítné žlázy).

Energetická pole aury

Čelní čakra

Poloha

S čelní čakrou, která se nazývá v sanskrtu Anja, navážeme nejlépe kontakt uprostřed čela, jeden až dva centimetry nad obočím. Končí uprostřed hlavy v malé dutince, která je vyplněna spinální tekutinou, v místě, kde se nachází hypofýza a pineální žláza. Tento bod se nazývá "centrum v hlavě".

Ilustrace čelové čakry v horní části této strany zobrazuje dva páry křídel, které symbolizují konečnou transformaci všech duálních protikladů jako například světlo / tma, ženské / mužské atd.. 96 lotosových lupenů (které zde nejsou zobrazeny) jsou spjaty s čelní čakrou a symbolizují jejích 96 duševních vlastností.

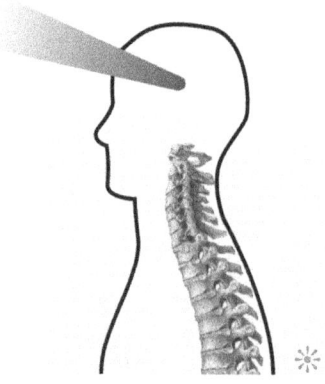

Indigová barva

Indigová barva je tmavý modrofialový odstín, který lze často pozorovat nad mořem v dnech s jasným nebem, kdy je výrazně slunečno a větrno. Je to barva inteligence, pochopení, intuice, vycitování přirozeného vnitřního životního rytmu a směrování v životě a také schopnosti zaměření své pozornosti na něco. Schopnost rozpoznávat energetické pole pochází z indigové a červeně fialové barevné vibrace, které vibrují tak vysokou frekvencí, že prosvětlí všechny ostatní níže umístěné čakrové barvy. Odtud pochází schopnost vědomí "vidět" sebe samého, jiné lidi a situace tak pronikavým způsobem, přímo až znepokojivě. Pokud je vědomí schopno proniknout do sebe samého nebo dokáže být samo před sebou transparentní, ukáže se ve vnitřních obrazech nebo zjeveních jako například barevné světlo, roucho moudrosti či fialové květy. Když je vědomí na jistý moment v klidu a dokáže se samo se sebou konfrontovat, je možné pozorovat zklidňující a možná i vytěsňované nevědomé aspekty vnitřního vidění, například jako mihotavé, rychlé a nekontrolovatelné zrakové fenomény.

Pokud je čelní čakra vyvážená, vědomí spočívá transparentně samo v sobě, je zaměřené na jiné lidi a situace, což není případ nevyváženého stavu čelové čakry. Lidé, kteří jsou schopni vidět jasně, kteří mají pronikavě výraznou inteligenci a silnou intuici, disponují dobrým vztahem k indigové a fialové barvě.

Funkce

Čelní čakra zásobuje životní energií oči, nos, pineální žlázu a hypofýzu pro rozvoj inteligence a schopnost učit se. Pineální žláza (corpus pinealis - kuželovitý útvar) je jediným orgánem lidského těla, který má buňky citlivé na světlo.

Elementem čelové čakry je světlo. Světlo symbolizuje vědomí. Světlo vědomí vychází z čelové čakry. Naše schopnost "vidět" je podmíněna přítomností světla a aktivitou vědomí. Každé vnímání barvy vychází ze schopnosti vědomí vnímat a uvědomovat si různorodé barevné škály a odstíny. Výrazy jako "někomu svitlo" nebo "je mi jasné" popisují schopnost vědomí "vidět" a "uvědomovat si".

Když člověk zavírá své vědomí, což je často spjato s traumatizujícími zážitky, vědomí blokuje světlo a tím i svoji schopnost vidět a pochopit něco do hloubky. V psychologii je známo, že pokud se člověk dlouhodobě - což mohou být i roky - uzavřel před jistými oblastmi svého vědomí, může se u něj snadněji rozvinout deprese.

Denní světlo

Dnes je už známý poznatek, že lidé, kteří nemají delší dobu kontakt s denním světlem, jsou vystaveni riziku depresí. Pozitivní vliv slunečního světla na mysl je dnes všeobecně známý fakt. Buňky v pineální žláze, citlivé na světlo, jsou stimulovány a nabíjeny slunečním svitem (nebo zářivkami se spektrem slunečního světla).

www.auric-energyfields.com

Z tohoto místa jsou vysílány chemické signály do různých oblastí mozku a odtud dále směrem k celému endokrinnímu systému.

Dětství

Rozvoj pozornosti vůči vlastnímu nitru a schopnost vhledu do sebe samého jsou rozhodující pro to, jak se pineální žláza rozvíjí. Pokud nebude vrozená zvědavost dítěte omezována prostřednictvím negativních zážitků z okolí, když bude dospělým neustále klást zvědavé otázky a prokazovat svou snahu po poznání a když bude dostávat přizpůsobené, věku přiměřené odpovědi, bude mít pak příznivé možnosti zpracovat informace ve svém nitru. Tímto se rozvíjí schopnost bádat samostatně a hledat si odpovědi, což je znakem dobře vyvinuté čelové čakry.

Mnoho rodičů jistě zažilo, že jejich děti vyprávějí o barvách, které obklopují lidi. Nebo zaslechli, že jejich dítě mluví o něčem, o čem nemohlo mít nijak nabyté vědomosti.Mnohé děti skutečně vidí energetické pole a také si uvědomují "nadpřirozené věci" jakoby to byly ty nejpřirozenější věci na světě. Pro ně to v žádném případě není něco senzačního nebo fantastického, ale je to pro ně něco tak přirozeného jako dýchání. Rodiče takového dítěte by mu měli naslouchat a nepovažovat to, co jim říká, za čistou fantazii a výmysly. Buďte upřímní a trpěliví. Poslouchejte své dítě a neodsuzujte je. Takovým postojem mu prokážete velkou službu.

Pokud je taková schopnost dítěte konfrontována s výsměchem nebo jeho výpovědi nejsou brány vážně, ale jsou spojeny se znevažováním nebo když reaguje okolí dítěte úlekem, dítě bude takové vnímání v sobě blokovat nebo "zapomene" uspokojovat potřeby okolí a bude se přizpůsobovat normám toho, co je považováno za normální. Takovým způsobem nastává nejednou již v období dětství blok v pineální žláze. Totéž platí pro výsostně logický a jasný chod myšlenek dítěte a jeho otázek. Děti popisují skutečnost takovou, jakou ji vnímají, což se rodičů nejednou citlivě dotkne. Pokud ale rodiče naslouchají bez předsudků tomu, co jejich děti říkají, budou mít vlastně možnost pozorovat i logičnost dětského způsobu myšlení a dětských otázek. Pokud dostávají děti na své logické a často humorné dotazy od svého okolí adekvátní odpovědi, mohou snadněji rozvíjet svou čelovou čakru.

Většina dětí ztrácí tento druh vnímání ve věku 7 až 9 let, což je nejčastěji spojeno s nutností této „ztráty" v předpubertálním období a také později v období puberty. Schopnost učit se a rozvoj inteligence v mládí má velký význam pro jejich další vzdělávání se.

Předpokladem k dobré schopnosti učit se je relativně dobře fungující čelová čakra. Schopnost chápání, vnímat věci v různorodých spojeních a z různých perspektiv, myslet abstraktně a intuitivním způsobem naznačuje relativně dobře fungující čelní čakru.

Mentální rovnováha

Většina dospělých časem ztrácí něco ze své schopnosti pro abstrakci a intuitivního myšlení. Jednou z podstatných příčin je to, že naše společnost si výrazně více považuje racionálního a intelektuálního myšlení v porovnání s iracionálním a uměleckým. Tímto přichází společnost o neuvěřitelně velké mentální zdroje. Tato nevyváženost obecně vyplývá z toho, že pochopení hodnoty rovnoměrného docenění kvalit obou hemisfér se nachází ještě v těžkopádné fázi kolektivního rozvoje. V levé hemisféře dominuje racionální, intelektuální myšlení. V pravé hemisféře je to intuitivní, iracionální myšlení. Prostřednictvím vědomého tréninku lepší rovnováhy mezi hemisférami dokáže dospělý jedinec obnovit svou schopnost pro abstrakci a pro intuitivní myšlení, čímž nastane i lepší rovnováha v jeho čelní čakře.

Směrování v životě a schopnost rozhodování

Schopnost rozhodovat se je spojena s pocitem, že jsme zvolili správnou cestu a také znamená přizpůsobení svého životního rytmu svým vnitřním biologickým hodinám. Když pociťujeme, že se hýbeme v správném směru, je pro nás snadné činit rozhodnutí. Pokud se nám nedaří vyladit si cit pro směrování, stáváme se zmatenými a nedokážeme se rozhodnout. Cit pro správný směr vychází z čelní čakry. Člověk se dokáže snadno dostat do situace, že když ztrácí ve svém životě směrování, rozhodne se pro řadu nedobrých rozhodnutí.

Tyto nesprávné cesty ho snad dříve či později přivedou zpět k jeho obvyklému životnímu směrování. V naší éře vyvstává všeobecný strach volit nesprávné rozhodnutí. Možná je to spojeno s tím, že máme tolik možností voleb jako nikdy předtím a tím se v nás vytváří intuitivní strach, že ztratíme své směrování. Moderní člověk musí zaujmout stanovisko k tolika věcem, že důsledky konkrétní volby nelze snadno přehlédnout. Z příliš velkého množství možností voleb vyvstal poslední dobou u lidí jednoduchý způsob života, který probudil moderní trend, v rámci kterého se člověk snaží zjednodušit svůj životní styl ve všech možných oblastech.

Rozvoj identity a vědomí je výprodejovým artiklem a je možné koupit si jej zabalený jako na míru šitý spirituální artikel - životní styl s přibaleným konceptem. Právě proto je pochopení významu čelní čakry v dnešních časech důležitější než kdykoliv předtím. V opačném případě budou lidé sváděni jedním nebo druhým způsobem. Aby člověk nebyl odváděn takovými lákadly od svého životního směrování, je důležité mít schopnost tyto zavádějící aspekty nepřehlížet. Je možné toho dosáhnout adekvátním poznáním lidí, prostřednictvím vlastní vnitřní intuice a vizí.

V dnešní éře přispívají intuice a vize člověka například prostřednictvím snů či meditace k tomu, aby si člověk formoval vnitřní cítění pro své životní směrování.

Tyto hluboké vnitřní zážitky a poznání by měly být podkladem pro naše větší rozhodnutí, která volíme.

Schopnost zaměření svého vědomí

Z čelní čakry vychází schopnost zaměření našeho vědomí. Člověk musí umět zaměřit svou mentální energii na to, aby vnesl do svého mentálního systému strukturu a pořádek. Kdo by chtěl maximálně využívat své mentální zdroje, ten si musí vyhradit čas na to, aby se naučil soustředit své vědomí a koncentrovat se. Prostřednictvím osobní disciplíny, cílevědomosti a meditativních cvičení se může dosáhnout požadovaná kontrola a struktura v mentálních zdrojích člověka.

Vyvažování a rozvoj čelní čakry

Nejste si jisti, zda máte dobrý kontakt se svou čelní čakrou? Můžete si tedy zkusit odpovědět na následující otázky:

Je pro vás snadné promyslet si nějaký problém a najít způsob jeho řešení? Máte dobrý vztah k indigové barvě? Cítíte v souvislosti se svou osobou vnitřní jistotu? Máte odvahu následovat tuto vnitřní jistotu ve vás? Umíte se dobře koncentrovat? Máte sny spojené se silným klidným světlem ve formě například slunce, svítících UFO, zářících moudrých bytostí, zářících božích bytostí nebo s podobnými jevy? Měli jste spontánní vnitřní vize? Je pro vás snadné následovat svou vnitřní intuici a zároveň mít schopnost rozlišovat jemnosti různých aspektů ve vás?

Pokud můžete odpovědět na většinu otázek ANO, máte dobře fungující a vyváženou čelní čakru. Pokud dokážete odpovědět na dané otázky v některých případech spíše „ano", máte relativně dobře fungující čelní čakru. Pokud zní vaše odpověď na jednotlivé otázky NE, leží před vámi ještě kus práce na vlastním rozvoji.

Onemocnění a zdravotní potíže ve spojitosti s čelní čakrou

Jedněmi z nejčastěji se vyskytujících onemocnění a problémů v této oblasti jsou mozkové nádory, neurologické onemocnění, oslepnutí, migréna, nervozita, zánět čelních dutin, melancholie, schizofrenie a poruchy učení.

Korunní čakra

Poloha

Stoupající éterické vyzařování z korunní čakry začíná v jednom bodě přibližně jeden centimetr nad lebkou. Korunní čakra je také v bezprostřední spojitosti s centrem v hlavě, což je dobře viditelné na obrázku vyobrazujícím polohu této čakry. Subtilní myšlenkové impulsy z vyšší mentální aury se v centru hlavy transformují do jasných myšlenek, které mají zároveň i přímou spojitost se srdeční čakrou.

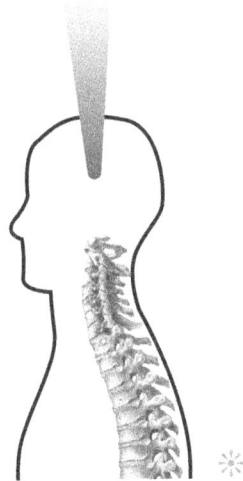

V sanskrtu se nazývá tato čakra Sahasrára. Ilustrace korunní čakry v horní části stránky zobrazuje vrchní část oblasti hlavy člověka pokrytou 998 lotosovými lupínky, které symbolizují 998 psychických a duchovních vlastností. V korunní čakře jsou zastoupeny všechny dolní čakry. Když nastane v některé z dolních čaker vyvážený stav, tato aktivita vyrovnávání se často manifestuje v korunní čakře jako barva konkrétní příslušné čakry. Ilustrace výše zobrazuje korunní čakru jako barevnou paletu se všemi barvami, které jsou spjaty se spodními čakrami i fialovou barvu, která přísluší korunní čakře na vrchu hlavy člověka.V případě člověka s relativně vyváženou korunní čakrou jsou v této čakře rovnoměrně přítomny všechny čakrové barvy. Když dosáhne člověk této relativní a velmi individuální rovnováhy, občas mu budou z duchovní dimenze přicházet přirozené impulsy vyššího vědomí. Když bude vědomí takového člověka rozvíjeno a trénováno meditací nebo jinou duševní činností, může si postupem let vytvořit neustálý, trvalý kontakt k vyššímu vědomí.

Fialová / červeno fialová barva

Ze všech barev, které dokáže lidské oko zachytit, má fialová barva nejrychlejší frekvenci. Při zvýšené barevné frekvenci přechází barva do ultrafialového barevného spektra, kde již nedokáže lidské oko barvu zachytit a tedy ji vidět.

Johann Wolfgang Goethe mluvil o "neviděné barvě", o barvě, kterou si ještě nedokážeme uvědomit. Lidé, kteří se zabývají barvami vědomí, nazývají tento speciální odstín magenta, což je červeně fialová barva, vibrace vědomí, která se nedá vizuálně ilustrovat.

Vysoce frekvenční barva magenty je viditelná pouze pro ty, kteří mají schopnost vidět auru. Schopnost zachytit, vnímat auru, je schopností "vidět" a "vnímat" energii ve všech jejích nejrozmanitějších formách a pohybech. Schopnost vnímat pohyb energie v souvislosti s magentovou vibrací vědomí se nazývá jasnovidectví, protože tato specifická forma jasnovidectví je spojena s "vnímáním" příčiny a následku v souvislosti se všemi formami pohybu energie. Magentové jasnovidectví je jako laserové oko, které pronikne do vědomí a nevědomí druhého člověka a pojme ho. "Vidí", jak vznikla příčina a následek, jaké mají směrování a jaký bude výsledek. Tato forma rozšířeného, vyššího vědomí je spjata s vysoce frekvenční barevnou vibrací magenty, která přesahuje zrození i smrt. Tato forma vědomí je u osob, které disponují schopností jasnovidectví, hodně ojediněle přístupná. Magentovou barvu je možné vidět, až když se vědomí nachází na vyšším stupni svého vyladění. Proto také běžní lidé tuto barvu nedokážou auricky vidět. Není to však totožné s tím, že v běžném životě bychom nedokázali rozpoznávat červeno fialové barevné odstíny. Jen to není ten druh červeno fialových barev, o kterých zde pojednávám.

Jiné barvy

Ke korunní čakře se přiřazují i jiné barvy. Spirituální barva jako zlatá, stříbrná, bílá nebo směs zlaté a stříbrné se také spojují s korunní čakrou. Zlatá je mužská spirituální nuance, stříbrná je ženská. Když se tyto dvě nuance promíchají, nastává vyšší forma jejich kombinace a integrace. Je to spjato s tím, co se nazývá "vnitřní královskou svatbou", "mystickou svatbou" nebo definitivní transformací duality.

Funkce

Korunní čakra odráží stav funkčnosti a vyváženosti šesti nižších čaker a proto nemá žádnou fyzickou funkci. Funkcí korunní čakry je vytvářet vnitřní pocit jednoty, soudržnosti, integrace a smyslu. Vytváří spojitost mezi zbývajícími čakrami a osobnostními aspekty člověka. Čím lépe ostatních šest čaker spolupracuje, tím lépe se rozvíjí korunní čakra a o to silnější bude vnitřní zážitek jednoty, spojitosti nebo soudržnosti a smyslu lidské existence. Všichni lidé vědomě či nevědomě hledají celistvost bytí, jednotu a smysl. Tento impuls vychází z korunní čakry a z vyššího vědomí, s kterým je každý člověk spjat. Toto vyšší „já" medituje denně celých čtyřiadvacet hodin o vlastní osobnosti. Tento bdělý nebo neustále bdící stav v člověku je jeho vyšší vědomí, které se projevuje ve vnitřních obrazech, meditaci a v snech, například jako meditující Buddha, Kristus, jogín nebo jako záře nad hlavou. Vyšší vědomí je propojenost člověka k jeho vlastní duchovnosti. Z této hluboké, vnitřní duchovnosti pramení pocity soudržnosti, jednoty a smyslu bytí.

Když jsou ostatní čakry vyvážené, duchovní dimenze člověka se pak přirozeně manifestuje ve fyzickém světě. Je velmi důležité tomuto porozumět - když člověk pracuje se svým osobnostním růstem nebo spirituálním rozvojem. Je přirozené usilovat o vyvážený a harmonický stav svého já a je zároveň možné vést zcela přirozený, normální život vedle přirozené vyváženosti a kontaktu člověka k vlastnímu čakrovému systému a ke své duchovní dimenzi.

Rozvoj korunní čakry

Stav korunní čakry odráží stav vyváženosti a stupeň rozvoje šesti nižších čaker. Korunní čakra se rozvíjí jen při celistvém a harmonickém stavu rovnováhy v ostatních čakrách. V souvislosti s rozvojem vyššího vědomí, který je podmíněn seriózním přístupem a harmonickou vyvážeností v celém čakrovém systému, se vědomí krok po kroku připraví na užší kontakt s korunní čakrou a s vyšším vědomím.

Onemocnění a zdravotní potíže ve spojitosti s korunní čakrou

Problémy v této oblasti mohou vést k poruchám nervového systému, k ochrnutí, genetickým onemocněním, problémům s kostmi a k onemocnění roztroušenou sklerózou a amyotrofickou laterální sklerózou.

Dvacet jedna sekundárních čaker

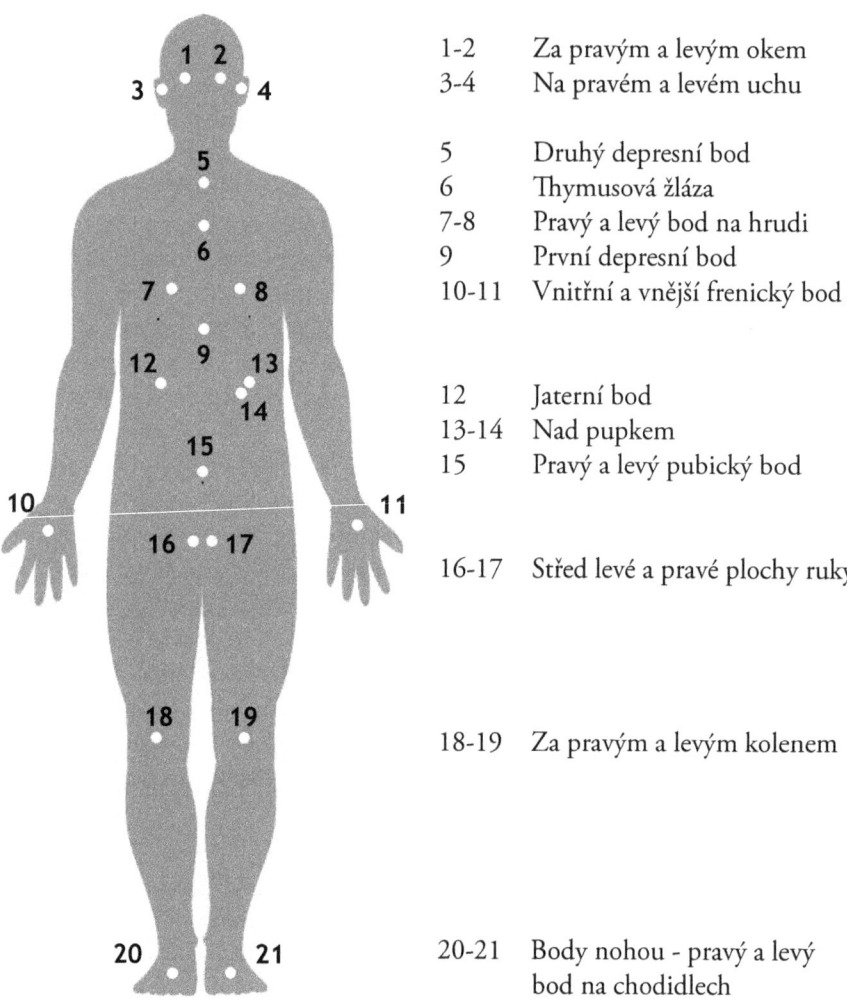

1-2	Za pravým a levým okem
3-4	Na pravém a levém uchu
5	Druhý depresní bod
6	Thymusová žláza
7-8	Pravý a levý bod na hrudi
9	První depresní bod
10-11	Vnitřní a vnější frenický bod
12	Jaterní bod
13-14	Nad pupkem
15	Pravý a levý pubický bod
16-17	Střed levé a pravé plochy ruky
18-19	Za pravým a levým kolenem
20-21	Body nohou - pravý a levý bod na chodidlech

Funkce

Sekundární čakry zajišťují všechny sekundární funkce, které jsou podřízeny sedmi primárním čakrám. Sekundární čakry jsou především spojeny s našimi pěti smysly: zrakem, sluchem, hmatem, chutí a čichem. Jsou s nimi spojené tak, aby zásobovaly éterickou životní energií orgány, které jsou s těmito smysly spojené. Také jsou spjaty s našimi vyššími smysly.

1-4 Sekundární čakry za očima

1-2 Za pravým a levým okem

Tyto dvě sekundární čakry jsou za pravou a levou oční bulvou. Jejich úkolem je udržování a předávání životní energie očím, aby mohly optimálně fungovat. Sekundární čakry za očima mohou být pojaty jako transformátory pro předávání životní energie pro naše zrakové orgány.

Oči, zrakový smysl a sekundární čakry v oblasti za očima jsou spojeny s čelní čakrou, která je zásobuje éterickou energií. Světlo a schopnost vidět jsou velmi úzce spjaty. Zrak nám umožňuje vidět fyzickou realitu prostřednictvím světla. "Barvy vznikají na základě střetu světla s tmou", jak řekl Johann Wolfgang von Goethe. "Světlo, stín a barvy nám umožňují, abychom si dokázali pomocí zraku utřídit fyzický svět".

Oči jsou nervově propojeny s jedním bodem, který se nachází na zadní části hlavy v oblasti medully v horní části krční prohloubeniny. Je to místo, kde se křižují nervové dráhy zrakových orgánů, takže naše pravé oko je spjato s naší levou hemisférou a levé oko s pravou hemisférou. Rovnováha mezi pravou a levou polovinou našeho mozku umožňuje, že disponujeme zrakovým smyslem. Člověk, který je příliš orientovaný na svou logickou racionální hemisféru, bude obvykle více využívat své pravé oko. A naopak - když člověk využívá dominantnější pravou, iracionální polovinu svého mozku než racionální levou, bude více využívat své levé oko. Je obvyklé, že člověk je více ovládán levou či pravou hemisférou. Většina kreativních lidí je více ovládaných svou pravou hemisférou, zatímco levá hemisféra dominuje většině racionálních lidí. Vyvážené vidění, které nastane, když jsou obě polokoule v navzájem vyváženém stavu, je podmínkou pro optimální fungování zraku a mozku než takového. Příčinu nevyváženosti mezi dvěma hemisférami lze nejčastěji hledat ve funkci čakry solar plexu.

Když mají oči fungovat normálně, tedy bez pomoci brýlí a jiných optických pomůcek, musí především dobře fungovat čakra solar plexu, aby mohla mezi oběma polovinami mozku nastat přirozená vyváženost. Při příliš velkém množství pocitů a emocí, které se nedají vyjádřit, se potlačovaná emoční energie ukládá v oblasti medully. Toto ovlivňuje zrak a vnímání barev a svět se nám jeví takový, jakým ho vidíme. Je možné, že člověk ani neodhalí své emoční brýle, které má nasazené.

Pokud přetrvává tento jev po několik let, aniž bychom si to uvědomili nebo dokázali nějakým způsobem zasáhnout, a když čelní čakra nedokáže prozářit emoční energii v nás, aby se ta stala vědomou, náš fyzický zrak bude ovlivňován nahromaděnou emocionální energií. Člověk bude potřebovat brýle nebo kontaktní čočky již v půlce své dvacítky nebo kolem své třicítky, což je porucha, která by se měla přirozeně projevit až ve věku čtyřiceti, čtyřiceti pěti let. Oční onemocnění jako slepota v důsledku cukrovky je metaforou pro čakru solar plexu, která léta nefungovala adekvátním způsobem, což se prokáže v období vyššího věku.

Pokud však funguje čakra solar plexu optimálně, fyzické vidění se zhorší pouze v důsledku stárnutí nebo kdy dotyčná osoba namáhala svůj zrak příliš častým a dlouhým čtením nebo zatěžovala svůj zrak nějakým jiným nepřiměřeným způsobem.

Jasnovidectví a třetí oko

Třetí nebo vnitřní oko je spjato s hypofýzou a s pineální žlázou prostřednictvím dutiny uprostřed hlavy, která je vyplněna tekutinou. Pro to, aby mohl člověk správně využívat své vnitřní oko, musí být jeho čakrový systém relativně vyvážený, přesněji čakra solar plexu a také musí být v podobném stavu i jeho astrální systém.

V jiném případě by vnitřní vidění bylo ovlivňováno příliš velkým množstvím emocionální energie, což oslabuje jasnozřivost a jasnovidectví. Pak není možné rozlišovat, co je v člověku jeho vlastní energie a co je energií druhého člověka.

Slovo jasnovidectví tvoří dvě slova "jasně" a "vidět". Schopnost vidět jasně a také tak myslet se může vyvinout pouze tehdy, když je vidění relativně osvobozeno od nahromaděné emocionální energie. Čím více je vidění očištěné od emocionálního vlivu, tím jasněji člověk vidí a o to víc bude do tohoto aspektu zahrnuta i činnost jeho čelní čakry. Aby se mohla čelní čakra rozvíjet, je žádoucí mít otevřený a upřímný postoj, kdy má člověk odvahu vidět sám sebe takového, jaký ve skutečnosti je a ne takového, jakým by se chtěl vidět nebo jakým by ho chtělo vidět jeho okolí.

Pokud člověk disponuje upřímným, etickým a reálným životním postojem a požaduje jej sám po sobě i od okolního světa, vyvstává pro něj příležitost rozvíjet své třetí oko. Schopnost vidět auru a jasnovidectví, které zasahují do astrální dimenze, nejsou samy o sobě žádnou duchovní záležitostí. Například některá zvířata mají schopnosti jasnovidectví na základě jejich vrozené instinktivní astrální formy vědomí. Takto cítí, vnímá nebo vidí kočka, která disponuje svými přirozenými zdravými instinkty a reaguje okamžitě, jakmile se do jejího zorného pole dostane člověk s vysloveně negativním vyzařováním. Kočka se v takovém případě okamžitě vzdálí. Kočky a psi pociťují také astrální přítomnost ve formě lidí nebo bytostí, které podnikají astrální cestování. Tutéž schopnost má většina dětí mladších dvou let. Zduchovnění nebo spiritualizace astrální dimenze ve svém nitru souvisí s čištěním astrálního systému, především nahromaděné emocionální energie v oblasti čelní čakry. Na vyšším stupni vědomí se člověk setká s každou projekcí, kterou v sobě nese. Čím víc si člověk uvědomuje astrální dimenzi, o to více je schopen jasně rozlišovat. Schopnost rozlišování se zdokonaluje během procesu spiritualizace astrálního systému.

Při práci na rozvoji čelní čakry a v souvislosti s velmi rychlou energií třetího oka nesmíme nikdy zapomenout na to, že se tím ovlivňuje náš celkový energetický systém. Může docházet k mentálnímu / astrálnímu stresu - štítná žláza může začít být příliš aktivní. Znamená to, že při příliš silném využívání čelní čakry se může stát štítná žláza hyperaktivní. Pokud nastanou u osoby, která disponuje schopností jasnovidectví, takové příznaky, měla by na nějaký čas přerušit své aktivity, dokud se funkce štítné žlázy nevrátí do normálu.

Člověk se schopností jasnovidectví může kdykoli zjistit úroveň rozvoje těchto svých schopností a to tím, jak daleko "dohlédne". V žádném případě by to však nemělo být pojato jako konkurenční boj v této oblasti, je to dobrý způsob pro jasnovidce, aby mohl stanovit svoji schopnost "vidět" jasně. Čím více se jasnovidectví zakládá na různorodých stupních, úrovních vědomí, tím jasněji a dále jasnovidec "vidí". Jedno je dostávat jasnozřivé obrazy z astrálního světa, kde se vytváří kontakt s mrtvými, zvířaty, symboly a barvami. Něco úplně jiného se děje u jasnovidce, který vstupuje do kontaktu se spirituálními dimenzemi. Takový spirituální kontakt je otevřen informacím týkajícím se příčiny a důsledku, například proč si vybral člověk fyzickou inkarnaci vycházející z fyzické podstaty nebo se daný kontakt vytváří na základě přímé telepatické komunikace s vnitřními rádci jasnovidce, kteří byli přiděleni všem lidem ve formě jednoho či více duchovních rádců nebo "andělů strážných".

Rozvoj jasnovidectví se dá přirovnat k různorodým hloubkám perspektiv. Běžné vědomí se dá přirovnat k vědomí člověka, který se nachází na zemi při spodním okraji věže. Nahoře na věži stojí člověk a dívá se na horizont. Tohoto člověka lze přirovnat k jasnovidci, který má přístup k astrálním dimenzím. Tento člověk zakřičí tomu druhému stojícímu na zemi (který disponuje běžným vědomím), že na horizontu lze vidět blížící se bouřku. Ten se podívá směrem k horizontu, ale v důsledku své nepříznivé polohy nevidí nic a zakřičí zpět na člověka stojícího na věži, že mu nevěří, protože on nevidí nic, co by poukazovalo na blížící se bouři. Pro člověka s rozšířenou perspektivou vědomí to však není reálná skutečnost. Jasnovidec, který má kontakt s duchovní dimenzí, má před sebou pohled a perspektivu kosmu, který obklopuje celou zemskou kouli.

Tento příklad snad poskytne čtenáři představu o rozdílnosti hloubky a perspektivy mezi astrálním a spirituálním kontaktem, kterým může člověk disponovat. Jen velmi málo lidí se schopností jasnovidectví disponuje spirituální jasnozřivostí. Osobně jsem se setkal jen se dvěma jasnovidci s takovým druhem jasnozřivosti. Oba jsou spirituálními učiteli. Jeden je Bob Moore a druhý Jes Bertelsen. Jejich jasnozřivost přesahuje jak do éterické, astrální, mentální tak i do spirituální / kosmické dimenze.

Zároveň je obvyklé, že lidé se schopností jasnovidectví mají také speciální přístup k jistým oblastem energetického pole. Například někteří jasnovidci jsou schopni "vidět" orgány těla a vidí, zda je v daných místech všechno tak jak má být. Jiní mají své schopnosti v oblasti cítění, vyciťování. Dokážou prostřednictvím svých jasných pocitů nebo empatie zjistit, jaké pocity má v sobě člověk blokované nebo v jakém emočním stavu se nachází.

Někteří jasnovidci mají přirozený přístup k mentální auře lidí kolem, v ní zachycují pocity, barvy, myšlenkové impulsy a emoční pohnutky, které mohou mít na energetické úrovni jistou souvislost s pocity, čakrami, sekundárními čakrami a s fyzickými orgány těla. Když přesahuje jasnovidecká schopnost až do spirituální dimenze, vědomí patřičně disponovaného člověka má přístup, jak již bylo zmíněno, k příčinám a důsledkům v souvislosti s karmickými strukturami, ale také má přístup k barvám a ke spirituálním kosmickým impulsům.

Jasnovidectví je vlastně astrální fenomén mít schopnost vidět prostřednictvím vědomí, které je jakoby silná lupa. Ve vyšším vědomí se jedná o to, pozorovat všechny impulsy jako obrazy, pocity, intuice, barvy, symboly, mistry a archanděly plně neutrálním způsobem. Znovu je možné zjistit stav vyššího vědomí prostřednictvím toho, jaké objekty vědomí člověka zaujmou, zda se jimi nechá svést a tím se případně vzdaluje ze své neutrální pozorovací pozice. Může to být pěkná barva, archetypální symbol, anděl, mistr nebo světlo, což vede k tomu, aby vědomí ztrácelo svou neutrální pozici a když se toto děje, je to signál, že osobnost má v sobě ještě něco, co zůstalo nezpracované. Je to něco, co váže vědomí k fyzické podstatě v rámci procesu, který je zaměřen na rozšíření vědomí ve směru vyššího vědomí. Tento proces nemůže být realizován, když se neutrální pozorovací vědomí při pozorování objektů ztrácí. Je to samozřejmé u většiny lidí, kteří seriózně pracují se svým vědomím, je to zcela přirozený proces vývoje, který vyžaduje mnoho let nácviku, je však nesmírně důležité plně a jasně si tyto mechanismy uvědomovat.

V rámci učení o vyšších stupních vědomí jako například v rámci tibetského buddhismu je jasnovidectví schopností, kterou má člověk společnou se zvířetem a je to schopnost, kterou má každý člověk vrozenou. Jasnovidectví nemá nic společného s vyšším vědomím, jasnovidectví jako schopnost však může být spiritualizováno. Prostřednictvím práce s vědomím se v člověku v jistém okamžiku může znovu vynořit vlastní kontakt s jeho přirozenou schopností jasnovidectví. Toto nastává obecně tehdy, když vědomí začne prostřednictvím každodenní meditace pronikat do astrální dimenze. Když začne vědomí uplatňovat své vlastní astrální pole, přirozeně začne vnímat i astrální pole jiných.

Když dosáhne člověk tohoto bodu, tato jeho schopnost musí být očištěna, protože jasnovidectví samo o sobě není duchovním cílem jakéhokoliv procesu duchovního rozvoje osobnosti.

Prostřednictvím meditace a mnohaleté spirituální práce může být schopnost jasnovidectví také spiritualizovaná prostřednictvím spiritualizace astrální dimenze.

3-4 Sekundární čakry na pravém a levém uchu

Sekundární čakry, které jsou spjaty s ušima, se nacházejí ve středním uchu- nacházejí se uvnitř každého ucha, když se pro pochopení jejich umístění díváme přímo na obličej člověka. Fungují jako transformátory pro dodávání životní energie, aby mohl náš sluchový smysl optimálně fungovat a aby byl udržován v kondici.

Sluch

Jeden ze smyslů, sluch, pravé a levé ucho jsou zásobovány éterickou životní energií prostřednictvím krční čakry. Jakákoli dysfunkce v krční čakře se proto projeví na sluchu člověka a ve způsobu, jakým poslouchá. Sluch je neoddělitelně spjat se zvukem. Prostřednictvím zvuku se cestou řeči a komunikace formuje náš svět. Konceptualizace se utváří na základě řeči a komunikace. Náš svět je tedy formován zvukem.

Za účelem dobré funkce sluchových orgánů a sluchu musí krční čakra projevit energii pocházející ze spodních čaker relativně bez problémů, bez obstrukcí a jakéhokoliv vytěsňování. Výraz jako „slyšíš jen to, co slyšet chceš "odkazuje na to, že člověkem jsou slyšené někdy jen jisté věci. Schopnost naslouchat se v takovém případě automaticky vypíná. Pokud nastávají ve způsobu poslechu nesrovnalosti, zpravidla to spočívá ve vytěsňovaných emocích nebo v nezpracovaných pocitech. Pokud se komunikace týká určitých pocitových aspektů, v nichž se vyskytují represe, komunikace je automaticky přerušena.

Schopnost naslouchat

Schopnost naslouchat jiným je neoddělitelně spojena se schopností naslouchat sobě samému. Pozornost zaměřená na sebe podporuje zároveň schopnost být pozorný vůči ostatním. Být pozorný vůči sobě samému vyžaduje nejprve zpracovat své potlačované emoce, pocity a spirituální kvality. Během tohoto procesu zpracování člověk spatří, že je schopen pozorněji naslouchat sám sobě a i ostatním lidem.

Nástroj vyjádření ostatních čaker

Sluch a krční čakra jsou nástroji vyjádření všech ostatních čaker. Pokud je krční čakra relativně zbavena nánosů a vyjadřování je poměrně snadné a plynulé, vytváří se citový kontakt s tím, co je vyjadřováno. Myšlenky a pocity jsou ve vyjádření jednotné. To umožňuje rezonanci. Co člověk říká, to jistým způsobem vytváří rezonanci v jiných lidech, protože vyjadřování je upřímné, pravdivé. Pravdivost, upřímnost osobního vyjádření nese v sobě největší léčivou sílu. V sanskrtu se krční čakra nazývá "Vishuddha", v překladu má toto slovo význam "čistý". Když je verbální projev čistý, je pravdivý a autentický, což vytváří silný léčivý potenciál. Tato léčivá síla je dar vrozený všem lidem. Nazývám jej "přirozenou harmonickou rezonancí". Celistvost člověka je vyjádřena prostřednictvím krční čakry.

Zachycování energie sluchem

Někteří lidé mají natolik rozvinutou schopnost vyjadřování a poslechu, že se u nich rozvine i schopnost zachytávat energii sluchem. Tato schopnost je podobná jasnovidectví, ale zakládá se na sluchovém vjemu. Člověk slyší svůj vlastní vnitřní hlas a vnitřní hlas jiných lidí. Zachycuje sluchem hluk, který obklopuje člověka, který ho například negativně ovlivňuje prostřednictvím stresu. Negativní hluky se mohou nacházet v energetickém poli člověka ještě týdny poté, co jim byl vystaven. Může to být hluk v energetickém poli, který pochází ze stroje na pracovišti, v jehož blízkosti se člověk denně dlouhé hodiny nachází nebo to může být zvuk, který pochází z hlučného dětského hřiště, může to však být i příznivý jemný pěkný zvuk například ze sborového zpěvu nebo varhanní hudby. Existuje způsob, jak se prostřednictvím určitých mentálních technik chránit před negativním účinkem zvuků na náš energetický systém.

Člověk může být také schopen zachytávat frekvenci myšlenek, kterou jiný člověk energeticky vyzařuje. Nebo člověk může přijít na to, že dokáže navázat kontakt s ostatními lidmi prostřednictvím myšlenek, telepatie nebo takzvaných lucidní snů či jinými způsoby.

5-11 Sekundární čakry v souvislosti s hrudníkem a rukama

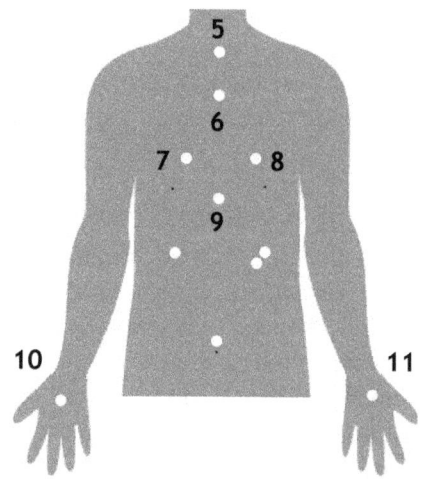

5 Druhý depresní bod
6 Thymusová žláza
7-8 Pravý a levý bod na hrudi
9 První depresní bod
10-11 Střed pravé a levé plochy ruky

Všechny výše zmíněné čakry jsou zásobovány životní energií ze srdeční čakry a jsou spjaty s energií srdce, citlivostí a imunitní obranou organismu.

5 Druhý depresní bod

Poloha: Druhý depresní bod lze nejlépe lokalizovat v horní části hrudníku, na prsní kosti.

Funkce: Když je energie srdce krční čakrou zadržována tím způsobem, že nemá možnost se projevit, zaktivuje se tento bod. Otevírá se tak možnost pro směrem ven proudící horizontální "tok" energie srdce a pro její verbální, hluboce citový projev. Když je tento bod aktivní, znamená to rovněž, že srdeční energie je potlačována. Pokud má toto potlačování trvalejší charakter, může to vést později k tomu, že člověk se dostane do depresivního stavu. Existují tři depresní body: třetí depresní bod se nachází na špičce brady, druhý depresní bod je na místě, o kterém jsem se již zmínil a první depresní bod se nachází na spodní části prsní kosti. Nazýváme je depresními body, protože všechny tři jsou aktivní v případě, že energie srdce je potlačována.

6 Thymusová žláza

Poloha: achází se v horní části hrudníku, v jeho středu, z části nad srdcem a plícemi, přímo pod druhým žebrem svrchu.

Funkce: Thymusová žláza je spjata s imunitní obranou organismu. Když je pocit vlastní hodnoty člověka v něm samotném příznivý, danou žlázu a imunitní obranu to ovlivňuje v pozitivním smyslu. Při nízkém sebevědomí jsou thymusová žláza a imunitní obrana organismu ovlivňovány negativně. V brzlíku se produkují obranné buňky, které mají potenciál bojovat v organismu s nemocemi a poruchami, které jsou spjaty s tělesným zdravím člověka.

7-8 Pravý a levý bod na hrudi

Poloha: Hrudní body se nacházejí v oblasti čtvrtého žebra, tři až čtyři centimetry od středové linie, v téže linii, na níž se nacházejí i čakry.

Funkce: Tyto body jsou spjaty s přirozenou, komplementární polaritní strukturou energie srdce, která je nasměrovaná ven z těla. Pravá strana je mužská a dávající, levá strana je ženská a přijímající. Ženská energie srdce je přijímací a akceptující, zatím co ta mužská je posilující, zaměřená na cíl a je precizní. Vytvořte si vlastní kontakt s těmito body a zjistěte, kde je váš kontakt nejsilnější.

9 První depresní bod

Poloha: První depresní bod lze lokalizovat v dolní části prsní kosti.

Funkce: Když se energie z čakry solar plexu (emoce a pocity) pohybuje směrem nahoru k srdeční čakře, prochází přirozeně i přes první depresní bod. Když je tok emoční a citové energie v jejím proudění směrem k srdeční čakře omezován, příčina tohoto omezení spočívá nejčastěji ve strachu v souvislosti s postojem člověka vůči externím autoritám, ve které se člověk v důsledku své výchovy naučil věřit. Pokud tyto autoritativní postoje nejsou v souladu s hlubší individuální podstatou člověka, výsledkem je potlačení skutečného pocitu vlastní hodnoty a s tím je spojeno i potlačení energie srdce. Při potlačované energii srdce na základě působení externích názorů a postojů autorit se aktivuje první depresní bod, což může poukazovat na problém výše uvedeného charakteru.

10-11 Střed pravé a levé plochy ruky

Poloha: Jako na ilustraci níže. Sekundární čakry obou rukou se nacházejí uprostřed plochy jedné i druhé ruky.

Funkce: Obě ruce jsou polaritními body, které zprostředkovávají energii srdce. Mají však i spojitost se způsobem, jak se vyjadřujeme a také s naším bytostným kontaktem se zemí. Ruce jsou jednou z oblastí našeho těla, které si přirozeně nejčastěji uvědomujeme. Ruce mají různorodou funkci. Pomocí rukou si vedeme jídlo k ústům. Naše myšlenky jsou realizovány prostřednictvím rukou, například řemeslnou prací, uměním, hudbou, písmem, dotykem atd. Prostřednictvím rukou ztělesňujeme náš individuální způsob vyjadřování se. Proto jsou ruce podstatnou částí našich vyjadřovacích prostředků a jejich prostřednictvím lze pozorovat naši hlubší individualitu. Ruce jsou velmi důležitým nástrojem ve spojitosti s léčením. Léčitel směřuje léčivou energii přes sekundární čakry uprostřed plochy svých rukou nebo celých ploch obou rukou. Ty fungují v tomto případě jako kanály.

12-15 Sekundární čakry v rámci solar plexu

12 Jaterní bod
13-14 Nad pupkem
15 Pravý a levý pubický bod

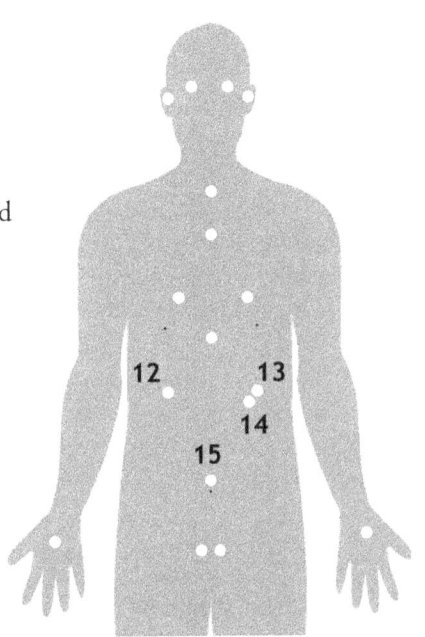

Všechny níže uvedené sekundární čakry jsou zásobovány životní energií prostřednictvím solar plexu a jsou spjaty s viděním a zrakem. Svět je takový, jaký jej vidíme. Jednou z našich životních úkolů v souvislosti s osobním rozvojem je naučit se vidět jasně. Když je vidění člověka omezené, limitované, odrazí se to negativním způsobem na jeho sekundárních čakrách v rámci solar plexu - v oblasti břicha a střev.

12 Frenické body

Oblast sleziny disponuje dvěma sekundárními čakrami: vnějším frenickým bodem a vnitřním frenickým bodem.

Poloha: Frenický bod se nachází na okraji levého žebra, na 7. žebru v přímé linii od levé bradavky a horizontálně směrem doleva od čakry solar plexu. Vnitřní frenický bod se nachází na zadní straně oblasti sleziny, přibližně na 5 cm od frenického bodu směrem k sakrální čakře. Proto jej nelze lokalizovat na povrchu pokožky. Vnitřní frenický bod je spjat s vnitřními chemickými procesy ve vnitřní vrstvě éterického energetického pole.

Funkce: Tato oblast má velký význam pro přijímání a vytváření éterické životní energie, protože je hlavním centrem pro přijímání vitální sluneční energie ze všeho, co konzumujeme, ze vzduchu, který vdechujeme, z energie pocházející z vesmíru. Když nefunguje tato oblast příznivě, stáváme se rychle unaveni.

13-14 Nad pupkem

Poloha: Sekundární čakra „nad pupkem" se nachází asi 1 cm nad pupkem.

Funkce: S sekundární čakra "nad pupkem" se také nazývá transformačním bodem. Tato sekundární čakra se také spojuje s pojmem karmy. Pod karmou se rozumí obtíže a výzvy, na které narážíme na naší cestě životem a používáme i termín regresivní karma. Při vyřešení těchto výzev se člověku podaří získat intenzivnější kontakt s jeho vrozenými, spirituálními kvalitami - s progresivní karmou. Při uvolnění karmického problému nastává právě v této sekundární čakře transmutace energie. V tom okamžiku se energie může již volně pohybovat směrem k čakře solar plexu a k srdeční čakře a karmický problém je odstraněn. Z osobnostního hlediska je oblast pupku často spojována s velmi silnými emocemi v souvislosti s narozením, s časem těsně po porodu a s rodiči. Každá forma spjatosti s matkou či otcem má energetickou spojitost s pupeční oblastí. Když jsou tyto silné vazby pomalu rozpouštěny, zadržované emoce začnou proudit směrem k čakře solar plexu. Následně budou proudit přes bod "nad pupkem", kde budou tranformované na emočně-pocitový impuls, který dotyčný člověk pocítí, uvědomí si jej. Odtud může proudit energie dále směrem k čakře solar plexu, srdeční čakře a ke krční čakře až do momentu plné akceptace daného impulsu a také odpuštění sobě samému.

15 Jaterní bod

Poloha: Sekundární čakra - "jaterní bod" se nachází v oblasti pravé strany žeber, v přímé linii směrem ven od pravé bradavky.

Funkce: Jaterní bod má velký význam pro fyzické a duševní zdraví. Nazýváme jej i bodem zdraví. S jaterním bodem a čakrou solar plexu se spojuje výsostně vitální proud energie, takzvaný "jaterní proud", který má rozhodující vitální vliv na náš obecně dobrý vnitřní pocit. Zhoršený proud této vitální energie lze odvodit z různorodých příčin, jako je například šok, hluboké traumatické zážitky nebo strach z konfliktů. Když tento proud nemůže volně plynout, pro člověka není snadné mluvit přímo a otevřeně.

16-21 Sekundární čakry v oblasti břicha, nohou a chodidel

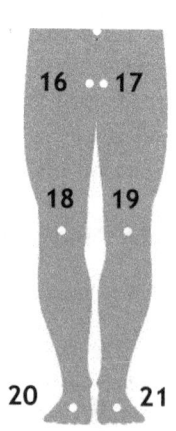

16-17 Pravý a levý pubický bod

Poloha: Sekundární čakry pravého a levého pubického bodu se nacházejí na horním okraji pubické kosti, přibližně 2 cm stranou od jejího středu.

Funkce: Pubické body se vážou jak ke kořenové, tak i k sakrální čakře. Jsou spjaty se sexuálními projevy člověka. Ovlivňují menstruační cyklus a celou premenstruační emocionální fázi ženy. Kromě toho jsou pubické body spjaty s krční čakrou, kde se dostávají do přirozeného energetického propojení mezi kořenovou a již zmiňovanou krční čakrou. Spjatost člověka se zemí a jeho sebevyjádření jsou významné v souvislosti s jeho sexuálním orgasmem. Jedná se zde o orgasmus, který v sobě integruje celé éterické pole, není to forma orgasmu, který se týká pouze pohlavních orgánů.

Prostřednictvím integrace celého éterického pole se sjednocuje spiritualita člověka a jeho spjatost se zemí. Aby se mohl tento proces uskutečnit přirozeným způsobem, člověk musí disponovat relativně svobodným projevováním se a dobrou spjatostí se zemí, aby sám sebe dokázal odevzdávat.

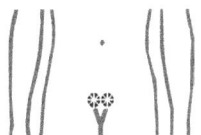

18-19 Pravá a levá sekundární čakra "za koleny"

Poloha: Obě sekundární čakry kolen mohou být lokalizovány nejjednodušším způsobem za koleny uprostřed jejich ohybu - na jejich zadní straně.

Funkce: Jsou zásobovány energií z kořenové čakry a jsou spjaty s kontaktem člověka se zemí. Tmavočervená barva aspektu utrpení se často projevuje právě v těchto čakrách.

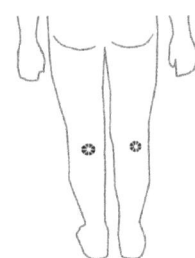

20-21 Pravý a levý bod na chodidlech

Poloha: Pravý a levý bod na chodidlech se nachází pod každým chodidlem uprostřed, přímo za nártem.

Funkce: Tyto body jsou zásobovány energií z kořenové čakry a proto mají velký význam pro spjatost člověka se zemí a pro jeho vnitřní pocit bezpečí a úspěchu. Také se vážou ke schopnosti člověka najít směr ve svém životě

Důležité éterické body

1-18 Body na hlavě a krku
19-30 Body na trupu a na ramenou
31-40 Body v oblasti solar plexu, břicha, dolního trupu, hýždí
41-48 Body na nohou a chodidlech

1-19 Éterické body na hlavě a krku

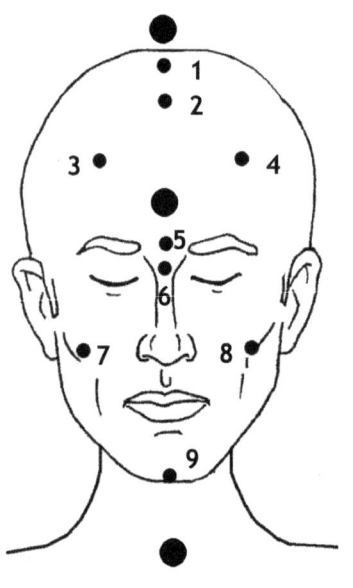

- **Korunní čakra**
  1 Reflektorové body
  2 Bod aktivity
  3-4 Čelní body

- **Čelní čakra**
  5 Bod hypofýzy
  6 Bod klidu

  7-8 Body na lícních kostech

  9 Brada

- **Krční čakra**

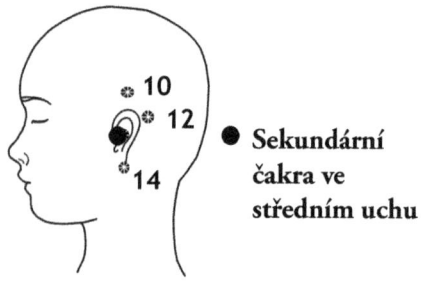

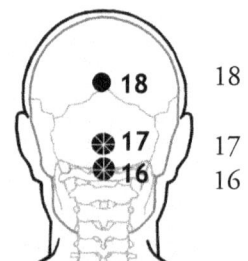

18 Centrum v hlavě
17 Směšovací bod
16 Medulla

10-11 Body po stranách hlavy
12-13 Body pozornosti
14-15 Paměťové body

Kromě toho existují dva důležité éterické body vevnitř ústní dutiny a v hlavě: vzadu na dásních, za předními zuby a centrum v hlavě

1 Reflektorový bod

Poloha: Reflektor leží na centrální linii hlavy na její vrchní části v měkké oblasti, která je u všech novorozenců v prvních měsících jejich života otevřená. Reflektor se nachází přibližně na 8 šířek prstu nad linií obočí.

Funkce: Reflektor je spojen s kontrolou emocí a s otevřeností člověka k vyššímu vědomí. Tento bod má spojitost s celou spodní částí lidského těla. Když se v spodní části těla nacházejí bloky, člověk si nedokáže vytvořit adekvátní kontakt s tímto bodem. Energeticky vyzařuje reflektorový bod směrem nahoru, ve směru fokusového bodu. Forma tohoto energetického vyzařování se podobá rohu na čele bájné bytosti jednorožce. Kromě toho má tento bod propojení s centrem v hlavě.

2 Bod aktivity

Poloha: Bod aktivity se nachází na centrální linii v horní části čela přibližně 1 cm pod běžnou linií vlasů.

Funkce: Kontakt s tímto bodem napomáhá mentální vyvažující aktivitě mezi pravou a levou hemisférou.

3-4 Čelní body

Poloha: Čelní body se nacházejí v místě dvou výčnělků na čele.

Funkce: Tyto body se nazývají také body paměti, protože mají svůj význam pro paměť. Jsou součástí naší polaritní struktury a používají se mezi jinými v kineziologii na vyvážení obou hemisfér mozku.

5 Bod hypofýzy

Poloha: Bod hypofýzy se nachází přesně uprostřed mezi obočím.

Funkce: Bod hypofýzy má, jak napovídá jeho název, spojitost s hypofýzou uprostřed hlavy. Je spojen s naší schopností kontroly. Bod hypofýzy má přímý vztah s tím, co se ve východním světě nazývá třetím okem.

6 Bod klidu

Poloha: Bod klidu se nachází přímo nad kořenem nosu, v místě, kde navazuje nos na čelo.

Funkce: Prostřednictvím bodu klidu je možné absorbovat ruchy. Setkávají se zde dva důležité energetické proudy - negativní ženský a pozitivní mužský - na své cestě směrem k čelní čakře. V tomto bodě se na přední straně hlavy setkává vyšší mentální a spodní mentální aura. Kromě toho se v bodě klidu setkává nižší a vyšší astrální aura.

7-8 Body na lícních kostech

Poloha: Body na lícních kostech mají svou lokalizaci na okrajích lícních kostí.

Funkce: Tyto body mají co do činění s energií v lidské hlavě a v čelní čakře. Energie v těchto bodech je velmi citlivá, konkrétně na stres. Proto se tyto body nazývají i stresovými body. Trvalý mentální stres je třeba brát vážně, protože po delším čase se může začít projevovat jako různorodé psychosomatické symptomy. Když člověk nezredukuje stresové impulsy, vede to ke kolapsu jakéhokoli druhu. Stres je výrazem pro jednostranné působení na energetický systém, v jehož rámci dochází vědomým či nevědomým způsobem k překročení hranic přirozené, komplementární polarity. Jmenovitě je to jednostranné zneužívání mužské, racionální, logické levé hemisféry, které překračuje hranice přirozené, komplementární polarity. Přirozené působení pravé hemisféry se v takovém případě vypíná z přirozeného módu kooperace obou hemisfér, což vede ke vzniku mentálního stresu. Body na lícních kostech jsou obzvláště citlivé vůči této formě stresu. Často je mentální stres pozorovatelný jako šedá, tmavě zelená barva- její matný a neživý barevný odstín, který se nachází v nižším mentálním poli a v éterické vrstvě a také kolem těchto bodů. Stres se ale může projevit kdekoliv v obličeji.

9 Brada

Poloha: Špička brady.

Funkce: Éterický bod na špičce brady je horní bod ze tří depresivních bodů, které jsou ovlivněny v případě, kdy energie srdce necirkuluje adekvátním způsobem. Také jsou ovlivněny v případě deprese, sebelítosti a při stresu.

Éterické body v ústech a na dásních

Vzadu na dásních
Za předními zuby na horní čelisti

V ústní dutině se nacházejí dva důležité éterické body, které jsou spojeny s velkým ženským éterickým proudem. Jeden z bodů se nazývá "vzadu na dásních" a nachází se úplně vzadu na horní části dásní. Navázat fyzický kontakt s tímto bodem lze maximálním možným ohybem jazyka. Druhý důležitý éterický bod v ústní dutině se nachází přímo za dvěma předními zuby na horní čelisti a nazývá se bodem "za zuby". Tento bod se nachází v místě mezi zuby a dásní.

10-15 Éterické body na pravé a levé straně hlavy

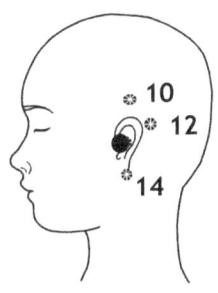

10-11   Body po stranách hlavy
12-13   Body pozornosti
14-15   Sekundární čakra ve středním uchu

● **Sekundární čakra ve středním uchu**

10-11 Body po stranách hlavy

Poloha: Body po stranách hlavy se nacházejí přibližně 2 cm nad ušima.

Funkce: Tyto body jsou spojeny s éterickými proudy v mentální auře a s centrem hlavy v jejím středu. Reagují při fyzickém a duševním stresu a při mentální bolesti (bolest a trýznivé, vytěsňované, nevyslovené a často nevědomé myšlenky). Také jsou spojeny s naším postojem vůči víře a mají kontakt k nervovým vazbám mezi dvěma hemisférami mozku.

12-13 Body pozornosti

Poloha: Body pozornosti, které se v angličtině nazývají "awarness points", se nacházejí na horní vypouklině kosti za ušima, přibližně 1cm pod horním okrajem uší ve vodorovné linii směrem dozadu.

Funkce: Jsou spojeny, jak již jejich pojmenování napovídá, s ostražitostí, přítomností ve vědomí ve spojitosti s polaritní strukturou v naší mentální auře, specielně v souvislosti se zvukem. V těchto bodech se setkává nižší a vyšší mentální aura.

14-15 Paměťové body

Poloha: Paměťové body jsou lokalizované za ušima a nacházejí se na kostních výčnělcích na prohlubních za ušními lalůčky.

Funkce: Tyto body jsou spojeny s materiálem v naší paměti, který je buď vytěsňován nebo je v nevědomé formě nebo se právě přemísťuje z podvědomého stavu do vědomého. Při hlubokém meditativním kontaktu s těmito body je možné konfrontovat se se zapomenutým nebo vytěsněným materiálem lidského vědomí.

16-18 Éterické body na zadní části hlavy a ve vnitřním středu hlavy

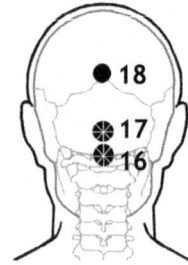

18 Centrum v hlavě

17 Směšovací bod

16 Medulla

16 Medulla

Poloha: Bod medully se nachází v horní části zadní krční prohlubně.

Funkce: Pozitivní funkce bodu medulla se projeví, když člověk komunikuje o věcech, které ho skutečně zajímají. Tehdy je často možné všimnout si rozšíření energie v mentální auře, které vychází právě z bodu medully. Medulla je v rámci své negativní funkce místem, kde se může usazovat stres. Je to také místo, kde se usazují bloky, které jsou spojeny s odmítáním. Bod medully se nazývá i bodem touhy. Touhu chápeme v tomto případě ve smyslu skutečné vnitřní potřeby. Když jsou tyto vnitřní skutečné osobní potřeby člověkem vytěsňovány, například ze strachu být odmítnut, může se to manifestovat jako problém v této oblasti, což se projevuje jako více či méně konstantní tlak v zadní části hlavy. Tato forma strachu může pronikat do nás velmi hluboko a je často nevědomá. Když je skutečná potřeba vyjádřena svobodně a beze strachu, nastává pohyb energie z oblasti medully a směřuje ven, což představuje svobodu v projevování se. Problémy v oblasti medully jsou často spojeny se sakrální čakrou.

17 Směšovací bod

Poloha: Směšovací bod se nachází přibližně 2 cm nad bodem medully.

Funkce: Směšovací bod je bodem střetu nižší a vyšší mentální aury, od čehož je odvozen i jeho název. Koordinace vyšších a nižších myšlenkových forem se realizuje v směšovacím bodě, který je tedy hlavním koordinačním bodem, v rámci kterého mají body pozornosti a bod klidu kromě koordinace také své další úkoly.

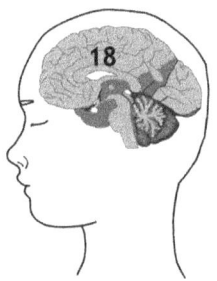

Ilustrace zobrazuje lokalizaci centra v hlavě. Bílá oblast je tekutinou vyplněné centrum v hlavě, kde se v blízkosti očí nachází hypofýza. Pineální žláza se nachází v zadní části duté oblasti.

18 Centrum v hlavě

Poloha: Centrum v hlavě se nachází v mezimozku hluboko v centrální části hlavy - v dutině, která je vyplněna tekutinou, kde jsou lokalizovány i hypofýza (v blízkosti očí) a pineální žláza (vzadu v duté oblasti).

Funkce: Tento bod hraje ústřední roli pro všechny mentální procesy. Je to bod, z něhož vychází mentální proud myšlenek. Éterické vyzařování mentálních myšlenkových forem prochází body po stranách hlavy dále směrem ven k mentálním kontrolním bodům na levé a pravé straně vnějšího okraje mentální aury - v případě, že kontakt člověka k sobě samému je optimální. V případě člověka, u kterého není kontakt k sobě samému příliš v pořádku, vyzařování éterického myšlenkového proudu nepřesahuje příliš ven, směrem do jeho mentální aury.

19-30 Éterické body na trupu a ramenou, na přední části těla a na zádech

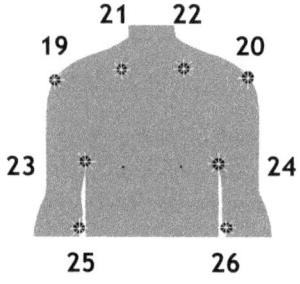

19-20 Body na ramenou
21-22 Pravý a levý bod na klíční kosti

23-24 Vstup do podpažních jamek

25-26 Vnitřní strana lokte

19-20 Body na ramenou

Poloha: Body na ramenou se nacházejí uprostřed oblé části ramene, v místě, kde na sebe navazuje kost a svalstvo.

Funkce: Pravý a levý bod na rameni jsou polaritní body. Levý bod je nejsilnější a má význam pro schopnost vnést, integrovat vrozené kvality člověka z jeho spirituální aury. Pravý bod na rameni se více týká emocí. Pro oba body platí, že jimi prochází mentální aura. Kontakt člověka s jeho vrozeným vyváženým stavem v mentální auře se projevuje právě na bodech na ramenou. Kromě toho jsou body na ramenou párovými body ve velkém mužském éterickém proudu, který obklopuje celé tělo.

21-22 Body na klíčních kostech

Poloha: Pravý a levý bod na klíční kosti se nachází přibližně uprostřed pravé a levé klíční kosti na rovné linii, která je rovnoběžná s bočními stranami krku.

Funkce: Klíční kosti jsou spjaty s událostmi, které nastaly při porodu a v dětství. V těchto bodech může být uložen velký počet zadržovaných emocí, které mohou případně vést k potížím s dechem a k potížím se sebevyjádřením.

23-24 Vstup do podpažních jamek

Poloha: Tyto body se nacházejí vpravo a vlevo při vstupu do podpažních jamek, uprostřed okraje velkého prsního svalu.

Funkce: Tyto body jsou spojeny s energií srdce. Když se v srdeční čakře nacházejí bloky spojené se sebevědomím člověka, tok energie může být v těchto bodech oslaben. Oslabení toku energie vede k jejímu omezenému přísunu do thymusové žlázy a může se to projevit v snížené imunitní obraně organismu. Nakonec to vede také k oslabenému zásobování lymfatických uzlin energií v podpažních jamkách a pod nimi.

25-26 Vnitřní strana lokte

Poloha: Tyto body se nacházejí přímo pod velkou loketní kostí. Někteří lidé pociťují tlak na loket dokonce jako malé elektrické "kopnutí".

Funkce: Tyto body se nazývají v angličtině i body pro teplotu (temperature points) a při zvýšené tělesné teplotě je skutečně možné tělesnou teplotu mírně snížit tlakem na tyto body. Tyto body jsou také spjaty s energií srdce a oblastí solar plexu a rovněž s osobní schopností projevovat se.

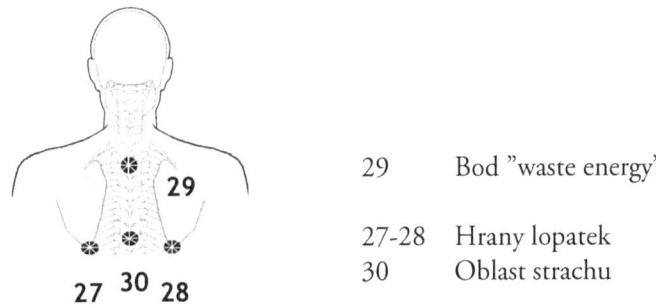

29   Bod "waste energy"

27-28   Hrany lopatek
30   Oblast strachu

27-28 Hrany lopatek

Poloha: Tyto body jsou umístěny na pravé a levé hraně obou lopatek. Nejsnáze je můžeme lokalizovat, když nejprve nahmatáme špičky lopatek. Následně se posuneme 1 cm směrem nahoru od okraje lopatky, který je v blízkosti páteře.

Funkce: Tyto body jsou součástí velkého éterického proudu, takzvaného mužského proudu. Tento mužský éterický proud vede po vnějším okraji těla a zahrnuje tak body na bedrech i hrany lopatek. Hrany lopatek jsou také součástí velmi vitálního jaterního proudu. Když fungují tyto body optimálním způsobem, funkce dechu je lehká a bez obtíží. V případě, že máme s těmito body problémy, náš dech je často povrchní, jakoby se nám nedostávalo pořádně vzduchu.

29 Bod "waste energy"

Poloha: Tento bod nazývaný bodem "waste energy" se nachází na druhém hrudním obratli úplně nahoře, na zádové části. Nahmatejte velký sedmý krční obratel, který obvykle vyčnívá na spodní části krku - na zadní části. Hmatajte prstem směrem dolů po páteři. Najděte první hrudní obratel, následně druhý a postupujte dál.

Funkce: Anglické pojmenování pro tento bod - pojem "waste energy" lze přeložit v tomto případě jako odpadová forma energie. Aspekty, kterým nedokážeme propůjčit žádné vyjádření - ať jsou to zadržované nebo vytěsňované pocity a myšlenky - se ukládají v dolní části těla a v spodní části kostrče v kostrčovém bodu. V tomto místě se akumuluje energie a občas proudí směrem nahoru po páteři, směrem ke krční čakře a ovlivňuje naši schopnost vyjadřovat se. Když se tato energie nemůže transformovat na žádný způsob vyjádření, ukládá se v oblasti druhého hrudního obratle jako jakási odpadová forma energie. Toto nahromadění energie lze auricky vnímat ve formě vybouleniny v horní části zad a po fyzické stránce je možné pociťovat ji jako napětí v krku a na ramenou, v zubech a čelistech a může vést k bolestem hlavy a k poruchám vidění. Abychom těmto nepříjemnostem předcházeli, lze provést s partnerem léčivé cvičení (jelikož sami na tento druh cvičení nestačíme), aby se energetická vybboulenina uvolnila. Následně se v této části těla znovu navodí rovnováha a odpadová forma energie se znovu zužitkuje. Toto léčivé cvičení s partnerem bylo vytvořeno Bobem Moorem, specialistou v této oblasti. Pro více informací si prostudujte část věnovanou cvičením v 4. kapitole.

30 Oblast strachu

Poloha: Nachází se mezi lopatkami s centrem v oblasti sedmého hrudního obratle.

Funkce: U člověka s množstvím strachu a s velkým vnitřním napětím se nahromadění energie projeví auricky v oblasti lopatek. Je to aurická energetická vybboulenina, která se vztahuje na vlastní neuznané formy emocí. V takovém případě léčivé cvičení s partnerem nepomáhá tím způsobem jako při bodu "waste energy".

31-40 Éterické body v oblasti sleziny, břicha a podbřišku

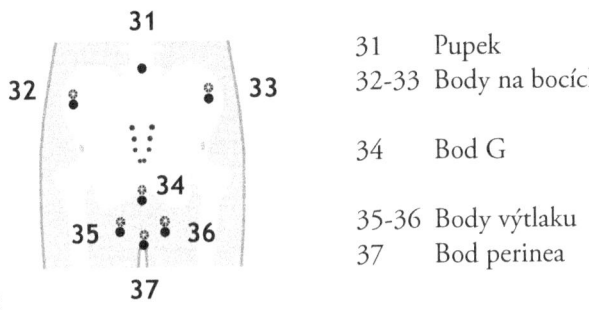

31   Pupek
32-33 Body na bocích
34   Bod G
35-36 Body výtlaku
37   Bod perinea

31 Pupek

Poloha: Tento bod se nachází kousek nad středem břicha, v místě, kde je novorozencům odstřihnutá a podvázaná pupeční šňůra.

Funkce: Toto místo je spojeno s naším embryonálním vývojovým stadiem, porodem a s obdobím těsně po narození, jakož i s matkou a otcem. V této oblasti se ukládá mnoho emocionálních vazeb a zkušenost hovoří o tom, že mnoho lidí nedokáže tuto svoji oblast cítit. Je mnohem snadnější upřít svou pozornost například na své ruce. Pro oblast pupku je to složitější. Pokud je pro někoho těžké vytvořit si citový kontakt ke svému pupíku, příčina může spočívat v tom, že vědomí nevědomě zadržuje možné silné impulsy. Pokud se v souvislosti s pupeční oblastí vyskytnou zadržovací mechanismy, nejčastěji dochází k tomu, že vědomí se vypíná nebo zapomíná, co právě dělá a probere se znovu až po nějakém čase. Je třeba, aby člověk tento stav akceptoval. Při těchto zadržovacích mechanismech nesmí člověk nikdy násilím něco po svém nitru požadovat, vynucovat si něco, co je zároveň spjato s velkými osobními obtížemi. V případě meditativních cvičení je třeba tento fakt akceptovat a začít následně znovu v tom bodě nebo v oblasti, kde nastal výpadek vědomí a pak se pokusit patřičné cvičení dovést do konce. Toto platí pro všechny body nebo oblasti těla, ve kterých se eventuálně mohou vyskytnout a projevit zadržovací mechanismy, bloky nebo stavy nevyváženosti.

32-33 Body na bocích

Poloha: Body na bocích lokalizujeme nejsnadněji, když vedeme konečky svých prstů podél pánevní kosti na přední části těla. Veďte konečky prstů na jejich jednu či dvě šířky směrem ke středu břicha a 1-2 cm dolů směrem k rozkroku.

Funkce: Body na bocích, na jejich pravé a levé straně jsou důležité polaritní body pro celou břišní oblast a pro nohy. Jsou zásobovány éterickou energií ze sakrální čakry. Při správném využívání těchto bodů lze navodit velký klid v sakrální čakře a v oblasti kolem sakrální čakry až po nohy, což povede následně ke klidu v psychické oblasti - ke klidu myšlenek a pocitů, také stres a neklid v hlavě lze tímto způsobem eliminovat.

34 Bod G

Poloha: Bod G (pojmenovaný podle amerického sexuologa Grafenberga) se nachází ve vnitřní horní části stydké oblasti, kde je možné vytvořit si s tímto místem psychický kontakt. Fyzický kontakt s bodem G lze vytvořit uvnitř vagíny a proto přirozeně existuje jen u žen.

Funkce: Bod G je spjat se sexualitou ženy a s jejím orgasmem. Je zde myšlena ta forma orgasmu, který v sobě integruje celé éterické pole oproti orgasmu, který se týká pouze oblasti spjaté s pohlavními orgány. Bod G má spojitost také se spiritualitou člověka, s jeho kontaktem se zemí a také se vzájemným propojením těchto aspektů. Tento bod je stejně zodpovědný za rovnovážný stav mezi mužskou a ženskou energií. U mužů se ve stejném smyslu využívá kontakt s bodem v oblasti jejich perinea.

35-36 Body výtlaku

Poloha: Tyto body se nacházejí na zadní části těla v oblasti pánve, na vrchu horního okraje křížové oblasti.

Funkce: Anglický název "thrust points" naznačuje, že když jsou tyto body aktivní, vytvářejí vzhůru orientovaný výtlakový pohyb éterické energie.

37 Bod perinea

Poloha: Bod perinea se nachází uprostřed mezi perineem a vnějšími pohlavními orgány (u žen mezi vagínou a análním otvorem).

Funkce: Tento bod slouží přibližně ke stejnému účelu jako bod G u žen.

38-39 Body na vnitřní straně stehna

Poloha: Na pravé a levé vnitřní straně stehna se nacházejí body umístěné za velkou šlachou v oblasti, kde směřují svaly stehna do svého nitra (tzv. adductor magnus).

Funkce: Tyto body jsou spojeny s energií sakrální čakry.

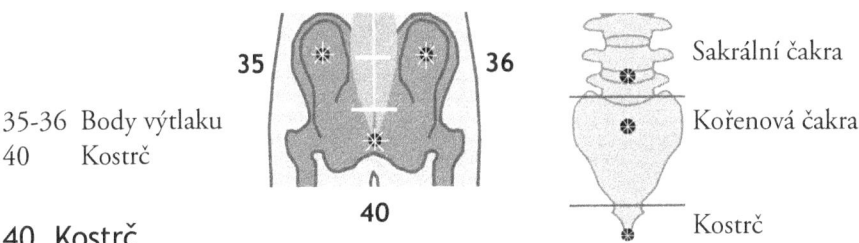

35-36 Body výtlaku
40   Kostrč

40 Kostrč

Poloha: Kostrčový bod se nachází na spodní části kostrče. Kostrč je chrupavka, je to prodloužená část osmi srostlých sakrálních obratlů. Kostrč končí přibližně 1-2 cm nad análním otvorem na zadní části dolního trupu. Kostrčový bod se nachází přibližně 1 cm výše na vnitřní části kostrče, která je propojena s přední částí těla.

Funkce: Kostrčový bod se po energetické stránce jeví být spojen jak s kořenovou tak i se sakrální čakrou. Vytěsňované nebo zadržované pocity, pro které člověk nedokáže najít žádná slova ani výraz, mají tendenci ukládat se v oblasti kostrče. Nejčastěji se jedná o zadržovaný materiál z dob, které předcházely období, kdy se člověk dokázal vyjadřovat řečí, tedy z dob útlého dětství do období 2-3 let jeho života.

Tyto prastaré a silné zadržovací mechanismy dokáží ovlivňovat autonomní nervový systém, který je spojen s kořenovou čakrou. Nahromaděné, zadržované a nevyslovené aspekty vědomí lze rozpoznat v této oblasti těla jako světlou, téměř ledově modrou barvu. Ta poukazuje na spojitost daného aspektu s krční čakrou.

V případě, že se energie příliš nahromadila v kostrčové oblasti, pohybuje se periodicky podél páteře směrem ke krční čakře. Tato tendence nahromadění si hledá nějaký způsob projevu. Zadržovaný materiál ve vědomí člověka pochází z jeho nejranějšího období dětství, a proto člověk nedokáže pro zadržovaný materiál najít žádná slova. Zadržovaný materiál je usazen pravděpodobně ve formě nepochopitelného hlubokého smutku, hněvu, bezmoci nebo v podobné formě, což lze procítit možná jen na zlomek vteřiny a pak daný pocit zmizí. Vzniká tím energetická vybouleninа centrovaná v oblasti srdeční čakry, na zadní části těla, na druhém hrudním obratli páteře. Tato energetická vybouleninа je zdrojem všech problémů v uvedené oblasti těla. Ramena mohou být ztuhlá a plná napětí i co do svalové hmoty, případně člověk pociťuje tlak v zadní části hlavy, bolesti podobné migrénovitým, řezavou bolest v zubech, mžitky před očima. Zadržovaná a neprojevená energie si hledá nějaký způsob pro projevení se. Všechny tyto symptomy spadají pod pojem "waste energy" - odpadovou formu energie, protože energie ve vybouleninе nemá pozitivní povahu a to také platí i pro zmíněné symptomy.

41-47 Éterické body na nohou a chodidlech

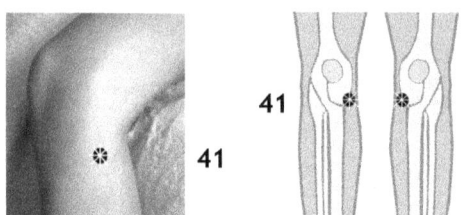

41-42 Kolenní body

41-42 Kolenní body

Poloha: Kolenní body se nacházejí na vnitřních stranách kolen přímo pod jejich kostními výčnělky.

Funkce: Kolenní body jsou body v ženském éterickém proudu, který probíhá po vnitřní straně nohou a stehen a po centrální linii těla a hlavy. Kolenní body jsou spojeny se sexualitou a s událostmi v batolecím věku dítěte.

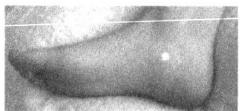
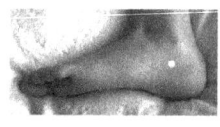

43-44   45-46

43-44   Kotníkové body (vnitřní)
45-46   Kotníkové body (vnější)

43-44 Kotníkové body (vnitřní)

Poloha: Vnitřní kotníkové body se nacházejí uprostřed na vodorovné linii mezi vnitřním kotníkem a špičkou paty.

Funkce: Oba vnitřní kotníkové body na levé a pravé noze jsou éterickými body v ženském éterickém proudu. Mají velký význam pro náš kontakt se zemí a naši sexualitu a jsou spojeny se sakrální čakrou.

45-46 Kotníkové body (vnější)

Poloha: Vnější kotníkové body lze lokalizovat stejným způsobem jako vnitřní kotníkové body, avšak v tomto případě na vnější straně příslušných oblastí.

Funkce: Vnější kotníkové body leží v mužském éterickém proudu, který probíhá na vnější straně těla. Mají význam pro spjatost člověka se zemí a jeho sexualitu a jsou spojeny se sakrální čakrou.

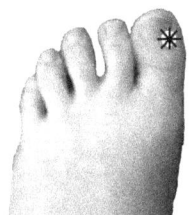 47-48

47-48   Body na nehtech palců nohou

47-48 Body na nehtech palců nohou

Poloha: Tyto body se nacházejí na pravém a levém nehtu palců nohou a to v dolním rohu příslušného nehtu. Na pravém chodidle je to levý dolní roh nehtu a na levém chodidle pravý dolní roh nehtu.

Funkce: Tyto body se nacházejí ve velkém éterickém proudu na vnitřní straně těla, v takzvaném ženském proudu. Oba body mají velký význam pro naše uvědomování si a pro kontakt s fyzickou realitou. Jsou spojené s kořenovou čakrou a s body na spodní straně chodidel.

Kapitola 2

Archetypální symboly čaker
Energetická řeč vědomí
a energetického pole

Úvod do energetické řeči vědomí

Kořenová čakra a její archetypální symboly

Sakrální čakra a její archetypální symboly

Pupeční čakra a její archetypální symboly

Srdeční čakra a její archetypální symboly

Krční čakra a její archetypální symboly

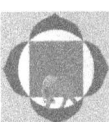

Čelní čakra a její archetypální symboly

Noční sny a osobnostní rozvoj

Úvod do energetické řeči vědomí

Trénovanému meditativnímu vědomí nebo člověku, který má schopnost jasnovidectví, se zjevují různorodé aurické vrstvy vědomí, mezi jinými ve formě barev a symboliky. Toto platí i pro archetypální symboliku sedmi primárních čaker. Pro lidi, kteří nemají až tak moc zkušeností s meditací nebo nedisponují schopností jasnovidectví, se objevují tyto symboly a barvy jako vnitřní obrazy, když se tito lidé uvolní, meditují nebo když mají v noci sny.

Všechny vnitřní symboly a obrazy jsou projevem aurické energie na úrovni hlubšího vědomí, která se manifestuje v určitých typech symbolů a barev. Ty je možné více méně zařadit do spojitosti s archetypální symbolikou sedmi primárních čaker. Prostřednictvím náhledu do různorodých typů symboliky si může čtenář sám zjistit, kam lze zařadit jeho vlastní symboly z nočních snů a vnitřních obrazů nebo symboly, které se mu vyjevují v rámci jeho meditací, když je vyladěný na svůj čakrový systém. Každá ze sedmi primárních čaker je spjata jak s jedním pozitivním tak i negativním archetypálním aspektem. Jako další následuje část, která je věnována archetypální symbolice spojené se sedmi primárními čakrami.

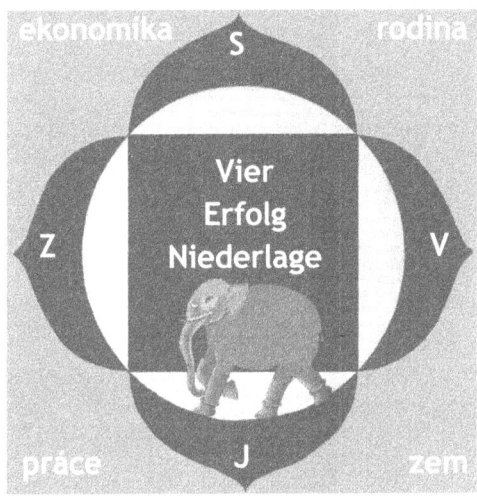

Kořenová čakra
a její archetypální symboly

Čtyřhran nebo čtverec se váže ke kořenové čakře. V Indii se kořenová čakra zobrazuje velmi různorodým způsobem. Většinou se vyobrazuje jako čtverec, který má ve svém nitru kruh se slonem. Kolem kruhu můžeme vidět čtyři červené korunní plátky lotosového květu. V této čakře se nachází dřímající mystická kundalini – ve spánku, který je podobný stavu transu. Číslo čtyři je spjato s kořenovou čakrou a s orientační schopností člověka. Čtverec a číslo čtyři se používá k rozdělení a popisu fyzického světa: čtyři světové strany, čtyři základní body hodin na jejich ciferníku, čtyři základní temperamenty člověka, čtyři funkce vědomí.

Životní postoj, který odpovídá kořenové čakře se projevuje v dobrých životních podmínkách člověka. Ty se týkají bydlení, osobní ekonomiky a práce, rodinných vztahů, stanovování si hranic, odrážejí se v individualitě názorů člověka, v jeho síle, pevnosti, houževnatosti, v střízlivém a běžném lidském bytí.

Zemský element
Zemský element je prostřednictvím gravitace a těžiště elementem, který spojuje člověka se zemí ... představuje pevný základ, který vnímáme od svého dětství jako to, co je v našem životě pevné a stabilní.

Kámen a kostra
Pevné materiály jako jsou kámen, kosti a kostra symbolicky přísluší kořenové čakře.

Symboly zvířat

slon, kůň, had, hmyz, plazi, krokodýl, ještěři, ještěrka, dinosaurus

Tyto symboly zvířat reprezentují instinktivní nervové centrum kořenové čakry, které je také známé jako "autonomní nervový systém". Když se tyto symboly objevují v noci, v našich snech nebo při meditaci nebo v podobných situacích, v zájmu našeho osobního vývoje je dobré vědět, co tyto symboly představují a co nám chtějí říct.

Symboly zvířat jsou v spojitosti s kořenovou čakrou často hluboce nevědomé. Platí to především pro zvířata, která nepatří mezi savce. Pokud si představíme, jakou formu našeho vědomí může reprezentovat například takový had, ještěrka, hmyz nebo krokodýl, možná něco z tohoto hlubokého odkazu také dokážeme najednou i procítit. Když se konfrontujeme s těmito zvířaty v našich snech, ty představují energetický projev hlubších a nevědomých podnětů v nás, na které nás chce naše nevědomí upozornit. Pokud si budeme těchto hlubokých a nevědomých signálů všímat, naše vědomí může začít zpracovávat hluboké nevědomé podněty instinktivní, animální stránky naší podstaty, kterou si však běžně vůbec neuvědomujeme. Prostřednictvím takového uvědomění se může uvolnit velké množství uvíznuté energie, která může být užitečná i pro naše jiné aktivity.

Slon a kůň

Ve východní kultuře jsou sloni spojovány s kořenovou čakrou. Slon symbolizuje velkou dávku silné energie v této základní oblasti, která je součástí instinktivního autonomního vědomí člověka a jeho autonomního nervového systému. Tato energie je jistou formou rezervy uložené v kořenové čakře, která se ve východní kultuře nazývá i energií kundalini a v této čakře má také své místo i náš instinkt přežití.

Tato energie je využívána zpravidla nevědomě na to, abychom se dokázali přizpůsobit rozmanitým aspektům života, které jsou pro nás existenčně důležité. Jako novorozenci nemáme vliv na nic. Dítě se musí přizpůsobovat svým rodičům, svému okolí, společnosti a aktuálnímu dění v čase a prostoru. Tento adaptační proces má svůj projev v rámci autonomního nervového systému ve formě způsobů chování, které vycházejí z návyků člověka. Tyto formy chování většinou nebývají pro rozvoj člověka v jeho pozdějších životních obdobích již tak velmi vyhovující.

Život může v důsledku zvyků a rutinního chování stagnovat.

Člověk si může být postupně vědom tohoto velkého množství energie, která vězí ve formách chování vycházejících z jeho zvyků. Při rutinním chování se vědomí běžně dostává do pozadí. Když se člověk snaží si uvědomovat své činy a jednání po nějakou dobu, nastává změna v energii, která je spjata s jeho konvenčním chováním. Tato energie se transformuje do živější kreativnější energie, která ho může podněcovat k novým, vzrušujícím projektům.

Když se ve snech člověka zjevují sloni nebo divocí koně, jsou projevem velké dávky silné energie našeho animálního vědomí, která je běžně využívána v rámci našeho adaptačního procesu a váže se k našim konvenčním formám chování. Takové formy našeho chování si můžeme v daném případě plně uvědomovat.

Hadi
Hadi objevující se ve snech jsou symbolem hlubokého nevědomí. Když se začne člověk dostávat do kontaktu s hlubokými vrstvami svého nevědomí, v jeho snech se začnou objevovat hadi. Když nastane vzájemný kontakt snového ega člověka s hadem, snové ego může být hadem uštknuto nebo se had promění na bytost, která je v rámci evolučního stupně výše (např. na savce nebo člověka). Tato přeměna poukazuje na léčivý proces v rámci toho, co bývalo dříve v člověku hluboce nevědomé.

Had symbolizuje zejména páteř a systém uzlin, které jsou součástí autonomního nervového systému. Autonomní nervový systém řídí energetické procesy, které nejsou podřízeny vůli. Sny o hadech mohou naznačovat, že člověk byl během dne v kontaktu se svým autonomním nervovým systémem. Hadi se objevují ve snech v mnoha různých formách. Podle jejich barvy je možné určit, kam mohou být v rámci autonomního nervového systému zařazeni. Barva odkazuje v rámci autonomního nervového systému na jednu ze sedmi primárních čaker. Může se nám například snít o zeleném hadu. Zelená barva se běžně spojuje s procesem růstu a se srdeční čakrou. Pokud potká člověk ve svém snu například zeleného hada, může to naznačovat, že tento člověk si pomalu začíná uvědomovat autonomní nervové reflexy, které dosud ovlivňovaly jeho chování a jeho kontakt k sobě samému a k ostatním lidem, a to v hlubší emoční rovině, která odkazuje na spojitost se srdeční čakrou. Pokud se člověku zdá o hadech, kteří se pohybují například po červenohnědé zemi, může to naznačovat, že nevědomé autonomní impulsy jsou aktivní a člověku je umožněno uvědomit si tyto autonomní procesy. V tomto případě se jedná o procesy, které se vážou ke kořenové čakře.

Starořecký bůh léčení Asklepios, který používal svůj lékařský status jako symbol, říkával svým pacientům, že budou vyléčeni, pokud budou ve snu uštknuti hadem.

Osobní strach má často hluboké kořeny až v kolektivním nevědomí a má podobu čtyř základních forem strachu, kterými jsou: strach ze smrti, strach ze smrtelné nemoci, strach před zešílením, strach z hlubší sexuality. Vytrvalý tíživý strach může vést k onemocněním. Pokud je člověk ve snu uštknut hadem, často je to znak toho, že nevědomě překonal nějakou svou hlubokou, často i velmi iracionální obavu.

Plazi

Existují různí plazi, kteří jsou spojeni s kořenovou čakrou a s autonomním nervovým systémem člověka. Plazi se objevují ve snech zejména ve spojení se životními krizemi, mohou se však objevovat i když se vědomí nějakým způsobem dostalo do kontaktu s autonomním nervovým systémem.

Sny o krokodýlech, ještěrkách a podobných plazech se objevují, když je autonomní nervový systém namáhán, například v souvislosti se zlomovými body, které se vážou k partnerství, povolání, změně v kariérním životě nebo ke smrti v rodině. V případě vážné nemoci, při níž je v zájmu přežití člověka aktivován celý potenciál autonomního nervového systému, se ve snech mohou objevovat zejména obrovští prehistoričtí dinosauři. Kontakt s těmito dinosaury, kteří se objeví ve snu v souvislosti s nemocí ohrožující život, může napovědět, zda člověk přežije nebo ne.

Hmyz

Hmyz v roji se může objevit ve snu v případě, že došlo k významnému ovlivnění jedné specifické oblasti autonomního nervového systému. Hmyz je buď užitečný nebo škodlivý. Některý hmyz žije pouze na zemi nebo na rostlinách. Některý létá. Červení mravenci například symbolizují společenský postoj autonomního nervového systému k pracovitosti a píli - pilný jako mravenec, říká se.

Velké mouchy v roji symbolizují nerealizované možnosti autonomního nervového systému, které jsou atakovány velkými mouchami. Mouchy se chopí možností, které nebyly z energetického hlediska využity.

Roje včel symbolizují pohyby v životní energii. Motýli odkazují na transformaci v rámci autonomního nervového systému.

Pozitivní stav

Pokud má člověk relativní pořádek ve svých sférách, které se týkají osobní ekonomiky, bydlení, vzdělání a pracovních vztahů, většinou pociťuje radost z kontaktu se svou rodinou a se svými kolegy v práci, když je pro něj poměrně snadné realizovat své projekty, má přiměřenou sílu prosadit se - jeho kořenová čakra je ve stavu, který ho předurčuje na úspěch.

Negativní stav

Nepříznivý stav v kořenové čakře je odrazem naladění člověka, který má pocit, že upadá v souvislosti s prací, kariérou, ekonomikou, důvěrnými lidskými vztahy, dětmi atd..

Smysl: čich

Čich je spojen s kořenovou čakrou a s instinktem přežití. Zvířata jsou obzvláště závislá na svém čichovém smyslu. Jejich přežití závisí na jejich schopnosti disponovat dobrým čichem.

Čím je jejich čich lepší, tím větší je jejich šance na přežití. Proto jsou čich a instinkt přežití v rámci kořenové čakry dvě stránky jednoho mechanismu přežití. Zvířata jsou také závislá na svém čichu v souvislosti se značkováním a vymezováním svého teritoria.

Bez čichu by se nedokázala dobře orientovat a nevěděla by, kde se nachází jejich vlastní teritorium a kde teritorium, které již přísluší jinému zvířeti.

Lidé, kteří se několik let věnovali svému osobnímu a spirituálnímu rozvoji, si dokáží v souvislosti se sny, meditací a s výjimečnými místy uvědomovat úžasné a nepopsatelné vůně. Taková vůně (která nemá žádné fyzické opodstatnění) často poukazuje na vyšší formu nefyzické bytosti, jejíž přítomnost nebo spirituální energie naplňuje místnost nebo prostor svou duchovní vůní. Taková forma vůně může poukazovat i na to, že člověk si našel cestu ke svým výjimečným, vrozeným spirituálním schopnostem a k jejich správnému využívání ve fyzické realitě.

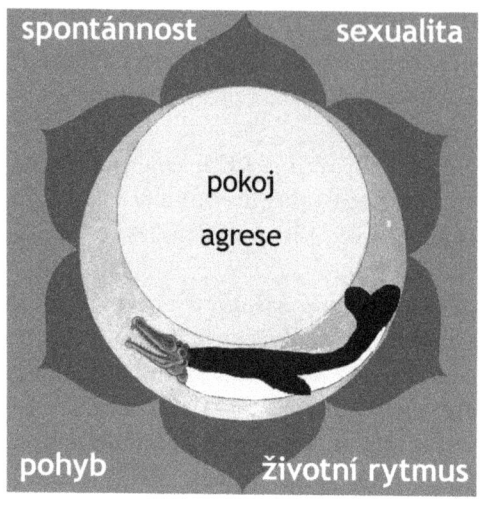

Sakrální čakra
a její archetypální symboly

Geometrickým symbolem sakrální čakry je kruh, ve kterém je vyobrazen půlměsíc s bájným zvířetem, které je kombinací krokodýla a velryby. Pojmenování této čakry v sanskrtu je Svadishthana (příjemné) a tato čakra představuje druhé centrum v toku kundalini, která proudí směrem nahoru. Duševní aspekty sakrální čakry jsou symbolizovány oranžovými okvětními lístky lotosového květu, které obklopují zmiňovaný kruh.

Elementem sakrální čakry je voda. Pro vodu je příznačné, že teče a její element vyplňuje všechno, co se pod ní nachází. Představuje energetickou formu naplněnosti, což odpovídá aspektu celistvosti. Voda symbolizuje i sexuální energii.

Je známo, že člověk využívá asi 10 procent z celého svého vědomí. Zbývajících 90 procent zůstává nevědomých nebo je symbolicky naplněných vodou, která představuje také nevědomí, dokud se nepromění ve vědomí.

Půlměsíc symbolizuje fáze, rytmiku, to, co podléhá v rámci energie přítomné v této oblasti náladě. Nevědomé a sexuální aspekty v člověku jsou podřízeny rozmanitým rytmům a fázím. Symbol půlměsíce představuje uvědomění si těchto nevědomých rytmů a fází. Tvor, který je kombinací krokodýla a velryby, symbolizuje instinkty, které jsou spojeny se sakrální čakrou.

Element: voda

Sakrální čakra se nachází v té části těla, kde se odehrává největší část metabolických procesů týkajících se tekutin v těle, a to prostřednictvím ledvin a močového měchýře. Charakter vody je spjat s mnoha aspekty. C. G. Jung mínil, že voda je jedním z nejdůležitějších symbolů lidského nevědomí, který se projevuje mimo jiné i během nočního snění.

Voda a lidská psychika

Sny o vodě rozdělil C.G. Jung podle nejrůznějších psychologických aspektů. Voda v podobě oceánů a moří, bez pevniny na obzoru jsou archetypální symboly toho, co Jung nazýval kolektivním nevědomím. Jezera, fjordy, rybníky a prameny jsou archetypální symboly osobního nevědomí. Jung vyzývá k zamyšlení se, že voda symbolizuje devadesát procent celkového potenciálu lidského vědomí. Tento obrovský potenciál si neuvědomujeme. Voda v těle člověka jako kolektivní nevědomí a jako osobní nevědomí symbolicky představuje devadesát procent celkového nevědomí člověka. Znamená to, že člověk využívá jen deset procent celkového potenciálu svého vědomí. Zároveň se naše tělo skládá z asi 60 procent vody.

Voda má mimořádný vliv na náš život. Bez vody život totiž nemůže existovat. Voda představuje možnost pro rozvoj existence. Život vznikl ve vodě a v rámci evolučního procesu se začal projevovat na zemském povrchu až mnohem později.

Ženský aspekt vody

Voda se spojuje s archetypem "velké matky" a s jejím aspektem umožňujícím život. Matka příroda, matka zem a mateřská voda moří. Vodě a zemi propůjčujeme ženský atribut, mluvíme o nich jako o ženských bytostech. Většina božstev vody a země jsou ženského rodu – je tomu tak v mnoha jazycích. Ve svém pozitivním ženském aspektu je voda velká matka; pečlivý, život umožňující aspekt všech jemných živých bytostí.

Ve svém negativním ženském aspektu voda život bere a ničí jej, například prostřednictvím sucha, záplav, bouřky a přírodních katastrof. Matka chce, aby s ní bylo zacházeno s respektem a moudrostí, jinak bude dohnána k projevům, které představují její protichůdný, negativní aspekt. V souvislosti s naším zacházením s matkou přírodou v období posledního století se skutečně nemáme čím chlubit. Není vyloučeno, že dříve či později budeme pravděpodobně muset čelit ničivému aspektu přírody.

V duševním bytí člověka voda a zem vedou energii; oheň a vzduch energii poskytují. Pro člověka je důležité, aby ve svém nitru udržoval rovnováhu mezi aspekty, které energii vedou a které ji dávají. Tento pojem vyváženosti se nazývá polarita a v souvislosti s osobním rozvojem představuje velmi důležitý faktor.

Symboly zvířat

Velryba, vodní zvířata, oranžově zbarvené šelmy, kočka, oranžově zbarvená zvířata

Tato zvířata jsou symboly instinktivní báze sakrální čakry. Ve snech lidí se mohou zjevovat zvířecí symboly, které jsou kombinací kořenové a sakrální čakry, například hroch. Ten je zástupcem zvířat, která žijí ve vodě i na souši, čímž ve své podstatě zastupuje jak kořenovou, tak i sakrální čakru.

Všechny symboly zvířat se vážou k té části energetického pole, která se nazývá "nižší astrální aurou" a jsou projevem instinktivního nervového aspektu člověka.

Archetypální zvířecí symbol

V západním světě představuje velryba archetyp sakrální čakry. Ve východní kultuře uvádějí texty psané v sanskrtu jako symbol sakrální čakry mořskou příšeru. Tato mořská příšera je kříženec, který vznikl z velryby a krokodýla. Tento tvor byl zvěčněn v starořecké báji o Jasonovi, kterého tato příšera spolkla, ale on se z ní později vysvobodil. I Bible zmiňuje příběh o Jonášovi a velrybě.

Jak již bylo zmíněno, zvířecí symboly jsou energetickým obrazem instinktivních emocionálních aspektů člověka, které se vážou k nižší astrální auře a k nervovému systému člověka. Tak člověk i zvíře dokáží instinktivně rozpoznat, co je pro ně dobré a co špatné. Když ustoupí u zvířete instinkty přežití do pozadí, existence zejména divokých zvířat se stává ohroženou. Z dlouhodobého hlediska to obecně platí i pro lidi.

Pozitivní aspekt symbolu velryby

Pozitivní aspekt symbolu velryby se zjevuje v lidské psychice jako obzvláště důležitý a zdravý instinkt, který umožňuje uvědomit si, co je pro člověka zdravé a co ne. Můžeme ho považovat za obecný instinkt člověka, týkající se jeho zdraví a projevující se v tom, jak jsme my jako jednotlivci i jako společnost schopni se po psychické a fyzické stránce chránit. Velryba symbolizuje prastaré zdravé instinkty každého člověka, který si ověřuje, na co si musí dávat pozor. Týkají se jídla a pití, všech blízkých mezilidských a kolegiálních vztahů i naší schopnosti uvědomovat si to, co je přirozené a co je samotné přírodě vlastní, z čehož pramení pojem, který nazýváme přirozenou komplementární polaritou.

Symbolem environmentální organizace Greenpeace je ocas velryby, což nám má připomenout důležitost toho, abychom neotupovali svůj instinkt přežití a nepřipravovali se o šanci přežít tím, že kromě jiného znečišťujeme světová moře a atmosféru, že ničíme deštné pralesy a dáváme šanci genové manipulaci. To, že jednáme jako lidstvo tímto způsobem, poukazuje z globálního hlediska na to, že máme obecně nepříznivý kontakt s instinktem přežití. A ten sídlí v sakrální čakře.

Negativní aspekt symbolu velryby

Negativní aspekt symbolu velryby se odráží v uvíznutí člověka v emocionalitě. Tento stav se nazývá archetypem uvíznutí. Když jdeme jako jednotlivci či jako společnost proti naší vnitřní zdravé podstatě zaměřené na přežití, vyvstává větší nebezpečí, že se ocitneme ve stavu, že propadneme emocím. V souvislosti s tímto stavem se vyjevuje biblický obraz Jonáše. Neposlechl poselství boží a přinesl smůlu sobě samotnému a také svému okolí. Nakonec byl hozen přes palubu, aby byl boží hněv zmírněný. V moři ho spolkla velryba. Symbolicky byl vlastně pohlcen svými vlastními egoistickým motivy a emocemi. V západní hlubinné psychologii představuje obraz Jonáše v břiše velryby archetypální obraz uvíznutí.

Na to, aby se člověk dostal z této emoční temnoty, musí použít své vědomí, aby v sobě zažehl světlo. Musí odhalit, ve kterých oblastech se staví do opozice vůči své vnitřní nadřazené podstatě. Co je psychologickou příčinou jeho konání? Jen prostřednictvím uvědomování a sebepoznávání dokáže člověk tomuto archetypu uniknout. Jonáš se vrací z břicha velryby s tímto hlubokým poznáním – ve prospěch dalšího rozvoje společnosti a svého vlastního já. Lidé, kteří se z psychologického hlediska dostanou ven z břicha velryby nebo se jim podaří vymanit se ze zmíněného archetypu, se nejednou stávají hrdiny společnosti, čehož společnost i patřičně využívá, aby mohla prezentovat nové vhodné modely identity a ideální obrazy jedinců, kteří přežili, aby mohli napomáhat dalšímu rozvoji, pokroku.

Pozitivní emoce a sakrální čakra

Pozitivní emocí sakrální čakry je klid. Klid ve vlastních vnitřních vodách a v nevědomých oblastech psychiky. Klidná zrcadlová hladina vody je symbolem klidného, pozorujícího meditativního vědomí, které na ní vidí odraz nebes. Když vegetativní nervový systém odpočívá a je uvolněný, člověk je v klidu. V těch chvílích je otevřen impulsům své hlubší nadřízené podstaty, které vědomě či nevědomě instinktivně následuje. Takový člověk je v klidu, spočívá ve vlastním těle a je v harmonickém propojení se spontánními impulsy, které jsou jeho nitrem vyjadřovány snadno a bez obtíží.

Negativní emoce a sakrální čakra

Když je naše vnitřní moře rozbouřené, projeví se to ve formě vnitřního neklidu, v nespavosti, hlubším vnitřním napětí, zadržované nebo vytěsňované agresi a hněvu, v sebepytování a v sebedestruktivním vzorci chování, také v podobně laděných myšlenkách a emocích. Pokud se člověk nachází v takovém stavu delší dobu, měl by něco proti tomu podniknout. Tento vnitřní chaos může utišit jen prostřednictvím uvědomění si ho a tím, že člověk se s ním konfrontuje v psychologické rovině. Psychický obsah vnitřního chaosu může vést k pozdější emoční netečnosti, depresi, chorobám a zdravotním potížím.

Může být vyvolán i nečekaně, a to v důsledku šoku, když se stane člověk účastníkem dopravní nehody, v důsledku nervového zhroucení, používání narkotik a alkoholu. Jedinou pomocí je pocit, že člověk může začít sám a získat kontrolu nad těmito vnitřními silami, ve většině případů však potřebuje psychologickou nebo terapeutickou pomoc.

Pokud dominuje v sakrální čakře negativní stav, člověk nemá nad svými emocemi příliš velkou kontrolu a často musí sám sebe potlačovat. Pokud však při nějaké příležitosti dá svým emocím volný průběh, ty jsou pak nejednou předimenzované, postrádají příčinu a stávají se destrukčními pro něj samotného.

Pokud člověk nedokáže ovládat svůj emoční svět, často se pokouší převzít kontrolu nad jinými lidmi nebo mít nad nimi moc. Mocenské boje jsou znakem špatně vyvážené sakrální čakry, což se často projevuje v rámci mezilidských vztahů.

Smysl: chuť

Smysl chutě se váže k sakrální čakře. V souvislosti s chutí lze pozorovat jasné propojení mezi dvěma čakrami. Chuť jídla či nápojů registrujeme prostřednictvím chuťových kanálků na našem jazyku. Jazyk se nachází v oblasti krční čakry - jak může být tedy chuť spojena se sakrální čakrou, která se nachází ve střední části břišní oblasti? V rámci našeho nervového systému registrujeme chuť jako dobrou a špatnou nebo příjemnou či nepříjemnou. Tyto pocity jsou spojeny se sakrální čakrou. Dobré kulinářské umění je požitkem, který vyvolává projev spokojenosti, který proniká až do hloubky lidské duše, zatímco jídlo, které nechutná dobře, člověka znechucuje. V sanskrtu se nazývá sakrální čakra "Svadhisthana", což znamená i "příjemné".

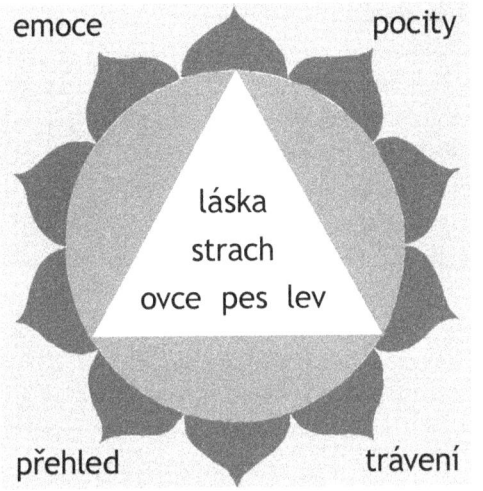

Čakra solar plexu
a její archetypální symboly

Čakra solar plexu má v sanskrtu pojmenování Manipura (drahokam). Zobrazuje se jako lotosový květ s deseti lupínky a trojúhelníkem ve svém středu. Tento symbol znázorňuje emocionální energetické formy. Trojúhelník je symbolem rovnováhy, kterou představuje v tomto případě astrální emocionální energie, která je v rámci nadřazené celistvosti v rovnováze a je znázorněna kruhem.

Emoční astrální energie hraje v životě člověka často rozhodující roli. U mnoha lidí determinují emoce jejich osobnost a ta pak nefunguje v rámci větší jednoty.

Emoce bez hlubšího smyslu a větší perspektivy, jejichž hlubší smysl a funkce nejsou člověkem pochopeny, mohou mít negativní dopad na rovnováhu emocionálního astrálního systému člověka. Životním úkolem každé jednotlivé osobnosti je uvědomit si tuto skutečnost a zaměřit se na svou vnitřní psychologickou celistvost - pokud má být skutečný, osobní a duchovní růst člověka úspěšným.

Element: oheň

Element ohně se váže k čakře solar plexu. Rotace energie a element ohně jsou symbolickým vyjádřením spalovacích procesů v těle, které se vztahují například na proces trávení. Ve svém psychologickém aspektu je element ohně symbolem jistých emocí a psychických stavů, které lze rozdělit do tří kategorií:
1. Destruktivní aspekt ohně
2. Osvětlující a čistící aspekt ohně
3. Oheň jako symbol pozorujícího meditativního vědomí

Destruktivní aspekt ohně

Obraz ohně, který spaluje a ničí, abychom dokázali přežít, je nejčastěji symbolickým obrazem destruktivních aspektů emocí. Může však představovat i vnitřní snový obraz člověka, jehož emoce jsou zachraňované před ničivými plameny.

Pokud byly emoce člověka dlouhodobě vytěsňovány, nabývají bez nějaké zjevné příčiny explozivního nebo nekontrolovatelného charakteru. Nebyly totiž projevené v patřičných situacích, které tyto vnitřní emocionální impulsy vyvolaly. Představují nahromaděné množství vytěsňovaných emocí, které se ukrývají uvnitř člověka jako napnutá pružina a jsou připraveny, aby se při nejmenším podnětu explozivně projevily. Síla ohně jako příslušného symbolu v rámci takových emocionálních explozí je velmi zřetelným obrazem toho, jak velký je jeho ničivý potenciál. Síla explozivní emoce je podobná síle ohně - zapálí celé okolí. Lidé se hádají, křičí, bijí se a ničí materiální věci, ničí cenné mezilidské vztahy jako partnerství, manželství, přátelství a pozitivní kolegiální vztahy. Člověk, který nemá kontrolu nad svým enormním temperamentem připomínajícím sílu ohně, bude v pravidelných časových odstupech zažívat odraz ničivého dopadu svého chování. Jestliže člověk upře svou pozornost na tento periodický cyklus, naskytne se mu příležitost rozpoznat ve svém destruktivním chování jistý vzorec. Emocionální systém člověka má nejčastěji periodický charakter. Pokud si této skutečnosti člověk všimne a uvědomí si ji, může zmírnit tlak, který je způsoben vnitřním emočním napětím. Může si konstruktivním způsobem odreagovat své emoce a tím dosáhnout nad sebou samým vyšší míry pozitivní kontroly.

Osvětlující a čistící aspekt ohně

Když si člověk uvědomí své destruktivní emocionální chování a otevře se dlouhodobému procesu uvědomování si destruktivních aspektů svého chování, projde procesem, který mu vnese do jeho nitra světlo a očistí jej. Získá kontrolu nad svými výbušnými emocemi. Rozpozná výhodu, která je spojena s tím, že nevytěsňuje své emoce. Cítí, že může stát pánem svého života. Větší kontrola nad vlastními emocemi může dovést člověka k pocitu vyššího sebevědomí, respektu vůči sobě samému, vlastní hodnoty. Osobní vnitřní síla víry v sebe samého se výrazně zvýší. Vnitřní oheň se projevuje jako živé dynamické nadšení, jako výrazné osobní nasazení ve všech oblastech života.

Člověk může dospět i k takovému poznatku, že mu jeho okolí nedovoluje, aby se projevoval svobodně. Možná se mnoho let pokoušel najít způsob, který by mu dopomohl k sebevyjádření. Takový člověk může sáhnout i po možnosti spálit za sebou všechny mosty, aby vůbec mohl přežít a aby se mohl rozvíjet dál. V tomto případě jsou spálené mosty symbolem svítícího a pročisťujícího aspektu ohně. Mohou také naznačovat, že se člověk v jisté životní situaci stáhne do sebe, přestane investovat své city a energii a přestane se něčemu ve svém životě věnovat. Sny o ohni, kde shoří například pracoviště či auto, často poukazují na přicházející změny, na to, že se člověk po citové stránce stáhne. Sny o ohni ve formě hořící svíčky, ohně v krbu, v peci nebo o táboráku symbolizují transformační a hřejivý aspekt ohně, který se projevuje ve formě kontrolovaného ohně, což vypovídá o tom, že člověk má své emoce a život pod kontrolou.

Oheň jako symbol pozorujícího meditativního vědomí

Oheň, který nespaluje, je vyjádřením a obrazem pozorujícího meditativního vědomí a jeho vyšších tranformačních aspektů rozvoje. Symbolizuje bdělé pozorující vědomí, které udržuje meditační proces člověka. Klidně proniká emocemi prostřednictvím transformujícího ohně vědomí a zaměřuje energii emocí ve prospěch vyššího stupně rozvoje vědomí. Meditativní oheň vědomí se může zjevovat ve snech nebo v rámci vnitřních symbolů jako například ohnivé aury, která nic nespaluje, ale obklopuje meditující osobu nebo lotosový květ.

Archetypální symboly zvířat

Lev, pes, ovce a obětní zvířata

Lev: osobní síla

Člověk již po staletí používá lva jako symbolu pro moc a autoritu. Objevuje se v erbech, před domy, zámky a paláci. Král zvířat je symbolem moci a autority, symbolem osobní síly, autoritativní moci a kontroly.

Když se nám ve snech či při meditaci zjevuje lev, je to symbol specifické energetické formy v našem nitru. Lev je obrazem vnitřní instinktivní síly a pocitu autority, který je často spojen se špetkou hrdosti a důstojnosti. Všichni lidé se snaží získat pomocí tohoto základního instinktu moc a kontrolu nad svou existencí. Když uspějí a dokážou to i svému okolí, dostaví se pocit hrdosti. Člověk si je vědom své hodnoty.

Když pozorujeme vyzařování našeho vnitřního lva, získáme dobrý náhled o našem postoji vůči instinktu, který symbolizuje. Když člověk nabude kontroly nad svým bytím, v rámci svého dalšího rozvoje bude následovat tento instinkt i ve spojitosti s rozvojem své srdeční čakry. Můžeme se domnívat, že každý z nás musí mít stejné podmínky, aby získal kontrolu a moc nad svým vlastním životem. Rozvoj instinktu moci, symbolizovaného lvem, se více zaměřuje na osobní sílu a etiku a tím člověk dosahuje i větší hrdosti a důstojnosti.

Osobní silou člověka myslíme jeho individuální víru a jeho schopnost hlásit se k této individuální víře. Tento instinkt může být zaměřen i na větší společenský rámec, kdy se osobní síla, autorita a moc stávají prostředky uplatňovanými v rámci většího společenství. Vnitřní lev člověka se stává králem, má svou důstojnost, hrdost a silné vyzařování. Legenda o králi Lví srdce a rytířích kolem kulatého

stolu je symbolem instinktu síly lva, která slouží vyšším myšlenkovým sférám.
Pro všeobecný rozvoj instinktu moci je podstatné získat nejprve kontrolu a moc nad svým bytím. Pak se může vyváženě rozvíjet pocit vlastní hodnoty. Když dojde v rámci procesu osobního rozvoje k relativnímu uvědomění si vlastní hodnoty a k rozvoji osobního sebevědomí, člověk dokáže pocítit, že dospěl ke kontrole a moci nad svým životem. V takovém případě se projevuje archetyp lva v souvislosti s čakrou solar plexu. Dále se člověk může rozvíjet v souvislosti se společností, ve které se nachází. Jeho rozvoj se přirozeně zaměřuje na to, aby člověk dosáhl většího pocitu zodpovědnosti vůči společnosti, která ho obklopuje a do které je nějakým způsobem integrován. Když je instinkt síly pocházející ze symbolu lva dostatečně rozvinutý, projeví se to ve větší míře vnitřního vyzařování důstojnosti a síly člověka. Tento aspekt bude zahrnovat jak čakru solar plexu, tak i srdeční čakru.

Pes: náš vnitřní alarm

Symbol psa je spojen s aspektem vyměřování hranic. Všem je nám jistě známo, že pes v domácnosti vždy hlasitě zaštěká, když někdo zazvoní nebo zaklepe na dveře. Tento obraz by se dal uplatnit i v rámci instinktu vnitřního stanovování si hranic. Když se k nám dostanou jiní lidé příliš blízko, "štěkání" našeho vnitřního psa nás upozorní na to, že někdo překračuje naše osobní hranice. Tento instinkt nás nejprve alarmuje a upozorňuje. Následně se můžeme rozhodnout, zda dané osobě přístup za naše osobní hranice povolíme nebo ne. Pokud našeho vnitřního hlídače neposloucháme a nerespektujeme, náš vnitřní pes bude schoulený jako zbabělec. A totéž platí i pro člověka. Když nemá respekt a pozornost vůči instinktu, pomocí kterého si vytváří hranice a který je symbolizován psem, ztrácí respekt vůči sobě samému. A pes je tvor loajální, je to nejlepší přítel člověka.

Předchůdcem psa je vlk. Pokud potkáváme vlka ve snu nebo při meditaci, může to být archetyp instinktu vytyčování si hranic ve své prastaré formě. Může to znamenat, že člověk by se měl podívat na své instinkty, prostřednictvím kterých si stanovuje hranice v rámci smečky - rodiny, jmenovitě v souvislosti s dětstvím. V případě, že proces rozvoje člověka probíhá příznivě, stává se základem pro zcela novou epochu v lidském životě. Mýtus o Romulovi a Removi, kteří byli bezprostředně po svém narození ponechání na břehu Tibery a nalezeni vlčicí, která se jich ujala, je mýtem, ve kterém je vlk zprostředkovatelem nové epochy ve světových dějinách. Vlk má své významné zastoupení i v různorodých kulturách amerických Indiánů.

Ovce a obětní zvířata

V Indii se zobrazuje čakra solar plexu kresbou mandaly s ovcí. Pokud probíhá rozvoj vědomí plynule od sakrální čakry směrem vzhůru k čakře solar plexu, člověk si uvědomí zvířecí "instinktivní" funkce emocí, které mají brzdící účinek na další rozvoj jeho srdeční čakry a na další stupeň vyspělosti vědomí - na více lidský aspekt vědomí. Emoce jsou spojeny s animálním prapůvodem. Promítají se na jiného člověka ve formě rozlišování vnímání na přítele či nepřítele, na dobré nebo špatné, černé nebo bílé, sympatii nebo antipatii a tak dále. Takový životní postoj nám poskytuje pocit bezpečí a přehled, ale v zájmu možnosti dalšího rozvoje vědomí se ho člověk musí vzdát, musí ho umět obětovat. Obětní zvířata symbolizují právě tuto oběť.

Neustále hodnotící a selektivní vědomí, které je spojeno s emocionálním postojem vůči životu, se váže k poznávání světa. Pro to, abychom dokázali změnit strukturu tohoto emocionálního životního postoje (způsobu jak pohlížíme na svět a jak jej vnímáme), je třeba, abychom přijali všechny neuvědomělé emoce za své vlastní. Jinak budou automaticky promítané na jiné lidi. Když si člověk skutečně uvědomí, že drtivou příčinou vší sympatie a antipatie, kterou pociťuje, jsou jeho vlastní neuvědomělé emoce, začne si po energetické stránce uvědomovat, jak velkou část z každého dne mu tento aspekt zabírá. Postupně si uvědomí mechanismy své mysli, které jsou odpovědné za neustálé hodnocení. Začne si uvědomovat své dosud neuvědomělé emoce a procítí rozdíl, když jsou jeho emoce promítané na ostatní a když nejsou. V případě, že člověk promítá své emoce na jiné, zažije pocit ztráty energie. Emocionální animální pozadí vlastních neuvědomělých promítaných emocí musí být obětováno v zájmu rozvoje osobnosti. Tento rozvoj osobnosti povede ke schopnosti člověka vidět lidi takové, jakými ve skutečnosti jsou. Je to jediný způsob, jak si v souvislosti s vnímáním světa sejmout klapky z očí.

Pozitivní stav
Pozitivní stav v čakře solar plexu je pocitem dostatku a lásky. Pozitivní vyladění se na lásku je znakem dobrého sebevědomí, uvědomování si vlastní hodnoty, respektu vůči sobě samému a sebedůvěry. Když fungují tři spodní čakry příznivým způsobem, energie čakry solar plexu bude přirozeně plynout směrem nahoru k srdci a umožní procítování lásky.

Negativní stav
Negativním stavem v čakře solar plexu je strach. Strach je emoce, která má na nás stahující účinek, zatímco láska je expandující pocit, který je orientován směrem ven. Pokud má člověk potíže s projevením svých emocí a pocitů, příčinou je strach.

Smysl: zrak

Zrak je spojen s čakrou solar plexu. Každý člověk vidí a zažívá svět svým vlastním způsobem. Spočívá zejména v aspektech sympatie a antipatie, které se vážou k solar plexu. Svět si dělíme na to, co se nám líbí a co nelíbí. Každý z nás se dívá na svět vlastními emočními brýlemi. Některé z těchto brýlí mají klapky. Člověk vidí jen to, co vidět chce.

Každá emoční energie ovlivňuje zrak a kolem očí se může usadit ve formě aurického pásu. Nevyvážená čakra solar plexu výrazně ovlivňuje vidění člověka. Pokud člověk onemocní některou z chorob, které se vážou k solar plexu, může to mít vliv i na jeho zrak. Jedním z takových následků je například oslepnutí v důsledku diabetu.

Když je člověk schopen vidět svět takovým, jakým je a nevidí jej raději takovým, jakým by podle jeho přání měl být, v tom okamžiku skládá své emoční brýle a dívá se na svět úplně jinak, jasně. Jeho vidění nabude zcela nových kvalit, což výrazně posiluje intelektuální a intuitivní mentální schopnosti člověka.

Srdeční čakra
a její archetypální symboly

Geometrický symbol pro srdeční čakru je vyjádřením centrálního bodu rovnováhy člověka. Pokud může být individuální osobnost člověka soustředěna v srdeční čakře, nastává rovnováha mezi osobností a psychicko - fyzickou jednotou člověka. V sanskrtu se srdeční čakra nazývá Anahata a zobrazuje se dvanácti lotosovými okvětními lístky. Kruh symbolizuje "vlastní já" jako projev psychicko-fyzické jednoty. Dva trojúhelníky jsou obrazem mužského trojúhelníku, jehož hrot míří nahoru a ženského trojúhelníku, který stojí na svém hrotu. Geometrický symbol srdeční čakry zobrazuje rovnováhu v rámci jednoty psychického a fyzického aspektu a rovnáhu mezi mužským a ženským aspektem. Křesťanský kříž je také symbolickým vyjádřením rovnováhy mezi duchovním životem (symbolizovaným vodorovnou částí kříže) a pozemským životem (symbolizovaným jeho svislou částí).

Element: vzduch (vítr)

K srdeční čakře se váže element vzduchu a to v souvislosti s nádechem a výdechem, se smršťováním a rozpínáním srdečního svalu, systolí a diastolí. V momentě, kdy se dítě poprvé nadechne, do jeho srdeční čakry začne plynout energie ze spirituální, mentální, astrální a také éterické aury.

V tomto okamžiku dítě poprvé zažije, že jeho duchovní dimenze je spojena s jeho srdeční čakrou. V pozdějším období života slouží duchovní dimenze k tomu, aby se člověk mohl dostat přes obtíže a omezení v rámci svého fyzického života.

Prostřednictvím své víry, lásky, umění, poznání, reliogiozity, vědy, přírody a univerza člověk překonává své nitro a povznáší se přes obtíže a omezení fyzického života. Dostává se dále přes své hledání duchovní dimenze, jak po vnitřní, tak i vnější stránce svého bytí.

Sny, ve kterých umíme létat, jsou také vyjádřením snahy a schopnosti člověka povznést se výše v duchovní rovině. Fyzický element vzduchu si člověk podmanil už dávno a co se týče duchovního elementu vzduchu, zbývá před námi ještě velký kus cesty. Větší část lidstva se identifikuje raději s fyzickým tělem než s vědomím či duchem.

Lidé, kteří jsou soustředěni ve své srdeční čakře a tím také i v elementu vzduchu, se dokáží přirozeně identifikovat s duchovními principy a kvalitami bytí. Ty se projevují v praktikování duchovních principů, ověřovaných v každodenním bytí člověka. V srdeční čakře sjednocuje člověk fyzické s duševním, yin a yang, ženský a mužský aspekt. Je to místo, kde dochází ke sjednocení protikladů. Srdeční čakra je přirozeným vyvažujícím bodem člověka.

Symboly zvířat

Zvířata s parohy, jelen, jednorožec, ptáci a jiné

Zvířata s parohy

Ve východní kultuře symbolizuje spojitost mezi zvířaty s parohy a srdeční čakrou gazela. Toto rychlé zvíře s parohy zobrazuje rychlé tempo myšlenek v pocitech, vázajícím se k instinktivním myšlenkovým procesům nižší mentální aury. Nekotrolovatelný autonomní charakter myšlenek pramení ze závislosti na instinktivním aspektu v nás a ze ztotožnění se s instinktivním v nás. To představuje nevědomé pozadí v nižší mentální auře.

Úloha člověka spočívá v tom, aby se vědomě přestal identifikovat s instinktivním aspektem v sobě. K tomu slouží obraz paroží jelena a rohu jednorožce, které symbolizují jakési "antény" a možnosti člověka, aby se rozvíjel v duchovním směru. Aby se člověk přiblížil k duchovnu, musí se naučit ovládat rychlý tok svých myšlenek. Dá se toho dosáhnout tréninkem mentálního systému, například prostřednictvím meditace, modlitby a pomocí podobných mentálních cvičení. C.G. Jung se několikrát vyjádřil, že každý archetyp má dvě stránky: instinktivní a duchovní. V rámci instinktivního bytí - naší animální podstaty - se skrývá možnost transparentnosti, prostřednictvím které může boží aspekt, duch, jasně pronikat do našeho nitra. Lidské ego se svými emocionálními, instinktivními a duševními myšlenkovými procesy se může stát jakousi anténou pro vyšší sféry, kterých míníme dosáhnout.

Ptáci

Většina ptáků je doma právě ve vzdušném prostoru a proto se symbolicky vážou k srdeční čakře. I oni jsou symbolem myšlenek nebo mentálního instinktivního aspektu v nás. Když se v rámci našich vnitřních obrazů, snů nebo meditací setkáváme s ptákem, měli bychom si všimnout, o jaký druh se jedná, zda je to pták, který se zdržuje více ve vzduchu a zejména bychom si měli všimnout jeho zbarvení, abychom mohli rozpoznat, na co symbolicky poukazuje. Barva ptáka se často spojuje s některou z čaker. Černí ptáci jako například havrani nebo vrány mohou být symbolem pro nepříliš vědomé (černé) vlastnosti, které vznikají v souvislosti s naším příliš silným ztotožněním se s emocionálním v nás. Bílý pták, jako například čajka, který létá rychle, může být například symbolem jasné myšlenky v rámci rychlého myšlenkového systému. Bílá čajka, která se vyrovnaně vznáší ve vzduchu, může být symbolem vyváženosti myšlenek.

Je důležité zapamatovat si zabarvení ptáka. Jeho barva poukazuje vždy na určitou čakru a oblast těla. Například tyrkysově zbarvený pták je spojen s oblastí srdeční a krční čakry. Když dochází ke smíchání zelené (srdeční čakra) s modrou (krční čakra), výsledkem je tyrkysová barva. V rámci lidského těla se mezi těmito dvěma čakrami nachází thymusová žláza, která má velký význam pro imunitní obranu v našem těle. Pokud člověk není schopen stát si za svými city a projevit je, bude to mít dopad na jeho imunitní systém. Jako kompenzace tohoto faktu se může ve snu člověka objevit tyrkysově zbarvený pták. Takový symbol mu může dopomoci tento nedostatek odstranit. Tyrkysově zbarvený pták ve snu může případně poukazovat také na potřebu možnosti většího pocitu svobody (volný jako pták), na expanzívní pocity nebo na velkou míru upřímnosti vůči sobě samému a vůči svému okolí, protože tyrkysová je barvou upřímnosti.

Pozitivní stav: radost

Pozitivní stav srdeční čakry je hluboký vnitřní pocit radosti, který vychází z pocitu lásky. Radost ze života jako takového, z přírody se všemi jejími výtvory, ze světa, z univerza. Je to pocit radosti z toho, že se dělíme o lásku, že ji dáváme a sdílíme ji s jinými lidmi a s přírodou.

Negativní stav: starost

Každý člověk zažívá někdy v životě starosti. Starosti jsou někdy trýznivé, a proto se před nimi člověk často uzavírá. Starosti jsou v takovém případě vytěsňovány a stávají se součástí každodenního bytí člověka. Mnoho lidí se nedokáže naplno radovat, protože v sobě potlačili své starosti. Pokud má být radost součástí našeho života, musí být starosti nebo starost nějakým způsobem projevené. Tím se probudí naše vnímání radosti.

Smysl: hmat

Hmat a citlivost člověka jsou spjaty se srdeční čakrou. Každý člověk se rodí citlivý a vnímavý, děti jsou citlivější než dospělí.

Většina dospělých zažívá ve své paměti vůně, chutě, barvy a atmosféru dětství mnohem výrazněji. Mnoho z informací, které získá malé dítě od svého okolí, vnímá právě prostřednictvím své citlivosti. Dítě si uvědomuje atmosféru svoho okolí a to je to, co nejvýrazněji dítě formuje. Pokud je shoda mezi tím, co dítě pociťuje a mezi informacemi, které mu poskytují ti, kteří ho vychovávají a také jeho okolí, dítě má vynikající předpoklady k tomu, aby se u něj vyvinula dobrá vnímavost a citlivost.

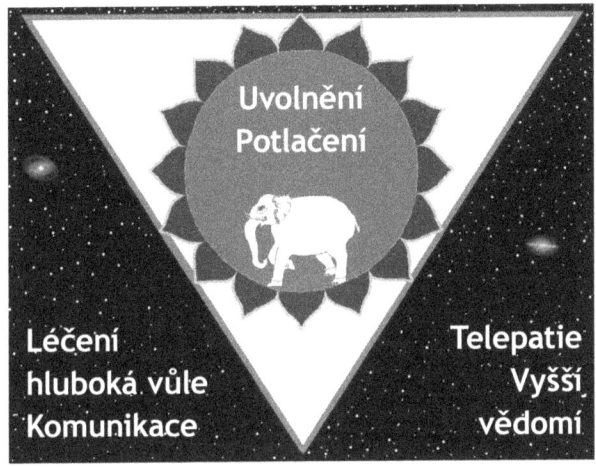

Krční čakra
a její archetypální symboly

Višuddha (čisté) je pojmenování pro krční čakru v sanskrtu. Je s ní spojeno šestnáct lotosových lupínků. Ilustrace uvádí i pojmy, které mají užší spojitost s krční čakrou. Geometrická ilustrace krční čakry zobrazuje trojúhelník, který stojí na svém hrotu a má základnu nahoře. Uprostřed tohoto trojúhelníku se nachází kruh.

Obrácený trojúhelník reprezentuje aspekt trojjedinosti z kosmické perspektivy, který rámuje psychicko - fyzickou jednotu člověka, symbolizovanou kruhem.

Představuje vyšší perspektivu vědomí spojeného s krční čakrou v rámci jejich kosmické souvislosti. Bílý slon na obrázku reprezentuje rovnováhu mezi pozemskou materiální realitou a duchovní realitou.

Element: zvuk

Element zvuku a lidský hlas jsou spojeny s krční čakrou. Element zvuku má blízko k éterickému elementu, který stvořil podle prastaré indické ságy Rishi - stejně jako ostatní elementy - vzduch, oheň, vodu a zem. Kreativní síla zvuku je z božího aspektu vyjádřená jako zvuk kosmu, sférická hudba či kosmický chór univerza.

Z pozemského hlediska je kreativní síla zvuku vyjádřená jako kostelní hudba, zpěv kostelního sboru, zvuk zvonů.

Zážitek zvuku odpovídá z energetického hlediska vyššímu vědomí v božím smyslu, kdy dochází ke spojení věcí a jevů z jejich kosmické a univerzální perspektivy. Pocit, že vše se nese ve smyslu jisté základní univerzální kosmické vibrace, která je mimo čas a prostor a proniká vším a všemi, je kosmického charakteru. Kreativní síla zvuku je vyjádřena i v Bibli - prostřednictvím slov v evangeliu podle Jana: "Na počátku bylo Slovo, to Slovo bylo u Boha a to Slovo bylo Bůh". Jeden z nejvýznamnějších mystiků a duchovních učitelů dvacátého století, George Ivanovitch Gurdjieff, podal své stanovisko k aspektu zvuku z vědeckého hlediska. Všechny formy vibrací vnímal jako trojjedinost, která sestává z vlny, pulsu a formy. Tyto tři základní principy pojímá jako fundamentální sílu a zákon, které existují v pozadí každého tvůrčího jevu. Řekl následující: "Existuje jeden zákon - zákon trojjedinosti. Je to zákon tří základních principů nebo tří prapříčin, vlny-pulsu-formy; je podstatné, že všechny fenomény - je jedno jakého stupně nebo v jakém světě nebo v jaké realitě existují, ať je to fenomén týkající se molekuly nebo kosmický fenomén - jsou kombinací těchto tří základních principů".

Švýcarský vědec, vynálezce a hudebník Hans Jenny (zemřel v roce 1972) byl zakladatelem Kymatiky - vědy o dopadu zvukových vln na fyzickou hmotu. Objevil, že zvukové vlny vytvářejí prostřednictvím svých vibrací ve fyzické hmotě jisté vzory a tvary. Když změnil frekvenci zvuku, změnily se i vzory a tvary fyzické hmoty. Z kosmického hlediska je božská vibrace nad nebo mimo všechny formy vibrace. Za hranicemi všech slov a představ je boží slovo přítomno v hloubi srdce každého člověka a tato boží podstata v sobě zároveň nese boží lásku a boží vůli. Z této podstaty vzešla modlitba a modlitby mají všechna náboženství světa. Všichni jsme součástí božího tvůrčího procesu, proto má každý z nás v sobě něco božského. Něco, co nám umožňuje dostat se do souladu s boží vůlí.

Pokud v náboženském smyslu věříme, že jsme tady na zemi na základě všudypřítomné boží vůle, naším největším smyslem života se stane žití v souladu s božím slovem a boží vůlí.

Lidé se po dlouhá staletí pokoušejí přes modlitby, meditaci a podobné praktiky dostat do souznění s nepopsatelným a transcendentním bodem uvnitř svých srdcí. Člověk možná i celý svůj život pracuje na tom, aby objevil v sobě ticho, to místo, ze kterého pramení a kde končí všechny zvuky.

Ticho je trancendentní meditativní stav, ve kterém spočívá mysl v nulovém neduálním stavu jednoty. Je to výchozí a zároveň konečný bod všech forem pohybu a vibrací.

Zvířecí symboly

bílý kůň a bílý slon

Výchozím bodem vyššího vědomí je krční čakra. Vyšší duchovní vědomí zde není podřízeno běžnému materiálně závislému vědomí vlastního já a je také silnější. Krční čakra je místem přechodu do jiného systému, k vyššímu aspektu hmoty a ducha.

Bílý slon a bílý kůň jsou symbolem rovnocenného vztahu mezi duchem a matérií.

V tomto místě je nemateriální spirituální zažívání reality stejně reálné jako materiální fyzická realita. Proto se slon zjevuje v poloze - vyjádřeno zvukově - o oktávu výše. Šedý slon kořenové čakry z běžné zvířecí říše se stává transparentním, je prosvětlený světlem a vědomím a proto se zjevuje ve formě symbolu jako bílý slon / bílý kůň.

V oblastech nad krční čakrou končí zvířecí symbolika a také její dualita. Ve vyšší formě vědomí obou horních čaker (čelní a korunní čakry) je dualita trancendovaná na jednotu.

Pozitivní stav krční čakry: uvolnění

Když může energie v krční čakře volně proudit a je vyvážená, působí uklidňujícím způsobem i na přilehlé oblasti. Pro udržení rovnováhy v krční čakře jsou zapotřebí tři věci:
1. Denně pracovat se svým tělem a zaměřit se na uvolňování možných nahromaděných emocí.
2. Vyjadřovat emoce prostřednictvím pocitů a vypouštět je ze svého nitra.
3. Denně si procházet svůj mentální systém, například prostřednictvím meditace.

Dosažení tohoto stavu vyžaduje určitý čas. Pokud se nám to však podaří, není složité si ho udržet. Vyžaduje to jen trochu sebekázně a cílevědomosti.

Negativní stav krční čakry: zadržování a potlačování

Většina lidí je do jisté míry neuvolněných. Neuvolněnost může pocházet ze dvou důvodů: buď je příčinou nějaký nevědomý pocitový mentální vytěšňovací mechanismus člověka a nebo člověk v sobě nosí svou neuvolněnou bolest a čelí jí. Člověk, který v sobě něco zadržuje a vytěšňuje, nese své břímě se svěšenými rameny a se skloněnou hlavou. Člověk, který přijme za sebe odpovědnost, nese své břímě se vztyčenou hlavou. Neuvolněný člověk bude vždy na vědomé či nevědomé bázi hledat uvolnění.

Smysl: sluch

S ušima a se sluchem se spojují dvě sekundární čakry - "levé a pravé ucho".

Jako první vyvinutý smysl v rámci prenatálního vývoje začne být sluch aktivní již v pátém měsíci. Dítě slyší hlas matky, puls srdce, šum krve proudící v žilách i zvuky v břiše a trávicím traktu své matky. Tyto zvuky se dostanou do mozku nenarozeného dítěte prostřednictvím vibrací tónů, které se šíří plodovou vodou směrem k zvukovodům dítěte a jeho mozek je následně přijímá. Zejména matčin hlas má na mozek dítěte stimulující účinek a tento účinek je rozhodujícím pro to, jak bude dítě později v životě komunikovat. Tuto souvislost objevil francouzský otorynolaryngologický specialista, chirurg a objevitel Alfred A. Tomatis. Učinil revoluční objevy a za posledních 50 let objevil nové zákonitosti o významu uší a sluchu. Naše schopnost komunikace tedy začíná již během nitroděložního vývoje.

Když zažijeme zvuky v souvislosti s určitými traumatickými událostmi, nastává blokace frekvence zvuku, který se nám k dané události váže. Tomatis vyvinul v souvislosti s tímto jevem muzikoterapii, prostřednictvím níž dosáhl vynikajících výsledků.

Čelní čakra
a její archetypální symboly

Ajna (panující) je pojmenování čelní čakry v sanskrtu. Křídla jsou symbolem transcendence, která je definitivně upřena směrem ke kosmickému vědomí. Křídla symbolizují definitivní trancendenci rozdílných duálních pólů. Lidský jazyk zde již na vyjádřování nestačí, protože jeho význam vychází z různorodé duality.

Element: světlo

Element světla se váže k čelní čakře. Pineální žláza uprostřed hlavy je jediný fyzický orgán, který obsahuje buňky citlivé na světlo. Lidské vědomí je symbolizováno světlem. Každý člověk je spjat s nějakou formou vyššího vědomí. Vyšší forma vědomí je vnitřní vyšší spirituální / kosmická komunita, která je symbolizována světlem světa, Ježíšem Kristem, Buddhou, Krišnou, Alláhem a jinými zakladateli náboženských systémů.

Člověku se v průběhu jednoho roku zdají obvykle jeden či dva sny z této vyšší oblasti vědomí. Takový sen, spojený s čelní čakrou, se bude zdát opravdovější, jakoby to byl bdělejší stav vědomí, než je běžný, každodenní stav bdělosti. Takové sny mají v sobě mnoho světla plného koncentrovaných informací, které je vizionářského a hluboce intuitivního charakteru. Formou takových informací se projevuje vyšší vědomí a formuje se tak běžné lidské vědomí, dokonce i na několik let dopředu. Čím je světlo silnější a jasnější, tím vyšší je forma vědomí.

Zvuk a čelní čakra

Zvuk spojený s čelní čakrou je staroindické OM, staré přibližně 12000 let. Tento zvuk se vyslovuje jako OOUU. Při správné artikulaci by mělo OM aktivovat světlo a vědomí. Proto by mělo být vyslovováno s obezřetností, zejména když člověk nemá mnohaleté poznatky o svém vlastním osobním rozvoji. OM se používá jak v Indii, tak v Tibetu a traduje se, že má velký duchovní vliv.

Zvířecí symboly

K čelní čakře se nevážou žádné zvířecí symboly.

Pozitivní stav čelní čakry: lehkost

Čelní čakra ovlivňuje celkovou mentální oblast. Světlo a jas v mentálních myšlenkových procesech vytvářejí v člověku, který disponuje tímto mentálním kontaktem, atmosféru lehkosti. U člověka, který neodděluje světlo a vědomí od svých vnitřních sfér, bude dominovat atmosféra světla a pro takového člověka bude příznačné vyzařování lehkosti. Pokud hovoříme o takové úrovni vědomí, vědomí je přímo spojeno s láskou. Proto v tomto případě nikdy není řeč o chladné formě lidského vědomí. Sjednocující cítění prostřednictvím kosmické lásky je motivací a hnací silou v rámci všeho poznání, které vnáší do vědomí světlo.

Negativní stav čelní čakry: duševní tíseň

Pokud je mysl ovlivňována vnitřními konflikty mezi vědomím a zadržovanými myšlenkami, emocemi a pocity, dochází uvnitř člověka k redukci jeho přirozené vrozené lehkosti. Tento stav vede k pocitu vnitřní přetíženosti, destruktivní tíži a ke stavům depresivního charakteru.

K čelní čakře se neváže žádná zvířecí symbolika, jejím symbolem je jednota, která přemosťuje boží aspekt prostřednictvím kosmické lásky, která proniká přes všechny sféry a má nezlomnou sílu.

Sny - Rozvoj osobnosti - Energetické pole

Funkce snů

Všichni disponujeme přirozeným vestavěným regulátorem, který vyvažuje náš vnitřní psychický život. Noční sny, denní sny a fantazie podléhají tomuto vnitřnímu vyvažujícímu regulátoru. Když si člověk nedovolí snít, jeho psychické hranice se jednou zhroutí.

Siegmund Freud a C.G. Jung nazývali noční sny královskou cestou do podvědomí člověka. Objevili, že sny často kompenzují realitu. Pokud je člověk během dne příliš dobrý a laskavý, jeho takzvané stinné stránky se objeví v nočních snech v podobě nepřátelských osob, které se pokoušejí se snícím člověkem navázat kontakt. A naopak, u téměř nesnesitelného, nepřátelského a odpuzujícího člověka se v jeho snech vynořují jemné stránky lidské povahy.

Sny se neustále pokoušejí vyvažovat naši psychiku i prostřednictvím takzvaných denních snů, fantazií a her.

Tento vnitřní regulátor má pro člověka velký význam. Když člověk náhle onemocní, bývá to často z důvodu, že tento vnitřní ozdravující regulátor se dostal do nějakého problému. Možná byl vnitřní regulátor roky ignorován a nepovšimnut a mohlo to trvat dlouhé období před tím, než nějaké konkrétní fyzické onemocnění u člověka propuklo. S pomocí poznání prastaré řeči snů může člověk v dnešní moderní době mnohem lépe čelit různým výzvám, které před něj život klade.

Sny a energetické pole

Sny jsou přímo spojeny s astrálním energetickým polem a proto mu i přísluší. Stav, ve kterém se běžně člověk během snění nachází, je astrální formou vědomí. Pro astrální formu vědomí je charakteristické, že hranice snícího člověka jsou těžko definovatelné, otevřenější a pružnější, než je tomu během jeho bdělého stavu vědomí.

V bdělém stavu vědomí jsou tyto hranice ostré, ohraničené a uzavřenější. Denní bdělý stav se od astrálního stavu vědomí odlišuje tím, že vědomí je naplněno mnohem větším množstvím jasu a světla. V astrálním stavu snění je ve vědomí méně světla a jasu. Když se nachází vědomí v procesu snění v rámci otevřeného astrálního stavu snění, tento stav mu umožňuje, aby docházelo k uvědomování si neuvědomělých a nepřiznaných aspektů osobnosti. Sny je možné přiřadit k různým vrstvám vědomí energetického pole, ale jejich východiskem je vždy astrální stav snění. Sny je možné přiřadit k éterické dimenzi, k nižší a vyšší astrální dimenzi, k mentální nebo k spirituální dimenzi.

Když se člověk seznámí se symbolickou řečí různých úrovní aurického vědomí, umožní mu to mnohem lepší orientaci v sobě samém a také v tom, jak nakládat se svým životem a časem.

Budu pojednávat o mnoha archetypální symbolech, které se vztahují k různým vrstvám energetického pole. Tyto symboly umožní čtenáři nahlédnout do oblasti, která hovoří o tom, jak noční sny korespondují s lidským energetickým polem. Není to ovšem detailní a hluboký náhled. Může však posloužit k probuzení vašeho dalšího zájmu, abyste si tuto oblast důkladněji a hlouběji prostudovali.

Mechanismus snů a tři dolní čakry

Osmdesát pět procent všech nočních snů se váže ke třem dolním čakrám - ke kořenové, sakrální a k čakře solar plexu. Cílem těchto snů je upozornit snícího člověka na jisté emocionální a sexuální postoje a podněty, které u něj nejsou ve vědomé rovině.

Je také důležité pochopit, že všechny aspekty a objekty, které ve snech potkáváme, jsou dílčími aspekty nás samotných. Mohou to být neuvědomělé nebo sexuální stránky a motivy naší osobnosti, osobnostní aspekty, s nimiž se nedokážeme identifikovat a které se k nám z tohoto důvodu dostávají blíže právě prostřednictvím mechanismu snů. Člověk má tendenci promítat pozitivní a negativní neuvědomělé osobnostní rysy na jiné lidi a vznikají tím problémy a výzvy, kterým je třeba čelit.

Tím, že tyto neuvědomělé osobnostní rysy se stanou pro člověka uvědomělými a integrovanými do jeho nitra, snový mechanismus bude od této úlohy osvobozen a uvolněná energie se přirozeně projeví ve větší kvalitě života člověka, a to na všech možných úrovních.

Práce se sny v souvislosti s osobním rozvojem

Práce se sny se týká tří velkých psychických oblastí. Největší a nejvýznamnější oblast je stín - neuvědomělé emoce, které vyvolávají v člověku afekt. Druhou velkou psychickou oblastí je anima a animus - ženská stránka v muži a mužská stránka v ženě. Třetí psychickou oblastí je vnitřní moudrost nebo vnitřní rádce.

C.G. Jung se domníval, že integrace stínu je spojena s osobním rozvojem a že tato integrace je pozorovatelná v rámci procesu rozvoje osobnosti člověka. Integrace animy a animu je manifestována jako mistrovství. Také je důležité si uvědomit, kolik zkušeností a jaký stupeň zralosti je zaboťřebí k možnosti integrace animy / anima. Když pochopíme, že prostřednictvím snů může náš osobní rozvoj pokročit a když budeme otevřeni integraci našich různých osobnostních stránek, občas se nám bude zdát takzvaný moudrý sen, který nám může poskytnout přímou radu z našeho nitra a takový sen se týká našeho osobního rozvoje.

Stín

Stín ve snu člověka je stejného pohlaví jako je sám snící. Nejčastěji se jedná o osobu, která dokáže uvést snícího do silného emocionálního stavu, do stavu afektu - například snící se může ocitnout ve stavu paniky, dělat něco nekontrolovatelného, něco naprosto iracionálního. Tato část osobnosti se nazývá stín, protože se nachází v temnotě a v nevědomí, a tím má moc dovést člověka do stavu emocionálního afektu.

Tuto nevědomou emocionální reakci lze přenést na konkrétní realitu. V životě člověka existují oblasti emocionálního a citového charakteru, kterým se v běžném každodenním životě vyhýbá, které zůstávají u něho nepovšimnuty, ke kterým se obrací zády. Mohou to být oblasti, na které se člověk v rámci reality dívá přes brýle strachu a emocí. V důsledku nevědomých emocí a strachu člověk nedokáže vidět jasně. To je aspekt, na který chce stín snící osobu během jejích nočních snů upozornit.

Pro člověka, který pracuje se svými stínovými stránkami, se otevírá úloha, aby se naučil tyto nekontrolovatelné a emoční stránky přijmout za své vlastní. Práce se stínem se zpravidla skládá z několika dílčích procesů, které lze v souvislosti se sny rozdělit na tři oblasti:

1. Sny o neznámé osobě stejného pohlaví jako je člověk, kterému se zdají. Tato osoba přivádí snícího do afektu bez jakéhokoliv vzájemného fyzického kontaktu. (Fyzický kontakt se stínem v rámci snu znamená, že ve své realitě má člověk výraznější kontakt a větší míru vědomí).
2. Známá osoba stejného pohlaví jako snící, mezi stínem a snícím dochází k fyzickému kontaktu. Tento střet často končí konfliktem, v jehož rámci stín a snící bojují, často je to boj na život a na smrt.
3. Snící a stín se stanou přáteli nebo stín se rozplyne uprostřed boje nebo vzájemné konfrontace se snícím, což znamená integraci a spolupráci.

Pokud má dojít k další práci v rámci osobního rozvoje, první část práce se stínem představuje uvědomění si impulsu strachu, který vedl ke vzniku afektu, a to jak v rámci snu, tak i v reálném životě člověka. Další krok v rámci této práce je konfrontace se stínem.

Konfrontace

V rámci práce se stínem se jedná o konfrontaci, namísto útěku a odvracení se od něho. Postoj, který člověk v realitě zaujímá, se bude odrážet v jeho snovém životě. Stínové sny pokaždé odrážejí míru kontaktu mezi snícím a jeho stínem. Čím větší je kontakt mezi snícím a stínem, o to výraznější je konfrontace se stínem v konkrétní realitě. Čím menší kontakt mezi snícím a stínem, o to menší konfrontace v realitě. Práce zaměřená na rozvoj osobnosti a vědomí, která se týká konfrontace se stínem v běžném životě, uvolní ve snovém mechanismu velké množství energie. Tato uvolněná energie se využije na to, aby došlo k integraci mezi snící osobou a stínem.

Integrace

Pokud si je snící člověk ve svém běžném životě vědom své vlastní emocionality stínového charakteru a také si je vědom toho, že může začít své dlouho nevědomé emoce mít pod kontrolou, začne se to odrážet i v jeho snech, kdy se stín začne smršťovat nebo se stane dobrým a pomáhajícím přítelem snícího. Pokud dojde k integraci snícího a stínu, ve významné míře dochází k uvolnění psychické energie, aby se snový mechanismus mohl zaměřit na hlubší vrstvy osobnosti snícího člověka.

Anima / animus - opačné pohlaví.

Sny o opačném pohlaví je možné rozdělit do několika stupňů rozvoje - do sexuálních snů nebo do snů o animě / animovi. Vnitřní ženou v muži je anima a vnitřním mužem u ženy je animus.

Sexuální sny a jejich funkce

Primární funkcí sexuálních snů je přivést do vědomí člověka nevědomé a ne plně akceptované sexuální podněty a sexuální tendence. Sexuální energie je součástí celkové energie člověka, která v sobě integruje jak osobní nevědomý aspekt, tak i kolektivní nevědomí. Právě proto se sexualita týká tolika oblastí a aspektů člověka. Je přímo spojena s fyzickým tělem a se všemi vrstvami vědomí energetického pole. Odpradávna, odkdy je člověk člověkem, je tato energie v neustálém pohybu a procesu transformace. Pokud je sexuální energie v člověku blokována nebo je bráněno jejímu přirozenému pohybu, ať už ve smyslu tabuizace, morálních příčin nebo ideálů, na nichž člověk ulpívá a zároveň má ve své hlubší podstatě sexuální podněty, odrazí se to v sexuálních snech nebo ve snech , které obsahují sexuální symboly.

Nevědomě potlačovaná sexuální energie se bude projevovat v jiných podobách. Boj člověka se sexualitou povede ke stupňování sexuality. Nakonec se stane sexualizovaným úplně vše.

Pokud má docházet ke skutečnému osobnostnímu a spirituálnímu růstu, sexuální energii je třeba v prvé řadě akceptovat bez jakýchkoliv předsudků v tak velké míře, jak je jen možné. Následně musí být tělo v co největší míře uvolněno od nahromaděné blokované sexuální energie ve svalstvu, a to tak, aby došlo k jeho celkovému uvolnění.

Sny se sexuálním kontextem slouží k tomu, aby přivedly do vědomí člověka vytěsňovanou, tabuizovanou nebo možná jen přehlíženou sexualitu. Tím, že sny pomáhají vnést sexualitu do vědomí, zároveň dostávají možnost orientovat se na hlubší vrstvy osobnosti člověka.

Všechny sny o opačném pohlaví patří k aspektu animy / anima. Mimochodem, vyplatí se vážně se zabývat jen jistými sny, které se týkají animy a anima. Pokud například potká muž ve snu ženu, jejíž vyzařování a celkový dojem z ní se liší od toho, co je příznačné pro realitu, poukazuje to na to, že muž má ve skutečnosti příznivý kontakt k ženskému aspektu ve svém nitru. Vnitřní ženský aspekt v muži nazval C.G. Jung anima. Vnitřního muže v ženě pojmenoval animus. Sny o animě a animovi jsou velmi intenzivní. Muž, kterému se zdá o animě, se bude vždy cítit nesmírně fascinován. Tyto druhy snů zanechávají v snícím člověku hluboký dojem, protože v jejich rámci se setkává snící s druhou polovinou své osobnosti. Stejnou intenzitu mají sny, v nichž se žena setkává se svým animem. Vnitřní muž je prapodstatným obrazem, který spočívá na pozadí reálného stavu zamilovanosti. Žena tak získá konkrétní obraz o prameni lásky ve svém nitru.

Pokud dochází v rámci takových snů k pohlavnímu styku, bude následovat devítiměsíční sekvence snů, která vyvrcholí snem o porodu nebo o znovuzrození – jedná se o plod ze střetu mužských a ženských energií.

Polarita je v souvislosti s animou a animem klíčovým pojmem. Existuje člověkem vytvořená polarita a přirozená komplementární polarita. Anima a animus jsou symboly přirozeně spolupracující komplementární polarity člověka, která se spojuje s jeho zdravým růstem.

Čím lépe je člověk schopen vyjádřit a akceptovat mužskou a ženskou stránku své osobnosti, tím více roste jako osobnost. Platí to jak pro muže, tak pro ženy. Každý růst a život sám vyvstává z přirozeně kooperující komplementární polarity. Pro spirituální růst je kontakt k animě a animovi nezbytný. Bez tohoto kontaktu nemůže dojít k žádnému hlubšímu spirituálnímu rozvoji člověka.

Moudrost - vnitřní rádce

Jeden z archetypů v souvislosti s animou / animem je vnitřní královská svatba, vnitřní boží svatba. Muž a žena mohou získat v rámci tohoto procesu rady od své vnitřní animy a vnitřního anima. Také není neobvyklé, že člověk potká moudrou bytost, která mu přímo poradí, jak se má postavit k jistým otázkám, které se týkají jeho osobnostního a spirituálního růstu. Primární funkcí moudrosti je poradit snícímu v rámci jeho osobnostního a spirituálního procesu rozvoje.

K takovým moudrým snům dochází na aurické rovině, když se začnou spirituální a astrální aura člověka vědomě k sobě přibližovat. Vypovídá to o tom, že člověk se začíná otevírat kontaktu s vyššími formami pocitů a se sférami, které mají vyšší náboženský charakter.

Když vstupují tyto sféry do mentálního pole člověka téměř slavnostním způsobem, během nočních snění začnou člověku zpravidla přicházet sny o moudrosti a o vnitřní radě. V takovém případě může mít snící zážitek, jako by se v astrálním poli nacházela nějaká bytost. Tento proces se proto nazývá vytváření si bytostí v astrálním poli. Vnitřní moudrost lze přivolat tím, že člověk se vyladí do slavnostní atmosféry, do povznášejícího pocitu. Moudrá bytost se však přirozeně objeví ve snu jen tehdy, když byly stín a anima / animus více či méně člověkem zpracované.

Výhoda vnitřních moudrých snů je jednoznačná. Člověk může prostřednictvím svých moudrých snů ve formě jednoho či více vnitřních rádců získávat přímé informace. Tito poradci se mohou na začátku tohoto procesu objevovat v moudrých snech člověka ve formě učitele či gurua nebo podobných bytostí. Později nahradí tyto vnější rádce osobní vnitřní rádce nebo člověk bude schopen zachytit přímou a telepatickou řeč svého vnitřního rádce.

V této souvislosti je důležité vědět následující: když je učitel nebo guru v přímém kontaktu s vlastní moudrostí nebo s vlastním spirituálním polem, zpětně se to odrazí v astrální snové dimenzi, a to tak, že případný žák tohoto učitele či gurua obdrží ve snu informace. Pokud je člověk takovým žákem a ani po delším období prokazování úcty vůči svému učiteli nebo guruovi nedostává přes snový kanál žádnou informaci, v takovém případě učitel nebo guru není s velkou pravděpodobností v kontaktu s jeho moudrostí nebo s jeho spirituálním polem.

Člověk by se přirozeně měl v souvislosti s tímto faktem přímo konfrontovat se svou možnou uzavřeností vůči moudru, a to zejména v souvislosti případného silného emočního traumatu či podobného zážitku, kdy dochází k tomu, že stínový mechanismus zavírá před moudrostí pomyslné přístupové dveře. Náš vnitřní rádce se spojuje také s naším takzvaným andělem strážným, a to na základě povznášejícího pocitu a světla, které jsou s těmito sny spojené. Když se člověk dostane do kontaktu s moudrostí poprvé, může se mu dostat přímé informace i v rámci jeho meditace.

Přímá rada v rámci meditace není ojedinělým jevem. Takový způsob rady má zpravidla spirituální cíl, který je buď etické povahy nebo se vztahuje na vyšší vědomí.

Aby se člověk dostal do sfér vyššího vědomí, musí mít buď svého učitele, který má přímý kontakt s vyššími stavy vědomí nebo mít svého vnitřního učitele, kterému jsou již sféry vyššího vědomí jeho vlastním vnitřním poznáním známé.

Auragramy a sny

Jes Bertelsen vyvinul techniku, která zobrazí energetické pole člověka v jeho symbolické formě. Tato technika je podrobně popsána v jeho knize "Sny, symboly čaker a meditace". Tato technika se nazývá "auragram". Kdyby někoho zajímalo vidět své energetické pole v symbolické formě, může si auragram vytvořit. Auragram je kresba na listu papíru, na kterém je naskicované fyzické tělo člověka.

V časovém období šesti měsíců člověk pečlivě zakresluje na papír různé silné symboly a barvy. Tyto symboly a barvy se zakreslují do oblasti naskicovaného lidského těla na základě toho, jak se dané snové symboly vztahují k čakrové systému. Po půl roce získá člověk výsledný auragram, který je zpětným odrazem toho, co se v symbolické rovině odehrává a co se odehrávalo v energetickém poli člověka.

Pokud by se zaznamenávání symbolů a barev na tělo a kolem něj jevilo jako problematické, zpočátku by bylo vhodné vyzkoušet si, zda dokáže člověk procítit, kterým tělesným oblastem dané symboly a sny přísluší. Je také vhodné seznámit se blíže s čakrami, archetypálními symboly čaker a také s geometrickými symboly, které k jednotlivým čakrám náleží. Člověk může takovýmto způsobem získat znalosti o tom, které oblasti dané symboly a barvy v souvislosti s jeho fyzickým tělem a sedmi primárními čakrami přísluší.

Kapitola 3
Astrální energetické pole

*Ilustrace zobrazuje astrální energetické pole (pocitové energetické pole),
které obklopuje fyzické tělo ve tvaru vajíčka a jeho vrstva
má tloušťku v průměru 30 cm.
Astrální pocitová aura je pohyblivé mnohobarevné energetické pole.
Je těžké vyobrazit ho v dvoudimenzionálním prostoru.
Astrální energetické pole se může na základě pocitových stavů
člověka rozpínat nebo smršťovat.
Tato kapitola obsahuje rozsáhlou část o barvách astrální energie,
protože poskytují přímou výpověď o tom, co se odehrává
v hlubších pocitech člověka.*

Funkce

Astrální energetické pole se nazývá pocitovým energetickým polem nebo i pocitovým tělem člověka. Je to ta část našeho vědomí, v níž jsou vyjádřeny všechny emoce, pocity a nálady člověka. Naše pocity a nálady nás obklopují ve formě atmosféry. Doslovně zabarvují to, co ze sebe člověk vyzařuje. Může to být například radost, láska, uvolněnost, napětí, nadšení, zklamání, nejistota, starosti, upřímnost, hněv a tak dále. Všechny tyto aspekty našeho naladění a vnitřního stavu lze vypozorovat z našeho energetického pole a nazýváme je astrálními barvami.

Vibrační rychlost pocitů je vyšší a jemnější než éterické vibrace a proto může ovlivnit éterické energetické pole pozitivním nebo negativním způsobem. Vždy podle toho, jakého charakteru je nálada, která v člověku převládá.

A naopak, prostřednictvím astrálního energetického pole si člověk vytváří kontakt s nějakou myšlenkou, pojmem, nápadem, vizí či intuicí. Všechny nižší a vyšší funkce vědomí mají emoční a pocitovou odezvu v astrálním energetickém poli.

První roky života
Těhotenství

Od 5.až 6. měsíce prenatálního vývoje lze u nenarozeného dítěte pozorovat impulsy pocitového charakteru. Disponuje snovou aktivitou a obdobími, kdy je fyzicky aktivní. Říká se, že kope.

Co se děje během jeho kopání, to je dosud zahaleno tajemstvím. Jedno je však jisté - nenarozené dítě reaguje na zvukové podněty přicházející zvnějšku.

Nikdy nezapomenu na příhodu, kdy jsem se svou kamarádkou, která byla v 7. měsíci těhotenství, navštívil promítání filmu v jednom planetáriu. Její dítě reagovalo vysloveně silně na velmi hluboké frekvence zvuku, které zněly z reproduktorů obrovské zvukové aparatury planetária. Jakmile se ozvaly hlubší tóniny, děťátko reagovalo energickým kopáním. Nakonec jsme z promítání odešli, protože mi bylo jasné, že děťátku kamarádky se hluboké frekvence zvuku vůbec nelíbily.

Nálada matky a její citový kontakt s jejím dítětem během těhotenství a po narození má rozhodující vliv na to, jak se bude dítě v pozdějším období citově a mentálně vyvíjet.

Narození

Pohled na astrální energetické pole novorozence je fascinující. I když absolvoval novorozenec velmi dramatický zážitek - své narození, astrální aura není tímto dramatickým zážitkem nijak zvlášť ovlivněna. Většina novorozenců má ve svém astrálním energetickém poli bílou barvu, která odráží výjimečnou citovou čistotu.

Při prvním nádechu nastane v astrálním energetickém poli barevná změna, protože éterické energetické pole se poprvé aktivuje funkcí dechu. Do éterické aury dítěte proudí životní energie během těhotenství od matky přes pupeční šňůru. Jakmile začne dítě samostatně dýchat, nastává i vlastní samostatný přísun životní energie prostřednictvím dechu. Při prvním nádechu dítěte lze u běžných novorozenců pozorovat proudění dvou či tří barev ze spirituální vrstvy aury, která proniká mentální a astrální aurou a z těchto vrstev proudí do srdeční čakry dítěte.

Toto proudění spirituální energie ve formě vysokofrekvenčních vibrací vědomí zabarvuje vyšší astrální auru děťátka a dané barvy v sobě nesou kvality, které si dítě přináší ze svých minulých životů.

Tyto barvy poskytují dítěti pevný bod a vyšší smysl jeho bytí a předurčují i to, nakolik se bude cítit "doma" v rámci všeho nového, co se sním a kolem něj děje. Fyzický kontakt s matkou má v daném okamžiku velký význam. Je důležité, aby mohlo být děťátko co nejrychleji po porodu položené na břicho matky, dřív než bude jeho pupeční šňůra prostřižená.

Matka je pro novorozené dítě zdrojem jistoty a pevným bodem v rámci jeho fyzického bytí a bylo tomu tak i během celého těhotenství, čili období jeho nitroděložního vývoje. Nový vnitřní kontakt dítěte s jeho vlastními spirituálními kvalitami nebo zpětné rozpomenutí se na ně je jeho duchovním pevným bodem. Nutná syntéza, důvěra a integrace mezi fyzickou a psychickou lidskou stránkou nastává v rámci tohoto raného období prostřednictvím kontaktu s matkou. Základními a životně důležitými potřebami a situacemi, jako jsou kojení, tělesná hygiena, přebalování a péče o děťátko, se v něm buduje akceptace jeho vlastního nitra a vede to k vytváření přirozené syntézy mezi fyzickým a duševním aspektem člověka jako takového.

Syntéza mezi duchovní podstatou dítěte a péčí ze strany matky je nezbytná pro to, aby se v dítěti rozvinula důvěra v jeho vlastní sebevědomí. Prostřednictvím svého sebevědomí pořízeného v dětství si člověk v dospělosti rozvíjí své spirituální kvality. Přirozený kontakt dítěte s matkou na fyzické úrovni, i jeho vnitřní spirituální napojení na své vrozené kvality, vytváří v dítěti základ pro jeho budoucí přirozený kontakt se svou vlastní hlubší identitou, která je jak fyzického, tak i spirituálního charakteru.

Období po narození

Osobně považuji za velmi důležité, aby byl prozkoumán a objasněn stav vědomí, ve kterém se nachází novorozenec do prvního roku svého života. V našem moderním světě by měl existovat obor, který by se věnoval výhradně zkoumání vědomí malých dětí, protože poznatky z této oblasti by nám mohly poskytnout významný doplněk k odpovědi na otázku, co a kdo my lidé vlastně jsme.

Při svém "pozorování" dětí zažívám, že se nacházejí v jistém druhu stavu jednoty, v jehož rámci se vědomě nechtějí odlišovat od svého okolí. Cítí se být zajedno se svou matkou, otcem, se svým okolím. Člověk by si mohl položit otázku, proč se děti rodí s touto velmi vysokou formou vědomí. Co je příčinou? Dítě neví nic o tomto vysokém stavu vědomí.

Dítě nemá žádné vědomí o svém vlastním stavu vědomí. Dítě jen prostě je. Podle mého mínění dítě disponuje jistou formou vyššího vědomí, ovšem bez vědomí "já", což je evolučně a elementárně nezbytné pro schopnost orientovat se ve fyzickém životě. Jediný způsob, jak odhalit, co dítě zažívá, je dostat se do podobného stavu vědomí v jakém je ono samo. Tento stav je, jak již bylo zmíněno, stavem jednoty, ve kterém jsou subjekt a objekt zčásti slité v jedno, tak jak to můžeme zažívat ve vyšších stavech vědomí.

Většina lidí má zkušenost s tím, že se již někdy hluboko podívali do očí maličkého dítěte. Malé dítě se dívá na lidi bez předsudků. Něco v jeho pohledu se konfrontuje s člověkem jako celkem a i když člověk není příliš citlivý, jednoznačně ho takový moment jejich vzájemného střetu pohledů hluboko zasáhne.

Stav jednoty v dítěti vyvolává v dospělém člověku rezonanci a na vědomé a nevědomé rovině vyvolává tento střet dvou forem vědomí u dospělého člověka hluboké pocity, které lze nejlépe vyjádřit slovem láska.

Když pociťuje dospělý člověk při takovém střetu strach, je to proto, že dítě si uvědomuje skryté části vědomí svého dospělého protějšku, části, které jsou buď vytěsňovány nebo zatlačeny do nevědomí. Vědomí dospělého člověka začne tyto skryté části tušit a popadne ho strach. Tento strach se může z dospělého přenést na dítě a to začne plakat. Dítě projeví neprojevenou bolest dospělého ze ztráty nebo oddělení některých částí jeho vědomí. Čistá mysl dítěte a jeho jednotné vědomí dokáží být jako katalyzátor, který odhalí dospělému jeho roztříštěnou mysl.

Univerzální jazyk lásky

Stav jednoty vědomí přináší univerzální neverbální formu jazyka telepatického charakteru, jehož základní vibrací je láska. Malé dítě se nachází v této základní vibraci lásky, která mu znemožňuje, aby se z této jednoty vymanilo. Do této jednoty patří matka, otec, sourozenci, rostlinstvo, zvířata, zem, slunce, celý vesmír. Kdo procítil takový jev, jakým je například západ slunce, a alespoň na krátký moment splynul s přírodou, ten si dokáže představit, co je to stav jednoty.

Malé dítě se v nejranějším období svého bytí neustále nachází v tomto stavu jednoty.

Odloučení

Na malém místě na horní přední části hlavy (reflektor) lze rozpoznat přímý energetický kontakt dítěte s jeho spirituální aurou, který poskytuje dítěti pocit jednoty. Tento kontakt lze jasně pozorovat těsně po narození dítěte. Kontakt se postupně zužuje tím, že fontanela se u dítěte postupně uzavírá - lebka srůstá. Neznamená to však, že dítě ztrácí svůj spirituální kontakt, jen to, že ten je menší, což je nezbytné pro přežití dítěte ve fyzickém světě. Další přirozený rozvoj vědomí dítěte vychází z toho, že dítě se naučí oddělit se od této jednoty.

Dítě začne přirozeně zaměřovat svou pozornost stále více na fyzický svět. Začíná zaměřovat svou pozornost na části svého těla, na osoby ve svém bezprostředním okolí a objevuje rozdíl mezi subjektem a objektem. Tuto přirozenou snahu o jasnost a vědomí například u novorozených savců ze zvířecí říše nenacházíme. Tato schopnost je vlastní pouze člověku.

Když dosáhne dítě věku dva a půl až tří let, umění oddělení se z jednoty má již osvojené a dostalo se mu ho přirozeně od jeho rodičů a bezprostředního okolí. Teď už dokáže prostřednictvím řeči, kterou si začalo osvojovat, říci: "Prosím mléko". Umí samo od sebe říct "já" a tím dokáže odlišit subjekt od objektu. Tato slabá forma vědomí "já" je jako paprsek světla, který se zrodil ve stavu jednoty a naakumuloval se ve vědomí dítěte. "Já" dítěte je jako křehké semínko, které musí být chráněné a zalévané, které potřebuje teplo, světlo a péči v dostatečné míře, aby mohlo růst a sílit. Funkce "já" se vztahuje na tři dolní čakry: na kořenovou, sakrální čakru a čakru solar plexu.

Další růst "já"

Další růst "já" dítěte se odehrává v určitých fázích, v takzvaných sedmiletých obdobích vyjádřených lety: 0 - 7- 14- 21- 28- 35- 42- 49. Po 49 letech nastává pomalé upadání "já", které ve skutečnosti začíná čistě fyzicky již v 25. roce života člověka, ale po psychické stránce je to až v 49. roce života. Zmíněná sedmiletá období jsou velmi individuální. Někteří lidé je předběhnou, někteří mají pomalejší tempo. Pokud má nastat na úrovni vědomí našeho "já" kvalitativní změna, zpravidla se tak musí odehrát před nebo kolem 49. roku našeho života.

Vyšší astrální energetické pole

*Ilustrace znázorňuje hranici mezi nižším a vyšším astrálním energetickým polem.
Nižší astrální pole se nachází pod plochou vyplněnou šikmými čarami, vyšší astrální pole nad ní.
Plocha vyplněná šikmými čarami je oblastí, v níž se objevují vyšší i nižší astrální impulsy.*

Funkce

Vyšší astrální energetické pole zprostředkovává člověku mimo jiné i emocionální kontakt s jeho hlubší podstatou a jeho vědomím i s jeho vyššími citovými sférami, jako jsou láska, hluboká skutečná radost ze života, smysl pro péči, náboženské cítění, vztah k přírodě a univerzu jako takovému. Charakteristikou lidské duše by mohla být právě tato vyšší astrální oblast. Zmiňované pocity nám umožňují vytvořit si naše vlastní individuální propojení se světem, přírodou a kulturou a jsou těmi nejlepšími vrozenými nástroji, kterou jsou nám jako lidem k dispozici, abychom si mohli v energetickém poli vytvořit harmonii mezi různými vrstvami našeho vědomí.

Výše zmíněné hluboké a životní pocity vytvářejí - nejčastěji na nevědomé rovině

- základ pro to, v co dokážeme věřit. Může to být láska k druhému člověku, odevzdání se nějakému ideálu a víra v něj atd.

Vyšší astrální dimenze se přirozeně spojuje s anděly a vlídnými bytostmi, zatímco nižší astrální dimenze se často spojuje s démonickým, s ďáblem a zlými duchy. Toto vše jsou však samozřejmě projekce pozitivních a negativních vlastností člověka, v rámci kterých se negativní vlastnosti promítají do nižšího astrálního pole a pozitivní vlastnosti do vyššího astrálního pole, a to je přirozeně jen iluzorní.

Pro člověka je důležité, aby si byl vědom vyšších astrálních pocitů. Tyto pocity se často spojují s pojmem tzv. dětské víry. Dětská víra, o které zde hovoříme, nemá nic společného s naivními představami dítěte. Hovoříme zde o některých a několika elementárních specifických pocitech, které provázely člověka od jeho nejranějšího dětství a ty mohou být tím pádem pociťovány a vnímány jako nadčasové.

Člověk, který si vytvořil a procítil k jednomu člověku nebo více lidem vyšší city, dokáže mít jasnější náhled do své hlubší osobní víry.

Pokud věří člověk v něco, co není v souladu s těmito vyššími astrálními pocity, ve svém nitru pocítí jistou formu hluboké frustrace, protože si neváží svých hlubokých pocitů a citů, které jsou v něm přítomny od nejranějšího období jeho dětství.

Tento aspekt dokáže ovlivnit jeho vnitřní sebevědomí, jeho vnímání autorit a takový člověk může zažívat ve svém životě problémy s autoritami.

Z tohoto důvodu je pro každého člověka důležité najít si cestu k těmto hlubokým pocitům, aby dokázal najít svou hlubokou a skutečnou víru. Je to totiž základní pravidlo osobního rozvoje každého člověka - aby se držel své hluboké osobní podstaty a svého sebevědomí.

Pokud se v Bibli píše, že člověk si má postavit svůj příbytek na skále, může to podle mě v přeneseném významu znamenat, že člověk by měl stavět svou víru na těchto autentických a osobních hlubokých pocitech. Tehdy člověk najde to, v co skutečně věří, bez zásahu svých rodičů, společnosti, náboženství. Najde svou vrozenou vnitřní víru nebo spiritualitu.

Rozvoj a zjemňování vyššího astrálního cítění vychází vždy z vlastní hluboké víry člověka a ze spirituální dimenze a tím tedy vychází i z vrozené spirituality člověka.

Nižší astrální aura

Instinktivní emocionální síla

Z hlediska vyšší perspektivy vědomí pojmy jako "vyšší" a "nižší" neexistují. Tento druh pohledu se váže k našemu běžnému, každodennímu, bdělém stavu vědomí, které často reaguje podle toho, co se nám líbí a co nelíbí. Tato zvláštní část našeho vědomí je spjata s čakrou solar plexu a váže se ke schopnosti vědomí učinit rozhodnutí na základě pocitu sympatie nebo antipatie.

Tato část vědomí je často spojena se zvířecími instinkty. Člověk využíval své zvířecí instinkty po staletí, aby dokázal přežít. Zvířecí instinkty jsou součástí celkového lidského instinktu přežití.

Všechny tyto takzvané nižší instinkty jsou však ve své podstatě zdravé a jsou součástí přirozeného rozvoje člověka.

U normálních dětí, kterým se dostalo příležitosti pro rozumný, normální růst, jsou všechny tyto zdravé instinkty akceptovány a zůstaly neporušeny. Rodiče vědomě či nevědomě předávají svým dětem svou psychickou slabost a sílu. Děti kopírují psychiku svých rodičů.

Toto je pro přežití dítěte nezbytné a dítě má nejčastěji jako bezprostřední příklad jenom své rodiče. Pokud disponují rodiče dítěte dostatečnou rovnováhou v rámci svých tří nižších čaker, tento aspekt automaticky přechází na dítě.

Proto jsou vědomí a poznání toho, co reprezentují instinkty z pocitové, archetypální a psychologické stránky a jak je člověk správným směrem a správným způsobem rozvíjí nutností pro to, abychom pozdvihli v duchovním smyslu své vlastní životy a životy našich blízkých lidí. Abychom úspěšně transformovali naši takzvanou nižší podstatu, je třeba, abychom se nejprve naučili akceptovat ji a projevit ji svobodně a s lehkostí, beze strachu, abychom ji nakonec dál transformovali a uvolnili ji.

Moderní člověk běžně nemá ve srovnání s přírodními národy a jejich příslušníky s těmito instinkty žádný přirozený hluboký kontakt. Se zvířecím instinktem je možné vytvořit si kontakt kromě jiného i prostřednictvím nočního snění, v jehož rámci se nám zjevují zvířata.

Když jsou přirozené instinkty potlačovány, přehnaně vyžity nebo se vymykají ze své přirozené rovnováhy, pokoušejí se vnitřně obnovit svou přirozenou rovnováhu.

Tyto formy kompenzace se dějí u většiny lidí každou noc během snění, týká se to především lidí, kteří nemají žádný kontakt s přírodou.

Pokud není tento kompenzační proces prostřednictvím nočního snění uvědomen a člověk na něj nebere ohled, výsledkem je frustrace a neurotický charakter instinktivních mechanismů pro přežití. Pro uvědomění si tohoto procesu mohou být nápomocné různorodé terapie, formy masáží a metody osobnostního rozvoje. Ty mohou napomoci tomu, aby daný proces pronikl z nevědomí člověka do jeho vědomí.

Pokud se dostanou zvířecí instinkty mimo svou rovnováhu, většinou se stávají nekontrolovatelnými a nevypočitatelnými. V tomto frustrujícím stavu se velmi často začnou uvolňovat všechna trápení světa, ať už je to ve formě válek, tragédií, hněvu, bezmezné touhy, přehnaného egoismu, touhy po moci, závisti, chtivosti, povrchnosti, pomluv, manipulace nebo různorodých chorob.

Nižší vrstva lidské podstaty se váže k instinktům a k emocionálnímu projevu tří spodních čaker. Pokud není instinktivní emocionální projev člověka příliš uvědomen, často se stává nedostupným pro přirozenou kontrolu. Úsilí o nastolení této přirozené kontroly se bude vždy projevovat snahou o uvědomování si těchto emočních aspektů člověka. Naznačuje to zákonitost, že pokud si člověk nedokáže uvědomovat svou instinktivní emocionální stránku prostřednictvím běžného myšlenkového procesu, musí se to dít přes temnější stínové stránky člověka.

Tyto stínové stránky spočívají na emočních a myšlenkových vytěsňovacích mechanismech a často v sobě nesou stopu po utrpení. Vnitřní neuvědomělé utrpení se stává hmatatelným přes užší mezilidské vztahy, které takový člověk v životě měl nebo je udržuje.

Nižší lidskou podstatu se pokoušíme hluboce pochopit již asi sto let. Pojem "stín", používaný v hlubinné psychologii, by měl být skutečně chápán hlouběji, aby se nám podařilo dosáhnout relativně přirozené kontroly nad naší instinktivní emocionální stránkou.

Nižší lidská podstata a čakry

Nižší podstata člověka je spjata s instinkty, které se vážou ke třem spodním čakrám. Tyto instinkty mají emocionální charakter, který má mimo jiné co do činění s následujícími aspekty:

1. Instinkty, které se vážou ke kořenové čakře: instinkt přežití, teritorialita (národnost, rod, původ). Všechny současné války a války, které se odehrály v minulosti, malé i velké, jsou a byly většinou válkami o území a země - je to něco, co spojuje lidi se zvířaty. Pokud dochází v souvislosti s instinkty spojenými s kořenovou čakrou ke stavu frustrace a ty se dostanou mimo kontrolu člověka, často se stávají příčinou konfliktů válečného charakteru a hlavním tématem těchto sporů bývá otázka, kdo má větší právo na to které teritorium, kdo vlastnil dané území dříve atd..
2. Instinkty, které se vážou k sakrální čakře: sexuální síla, která se projevuje v sexuální touze a v předávání genů a také ve způsobu přirozeného vyjádření sexuálních instinktů. Lidské chování v oblasti sexuality je řízeno naší instinktivní podstatou, která nás také spojuje se zvířecí říší. V této oblasti proběhlo mnoho výzkumů a nejnovější poznatky poukazují na skutečnost, že každá desátá žena, přestože žije v trvalém vztahu, otěhotní s jiným mužem, než je její stálý partner. Odborníkům v této oblasti se otevírá skutečnost, že sexuální instinkt je silnější než se původně předpokládalo a příčinou takového jednání je i snaha po dosažení té nejlepší možné genetické kombinace. Tento instinkt je také spojen s přežitím. Právě proto se mnohem více žen, než se původně předpokládalo, řídí ve svém sexuálním chování právě tímto instinktem. Přirozeně, v souvislosti s nevěrou můžeme moralizovat se zdviženým prstem, ale jak můžeme vlastně vědět, co je a co není přirozené? Přehnané nebo potlačované sexuální chování, mocenský boj a problematika odmítání také patří k projevům nerovnováhy v souvislosti se sakrální čakrou. Po instinktu přežití - v souvislosti s teritoriem a životním prostorem - který je spjatý s kořenovou čakrou, příčinou největších konfliktů a válek v dějinách světa je právě sexuální instinkt.
3. Instinkt moci, který se projevuje tím, že se snažíme získat co největší míru moci nad naším vlastním životem, se váže k čakře solar plexu.
   Instinkt moci se bude vždy snažit eliminovat stav bezmoci, a to v souvislosti jak s rodinným prostředím, tak i ve smyslu národního a globálního aspektu. Aby se mohl instinkt moci rozvíjet ve zdravé míře, tři spodní čakry musí být do jisté míry vyvážené. Pokud se dostanou tři spodní čakry mimo rovnováhu - v osobním či celospolečenském smyslu, dochází k uplatňování moci vůči jiným lidem nebo národům.

Rozdíl mezi emocemi a pocity

Slovo emoce má v alternativním světě často negativní atribut, čemuž mnozí nezasvěcení ne vždy rozumějí. Emoce nenesou v sobě samy o sobě nic negativního, jsou součástí reality, v níž všichni žijeme. Jsou součástí našeho života a dodávají mu náboj a svou existencí nám poskytují cenný materiál k našemu poučení.

Slovo emoce se používá v souvislosti s těmi pociťovanými vjemy, které se vážou k čakře solar plexu - například je to hněv, strach, starost, sympatie, radost, podrážděnost, nadšení, čerstvá zamilovanost, zklamání, bezmocnost, odmítnutí, projev smíchu atd. Rozhodující pro to, zda má emoce pozitivní nebo negativní vliv na naše vědomí a energetické pole, je způsob, jakým je emoce vyjádřena. Vyvážená čakra solar plexu je projevem emocionální rovnováhy, která se projevuje v přímém a upřímném projevování emocí. Když pociťuje člověk starost, hněv, nadšení, radost atd., projev těchto emocí je přímý - například prostřednictvím slz, zdravého přiměřeného rozhořčení, návalů radosti atd. Pokud jsou emoce vyjádřeny takovým způsobem, jejich projev v sobě nese nasměrování na oblast našeho srdce a hrudní oblast, kde se dostávají do kontaktu s vyšším astrálním polem a s hlubšími pocity.

Pokud však emocionální astrální systém není vyvážený, příčina spočívá v vytěsňovaných, zadržovaných, křečovitých a blokovaných emocích a pocitech, které jsou usazeny v astrálním systému ve formě nahromaděných a explozivních energií. Pokud je takový negativní druh emocí nahromaděný v přehnaném množství, může docházet k jejich explozivnímu a nekontrolovanému projevu, který je často škodlivý pro osobu samotnou a pro její blízké.

Zadržované emoce se mohou projevovat i v nepříjemných, těžkých, ponurých a tíživých náladách, které se až příliš často zabydlují v mezilidských vztazích. Může se to projevovat v neuvolněném naladění člověka na jeho pracovišti, v rodinném kruhu, v partnerském vztahu a to vede k narušování pozitivního naladění v těchto oblastech. Z dlouhodobého hlediska mají takové emoce škodlivý účinek na zdraví člověka. Pokud se tedy v alternativním světě používá slovo "emocionální", děje se tak zejména v souvislosti s posledně uvedenými druhy emocí.

Slovo pocit, cit slouží k pojmenování hlubokých pocitů a citů jako je láska, soucit, hluboká radost, trpělivost, věrnost, ohleduplnost, přátelské naladění atd. Skutečné hluboké pocity a city jsou spojeny se srdeční čakrou a s vyšším astrálním polem člověka.

Nejsme zvyklí rozlišovat mezi emocemi a pocity. V souvislosti s energetickým polem je však tento rozdíl jasně rozpoznatelný, zvláště když jsou emoce potlačovány. Při pozorování energetického pole člověka v souvislosti s potlačenými emocemi můžeme pozorovat, jak potlačovaná subtilní emocionální energie zabarvuje astrální a mentální energetické pole. Toto emocionální zabarvení nebo vliv na astrální a mentální auru zabraňuje přísunu životní energie do éterického energetického pole člověka, takže vitálním orgánům fyzického těla se nedostává potřebného množství životní energie. Týká se to především vitálních orgánů, které jsou spojeny s oblastí solar plexu, jako jsou játra, žlučník, žaludek, slezina, slinivka a střevní trakt.

Pocity ovlivňují celé energetické pole a fyzické tělo v pozitivním smyslu. Charakteristické pro upřímně vyjádřené pocity je, že nastolují celistvost a vzájemnou kooperaci mezi všemi vrstvami energetického pole a fyzického těla. Z aurického aspektu vytvářejí celistvého člověka; vytěsňované a blokované emoce mají právě rozdělující, izolující efekt. Blokují vyšší oblasti energetického pole. Z aurického hlediska vyvstává pro člověka na základě těchto skutečností jasná úloha: Jak může transformovat emoce na pocity?

Pocity a růst versus emoce a stagnace

Z hlediska osobního rozvoje člověka následkem jeho jednostranné identifikace s emocemi - jako jsou strach, hněv, žárlivost, majetnictví, sebelítost, starost atd. nedochází k žádnému jeho růstu, pokroku. Vede to ke stagnaci, protože taková emoční identifikace se neustále opakuje. Točí se dokola. Člověk dokáže opakovat svůj emoční vzorec po celý svůj život.

Skutečné pocity a city jako láska, upřímný soucit, hluboká radost, uvědomění si sebe samého a sebeakceptace představují pohyb vpřed a růst v rámci celé osobnosti člověka. Prostřednictvím pocitů a citů se učíme vážit si sebe samých a jiných lidí. Rozdíl mezi blokovanými emocemi a skutečnými pocity je jasně definovatelný prostřednictvím toho, že si vážíme života jako takového přes všechny procesy, které jsou s ním spojeny. Blokované a stagnující emoce způsobují stagnaci v souvislosti s pokrokem v životě a s ním spojeným přirozeným růstem.

Pro člověka je složitější vážit si života, sebe samého a jiných lidí, když se v jeho životě děje to, co bylo popsáno výše.

Pokud jsou emoce v životních situacích, které je vyvolávají, projevené upřímně a způsobem, že člověk nebo lidé, vůči kterému nebo kterým je projevujeme jsou námi respektováni a nevnímáme je jako nepřátele, emoce se budou samy od sebe poutat na srdce a hrudní oblast a přeměňovat se na pocity. Toto je způsob jakým projevují své emoce malé děti. Pokud jsou smutné nebo se zlobí, ihned to dají najevo. Jejich spontánní způsob projevování se je právě to, co máme na nich tak rádi.

Pokud je však dítěti zabráněno přirozeně se emocionálně projevit, postupně se mění jeho schopnost přeměňovat emoce na pocity. Nakonec se děje to, že emoce jsou nepřímo projevované vypočítavým způsobem a dítě chce prostřednictvím způsobu, jakým své emoce projevuje, něčeho konkrétního dosáhnout. Takto se postupně, krok za krokem, ztrácí i spontánnost jeho projevu.

Tento způsob projevování emocí vylučuje možnost jejich transformace na pocity, protože motiv projevu dítěte je veden nevědomým strachem, který spočívá kdesi v pozadí.
Takový způsob projevu není svobodný. Způsob, jak se svobodně emocionálně projevit, je zadržován a vytěsňován nevědomými emocionálními vazbami, což se u člověka nepříznivě projevuje na sebejistotě, sebevědomí, vědomí si vlastní hodnoty a víře v sebe samého. Vede to ke konfrontaci s vlastní nedůvěrou, pocitem méněcennosti, což vede k projevování kompenzující nadřazenosti a nedůvěře vůči ostatním lidem a světu jako takovému.

Transformace emocí

Transformace emocí směrem k srdeční čakře vyžaduje, aby se člověk naučil vážit si sebe, ostatní lidi, přírody a života. Člověk nemůže milovat jiné dříve než se naučí milovat sám sebe. Dokud si neváží sám sebe, nemůže si vážit ani ostatních. Pokud chce být člověk někým milován, ve skutečnosti se musí nejprve naučit milovat sebe samého.

Je třeba odhalit příčinu vytěsňovaných, křečovitých a zablokovaných emocí. Tato příčina musí být znovu prožitá a zejména procítěná. Děje se tak na základě určité terapie. Následně je nutné, aby se posílila přímá spojitost mezi emocí a jejími projevy - trénováním projevovat emoce upřímně, když je člověk prožije. Upřímně znamená, že se člověk skutečně naučí procitovat co se v jeho nitru odehrává dříve, než nějakou emoci projeví navenek.

Když jsou emoce potlačovány již od dětství, člověk se naučí je projevovat na základě negativního vzorce, který není ve své podstatě upřímný. Strach, který se váže k volnému projevování emocí, může být autonomního charakteru a může se vázat na autonomní nervový systém. Proto musí být verbální projev očištěn od nánosů a od destruktivního chování, na které si člověk zvykl.

Pokud člověk pociťuje například žárlivost, má tendenci obviňovat jednoho nebo druhého člověka, který ji vyvolal a to není fér.

Pokud jsou emoce projevované tímto způsobem, člověk je neupřímný. Klame sám sebe a toho, kdo žárlivost vyvolal. V případě takových negativních emocionálních vzorců je třeba naučit se emoci procítit dříve, než ji člověk projeví. Je třeba osvojit si projevení emoce tak upřímně a tak precizně, jak je to jen možné, například způsobem: "žárlím a mám strach, že tě ztratím".

Toto platí pro všechny typy emocí. Při emoci bezmoci reaguje člověk často agresivním způsobem, místo aby vyjádřil, jaký pocit v něm vlastně přetrvává. Ve skutečnosti cítí člověk v takovém případě velkou obavu a neschopnost jakkoli jednat, ale reaguje agresívně. Pokud je schopen uvědomit si tyto formy svého projevu, může to představovat začátek transformace jeho nevyvážených emocí.

Pokud je emoce projevená upřímným způsobem, výsledkem bude zcela odlišná reakce v energetickém poli. V takovém případě se člověk projevuje upřímně, což posiluje jeho životní energii v éterickém energetickém poli. Viz např. část o vrstvě pravdy. Prostřednictvím upřímného vyjadřování si člověk vytvoří průchod k vyšším čakrám, ke svému vyššímu astrálního poli, ke svému vyššímu mentálnímu a spirituálnímu poli. Je velkým vítězstvím, pokud se člověk naučí vyjadřovat emoce upřímně a přímo. Pro lepší názornost může posloužit energetický obraz nevyváženého emocionálního projevu a vyváženého emocionálního projevu.

Emocionální transformační pohyb v energetickém poli lze vytvořit, až když jsou emoce projevované upřímně a s ohledem na naše bližní.

Pokud se nám to podaří, pomalu, ale jistě získáme živnou půdu pro emocionální transformaci. Tehdy se emocionální energie začne pohybovat směrem k srdeční čakře. Člověk zakusí větší respekt vůči sobě samému a tím i větší míru ocenění sebe samého a svého okolí, protože se bude projevovat co se týká emocí upřímně.

Člověk začne mít sám sebe rád, začne být sám se sebou spokojený.

Tento proces vytvoří rovnováhu mezi všemi vrstvami vědomí energetického pole. To znamená, že takový jedinec začne pociťovat důvěru a víru v sebe samého a zvýší se vnímání jeho vlastní hodnoty, což povede k důvěře a víře v ostatní lidi, ve společnost, přírodu a v univerzum.

Význam následování pravého pocitu

Pokud má člověk z něčeho skutečně silný pocit, měl by jej následovat. Pokud je to pocit a ne emoce - což je důležité odlišit - měl by tento pocit následovat, bez ohledu na to, co tento pocit od něj požaduje. Spirituální růst spočívá v tom, že pocity se stávají dodatečnou součástí projevu člověka. Je to jediný reálný způsob, jak se naučit poznat sám sebe a svou hlubší vnitřní individualitu. Je to jediná skutečná cesta, jak být sám sebou v souvislosti se svým jednáním, v postojích vůči jiným lidem, ve vztahu k zemi a univerzu.

Sympatie a antipatie

Většina lidí určitě zakusila pocit, že někteří lidé se jim "zamlouvají" víc než jiní, i když s danou osobou nikdy nemluvili a nikdy s ní nepřišli do přímého kontaktu. Tento aspekt se váže k astrálnímu energetickému poli a k čakře solar plexu a nazývá se sympatií nebo antipatií.

Tento zvláštní aspekt představuje funkci, která se váže k našim instinktům, k naší rozhodovací schopnosti a intuici. Sympatie a antipatie, spojené s instinkty, mají sídlo v nižší astrální auře, zatímco rozhodovací schopnost a intuice jsou spojeny s vyšším astrálním polem.

Instinktivní sympatie a antipatie

Zvířata vycítí pomocí svého instinktu, co je nebezpečné. Zajíc ví, že liška pro něj představuje nebezpečí. Bez tohoto instinktu nebo této antipatie by nemohl přežít. Zajíc má geneticky instinktivně daný poznatek z tvaru a podoby lišky, že mu hrozí nebezpečí. Tento zvířecí instinkt je součástí jeho instinktu přežití.

Lidský instinkt přežití to v naší moderní společnosti nemá lehké. Mnozí lidé v západním světě mají velmi špatný kontakt se svou zdravou instinktivní podstatou. Reálný kontakt s instinkty může být pro mnohé lidi dokonce velmi zastrašující. Moderní člověk se cítí být odcizen své instinktivní podstatě. V devadesátých letech začali různí čelní představitelé společností a rozličných profesí navštěvovat takzvané kurzy přežití. Cílem těchto kurzů bylo přivést tyto lidi k lepšímu kontaktu s jejich základní instinktivní podstatou a také k lepšímu kontaktu s jejich individuálními přirozenými hranicemi, což automaticky činí lidi lepšími vůdčími osobnostmi. Sympatie a antipatie se v životě člověka projevují v tom smyslu, že existuje něco, co se člověku líbí a něco, co se mu nelíbí. Toto se kromě jiného týká našeho výběru oblečení, stravy, nábytku, dalšího vybavení našich příbytků, volby vzdělání, povolání a našeho bezprostředního okolí. Sympatie a antipatie jsou velmi vypovídající aspekty.

V souvislosti s osobním rozvojem je velmi důležité, aby si byl člověk vědom svých sympatií a antipatií. Pokud má člověk v sobě nevědomé osobnostní aspekty, které se týkají antipatie, tato forma antipatie jej bude obírat o energii, protože v takovém případě má člověk tendenci přenášet takovou nevědomou část svého já formou projekce na jiného či jiné. Z toho vyvstává problém, že se člověk například zaměřuje na drobné nedostatky jiných a přitom si neuvědomuje své vlastní závažné nedostatky.

Pokud se chceme rozvíjet a směřovat kupředu, musíme být upřímní především k sobě samým. Znamená to, že pokud v sobě neseme neuvědomělé aspekty naší osobnosti, musíme přistoupit k jejich uvědomování si. Následně je nutné, aby byly tyto aspekty námi akceptovány.

Forma astrálního energetického pole

Jeho rozšiřování a smršťování

Většina systémů popisuje astrální energetické pole ve tvaru vajíčka nebo hrušky. Astrální energetické pole disponuje vlastností, přesně tak jako mentální a spirituální pole, že se může smršťovat a rozšiřovat. Pokud máme například strach, naše astrální energetické pole se stáhne. Pokud jsme však například veselí, pociťujeme lásku, cítíme se dobře, jsme uvolnění a obecně v nás převládají pozitivní pocity, naše astrální energetické pole se rozšíří. Lidé, kteří hodně pracovali se svými emocemi a pocity a kteří v sobě transformovali strach a negativní pocity vnímané v sobě samých a vůči jiným, mívají zpravidla permanentně rozšířenou astrální auru, která může být rozšířena až na 50 cm od fyzického těla.

Důsledně pracující jevištní umělci jako herci, hudebníci a podobně zaměření lidé, používají při realizaci svého umění převážně své astrální pole. Během jejich působení na jevišti se jejich astrální energetické pole rozšíří natolik, že může obsáhnout i celý sál. Jsou to ty magické okamžiky, kdy jevištní umělec splývá se svým publikem a diváci či posluchači se cítí být hluboce zasaženi tím, co vnímají.

U velmi vysoce vyladěných lidí může energetické pole expandovat a rozšiřovat se v enormní míře. V knize Arthura E. Powellse "Astrální tělo" se píše, že Buddhova aura měla údajně průměr dvou kilometrů.

Element ohně

Element ohně je spojen s astrálním energetickým polem a s čakrou solar plexu. (případně viz kapitolu o archetypálních symbolech čakry solar plexu).

Oheň může být ve svém pozitivním aspektu hřejivým a ovládaným, jak to můžeme pozorovat v případě ohně v krbu, hořící svíčky nebo táboráku atd. V rámci svého negativního, destruktivního aspektu je oheň nekontrolovatelný a ničivý. Symbolicky jej můžeme v takové podobě vnímat v souvislosti s hořícími budovami, městy a požárem v přírodě. V takovém případě je oheň ničivý, destruktivní, zatímco v rámci svého pozitivního aspektu je, jak již bylo zmíněno, hřejivým a kontrolovaným. Oheň symbolizuje astrální formu vědomí člověka.

Z čistě fyzického hlediska se element ohně projevuje ve formě spalování energie a prostřednictvím trávicího procesu, i tím, že lidské tělo si udržuje konstantní tělesnou teplotu kolem 37 stupňů Celsia. Z čistě psychického hlediska se astrální oheň projevuje ve formě nadšení, přes lidsky hřejivý projev a humor, přes nastavování si vnitřních hranic pro stavy rozhořčení, hněvu atd. V negativním smyslu se projevuje jako citový chlad, přehnané nadšení, psychické vypětí, horečnaté vyzařování tepla kolem hlavy.

Astrální vnitřní oheň se projevuje pozitivně, pokud člověk jedná pravdivě a v souladu se svým nitrem. Negativním se stává, když je člověk falešný a když jde proti své vnitřní podstatě nebo s ní nedobře zachází. Člověk, který jde proti své vnitřní podstatě, podkopává svou etiku a morálku. Pokud se toto děje delší časové období, člověk nakonec ztrácí cit pro to, co je pro něj nesprávné a co je pro něj správné a to pravé. Takový člověk snadno podléhá negativním aspektům astrálního ohně.

Destruktivní oheň a inflace
Člověk, pro kterého je obtížné rozlišit, co v sobě vnímá jako pravé a co jako nepravé, se často dostává do pokušení nechat se ovládat názory a postoji vnějších autorit. Může to dojít až tak daleko, že člověk se domnívá, že dané názory vzešly z něho samotného.

Pokud se toto děje, člověk se stává obětí inflace. Inflace znamená, že ego (aspekty nižšího astrálního a nižšího mentálního vědomí) si přivlastňuje něco, co oprávněně přísluší kolektivním, vyšším spirituálním komunitám. Následkem toho je, že lidské ego se identifikuje s něčím, čím samo o sobě z existenčního hlediska není. Ego se umisťuje na vyšší pozici než je ta, na níž se jinak autenticky nachází.

Tato stránka lidské povahy je v řecké mytologii ztvárněná Daidalem a jeho synem Ikarem. Daidalos vytvořil na Krétě labyrint. Nebylo těžké dostat se do labyrintu, bylo však obtížné najít cestu zpět poté, co se člověk dostal do jeho středu.

Myšlenkové labyrinty člověka jsou různorodé. Člověk je schopen ustrnout ve svých omezeních, které si sám vytvořil (ty představují samotný labyrint). V souvislosti s inflací spočívá omezení v tom, že člověk se identifikuje s idejemi, s nimiž nemá z existenčního hlediska na základě nějakých zkušeností žádný kontakt, nedisponuje jimi, ani nemá žádný reálný hlubší důvod pro to, aby se s nimi identifikoval. Skutečnou příčinou osobních omezení je často právě inflace. Mnozí lidé jsou v ní v dnešních časech uvězněni, aniž by chápali příčinu, proč se tak děje.

Co tedy člověk udělá? Jak k sobě najde cestu zpět? Jak se zbaví falešné identifikace? Je zde riziko inflace. Člověk v takové situaci snadno propadá pokušení. Daidalos a Ikaros byly uvězněni ve svém labyrintu a vytvořili si křídla, aby mohli vzlétnout. Naučili se, že vědomí může pozvednout nebo trancendovat osobnost přes její omezení.

Ve svém přehnaném nadšení (inflaci) vyletěl však Ikaros tak vysoko, že se dostal příliš blízko k slunci. Vosk, kterým držela křídla pohromadě, roztál, křídla se začala rozpadat a on se zřítil do moře a utopil se. Symbolicky vzato, oheň inflace jej zevnitř rozkládal a přerušil jeho přirozený kontakt s vědomím a tím i kontakt s jeho skutečnou osobností.

Ve více zemské souvislosti se projevuje inflace i v ekonomice, což je mnoha lidem známo. Od poloviny 90. let až do roku 2002 jsme v oblasti IT zažili fenomén, který byl také spjatý s inflací. Nadšení burzovního trhu pro oblast IT mělo za následek, že zpočátku docházelo k stále většímu nárůstu IT akcií, až do výšek, které neměly s reálnými možnostmi nic společného. A najednou akcie drasticky klesly. Výsledkem bylo, že mnoho lidí ztratilo své úspory, které investovali do IT akcií a mnoho malých firem, zaměřených na IT, se dostalo do konkurzu.

Uvádím tento příklad, protože ekonomika a inflace jsou úzce spjaty.

Lidé s nabubřelou inflační osobností tahají zpočátku ze společnosti svým směrem energii (peníze). Když si společnost všimne, že inflační osobnost je nedůvěryhodná, tato začne ztrácet jakýkoliv přísun energie a je hozena zpět do reality, často s velkými ekonomickými ztrátami a hlubokým zadlužením. Z dlouhodobějšího hlediska se proto člověku vyplatí být obezřetným vůči ničivému, rozkládajícímu vnitřnímu ohni inflace.

Nebezpečný aspekt inflace

Každá inflace je nebezpečná, protože není možné rozlišit ego od zdroje inflace a tento stav nemůže být zvenčí přeléčen. Pokud není člověk s inflačním charakterem zadržen vlastní silou, vnitřní astrální oheň bude jeho osobnost stále ničit a rozkládat, což je samozřejmě z lidského hlediska velmi tragické.

Léčení inflace

Pokud má člověk s inflačním charakterem najít cestu zpět ke svému pravému a pravdivému já, musí se naučit uvolnit se od silového zdroje inflace a identifikovat emocionální příčinu inflace, která stojí kdesi v pozadí. To můžete být bolestivé a útrpné. Bolest a utrpení jsou však součástí léčebného procesu inflačního typu člověka.

Druhým aspektem léčivého procesu je, že takový člověk si najde cestu zpět k reálné spojitosti se zemí. Všechny denní úkony a operace jím musí být znovu plně respektovány. Ať je to v rámci ekonomiky, práce, rodiny, ať je to úklid, příprava zdravých jídel a nakupování. Zpravidla jsou to právě tyto každodenní záležitosti, vůči nimž se člověk inflačního charakteru cítí být nadřazený.

Čtyři astrální brány

Tibetská mandala, která zobrazuje čtyři astrální brány

Astrální dimenze se projevuje v pocitech a emocích. Pocity jsou spojeny s vyšším astrálním polem, emoce s nižším astrálním polem. Takzvané špatné energie jsou spojeny s nižší astrální oblastí člověka. Už od nepaměti se člověk chrání před takzvanými zlými duchy - prostřednictvím různých obřadů náboženského charakteru, které by měly držet zlé duchy nebo špatné energie od něj v bezpečné vzdálenosti. V souvislosti s tímto je přirozeně důležité být pozorný vůči možným vlastním projekčním a vytěsňovacím mechanismům.

Charakter obřadů se liší od kultury ke kultuře, jedno však mají všechny tyto obřady společné. Skoro všechny ochranné rituály pracují se čtyřmi světovými stranami.

Na výše vyobrazené ilustraci mandaly můžeme ve vnějším kruhu vidět čtyři vchody nebo brány k vnitřní části mandaly. Každá z bran je chráněna jedním symbolickým ochráncem nebo posvátným zaříkáváním.

Pokud se člověk ve stavu rozšířeného vědomí dostane do kontaktu s psychickým polem, ve kterém se osobnost rozplyne ve vyšším vědomí, konfrontuje se se strachem ze smrti, který se projevuje v čtyřech různých formách strachu: ve strachu zemřít, v strachu ze zešílení, v strachu ze smrtelné nemoci a v strachu z hlubší sexuality.

Jsou to čtyři základní formy kolektivního nevědomého strachu, který ochraňuje osobnost a vlastní já člověka před tím, aby se rozplynul v rozšířeném stavu vědomí.

Na to, aby mohly být tyto hluboké vnitřní psychické hranice překročeny, například v rámci meditace, musí člověk v průběhu několika let projít procesem přípravy a také musí dosáhnout relativně dobře vyváženého stavu ve svém čakrovém systému. Naše obecné vědomí musí překonat tyto čtyři vnitřní hraniční brány, když se chce v rámci svého nitra setkat s pátou, šestou a sedmou úrovní vědomí.

Strážce prahu

V hlubinné psychologii jsou hluboké psychické hraniční mechanismy duše označované jako "strážci prahu". Jedná se o hranici obecného vědomí. Když se dostane běžné vědomí do kontaktu s touto hlubší oblastí, riskuje, že se bude konfrontovat s démonickým kolektivním nevědomým strachem před smrtí a nejednou by se na smrt vylekalo. Mnoho mladých lidí, kteří experimentovali s látkami rozšiřujícími vědomí, se ve své nevědomosti s těmito "strážci prahu" setkalo a mělo to pro ně ten nešťastný následek, že se stalo psychotickými. Psychicky se postavit strážci prahu vyžaduje dlouhou přípravu a existenční vyváženost.

V pohádce přemůže hrdina strašné démonické síly a dostane se až k pokladu, k princezně, čímž získá polovinu království.

Na uvedené ilustraci jsou to tyto síly, které hlídají čtyři brány. U brány se konfrontuje běžné vědomí s každým vnitřním strachem, ve všech jeho formách.

Zkušená rada

Jen zkušená rada od člověka, který danou cestu již zná nebo Boží milost umožní nepřipravenému člověku, aby tuto hranici překročil. Bez takovéto předpřípravy prostřednictvím zkušeného rádce nebo důsledného učitele by se však nikdo neměl něčemu takovému vystavovat.

Když se člověk bez přípravy a bez nezbytně potřebné etiky dostane k těmto vyšším oblastem vědomí, do člověka začne najednou proudit spirituální světlo.

Pokud by se v osobnosti člověka vyskytovaly nevyváženosti, spirituální světlo bude proudit na tyto nerovnováhy a silně je prosvětlí. Člověk si tyto nerovnováhy zároveň uvědomí, procítí je a toto je často psychickým peklem. Pokud by se něco takového událo, jediným přáním daného člověka je, aby se co nejdříve z takového pekla dostal ven, protože takový strastiplný stav dokáže dostat osobnost blízko nebo přímo do psychotického stavu.

Důkladné rady od spirituálního učitele, který cestu již zná, jsou proto velmi důležité, pokud má konfrontace s vyšším vědomím proběhnout úspěšně.

Čištění prostoru a aury

Čištění a transformaci energie v místnosti se špatnou atmosférou je možné realizovat ve čtyřech směrech světových stran. Uvádím praktický popis:

1. Postavte se do středu místnosti, tváří k rohu, který je nejblíže severní straně. Představte si, že jedním hlubokým nádechem vsajete do sebe veškerou negativní energii ze severního rohu a zároveň si vizualizujte černou barvu. Při výdechu si vizualizujte bílé světlo, které vydechněte směrem k tomuto rohu.
2. Pak se natočíte doprava tak, že budete tváří k východnímu rohu místnosti. Zopakujete stejný postup nádechu a výdechu jako v případě severního rohu.
3. Natočte se doprava k jižnímu rohu místnosti a zopakujte předešlý postup.
4. Natočte se doprava směrem k západnímu rohu místnosti a znovu výše uvedený postup zopakujte.

Prostor je očištěný od negativních energií a postup je dokončen. Následně si můžete případně očistit i svou auru. Čištění probíhá ve stoje, tak, že si představíte v bodě přibližně 30 cm nad hlavou světlo, kterým vyplníte všechny oblasti svého energetického pole. Začínáme odshora a skončíme v jednom bodě přibližně 30 cm pod chodidly.

Tímto je uvedené cvičení ukončeno. Pokud byl člověk během celého dne v tělesném kontaktu s jinými lidmi, může si očistit svoji auru případně i pomocí sprchy, která by měla trvat minimálně pět minut. Na našich kurzech prezentujeme i jiné techniky čištění aury.

Astrální vědomí - Astrální cestování - Astrální projekce

Nevázanost vědomí

Ve svých vyšších aspektech není vědomí vázáno na tělo. Pokud se vědomí zcela identifikuje s fyzickou realitou, nemůže dosáhnout žádného separátního zážitku astrální reality. Dochází k tomu pouze v případě šoku, nehody nebo prostřednictvím podobných zážitků.

Jsem si jistý, že mnoho lidí zažilo své vědomí mimo tělo. Osobně znám několik lidí, kteří si prošli tímto zážitkem a zažili stav, kdy se nacházeli mimo svého těla. S tímto stavem mám také osobní zkušenost.

Děti a mimotělní zážitky

U dětí je mnohem běžnější, že dokáží uvolnit své vědomí z fyzické a éterické dimenze. Před několika lety mi moje dcera vyprávěla, jak podnikala cesty po našem domě a zahradě, když odpočívala nebo spala. Zeptal jsem se jí, co tím myslí a ona mi vysvětlila, že měla mravenčení v rukou, když spala nebo právě usínala. Byl to stav, jako když má člověk horečku nebo jako když se nachází ve spánku. Když nastal u ní tento pocit, věděla, že bude létat. Vyprávěla mi, že létala po různých místnostech domu a po zahradě. Pokaždé se nacházela v takovém stavu. Tyto zážitky měla mezi svým 5. až 9. rokem života. To je vše, na co se vědomě pamatovala.

Jiným příkladem kontaktu dětí s astrální dimenzí je příběh mých bývalých sousedů - partnerů s dvouletým dítětem. Otec odjakživa dokázal vědomě opouštět své fyzické tělo. Když se nacházel fyzicky mimo domov a přenocoval někde jinde, v astrální dimenzi podnikal cestování ke své ženě a dítěti. Jeho dítě si všimlo jeho astrální přítomnosti, mávalo mu a volalo na něj. I toto je příklad toho, že děti vnímají astrální dimenzi a dokáží s ní mít spojené zážitky.

Takové příběhy určitě slyšelo od svých starších dětí více rodičů. Dokud jsou děti ve zmíněném věkovém rozpětí, svým rodičům vyprávějí o takových zážitcích velmi ojediněle. Intuitivně vědí, že by nebyly pochopeny. Z mého vlastního dětství si pamatuji zejména hraniční stav mezi pobytem ve fyzickém těle a pobytem mimo fyzické tělo.

V takovém stavu jsem nedokázal částmi svého těla vědomě pohybovat a můj pojem o vzdálenosti byl velmi roztříštěný. Chtěl jsem například zažít vlastní dýchání jako nějaký kosmický měch, velký jako celý vesmír, nebo jsem míval pocit, že vzdálenost mezi mýma očima a chodidly byla jakoby kilometry dlouhá.

Zážitky, které zahrnují mravenčení a píchání v rukou - pocit horečky - velké zkreslení ve vnímání vzdálenosti a velikosti, se vážou k astrálnímu energetickému poli a k astrální dimenzi vědomí. Běžné ohraničené vědomí se v astrální formě vědomí rozplývá, ztrácí svůj běžný fyzický způsob myšlení a dostane se do stavu, který je ohraničen pouze myšlenkami fyzického charakteru.

Dobrý příklad tohoto mi poskytl Bob Moore v rámci jednoho ze svých kurzů. Když poprvé vědomě opustil své fyzické tělo, nacházel se v prvním patře svého rodičovského domu - chtěl se však dostat do místnosti v přízemí. Seběhl po schodech, uchopil za kliku na dveřích a okamžitě byl zpátky ve svém fyzickém těle. Když myslí člověk fyzicky, stává se fyzickým.

Dospělí a "mimotělní zážitky"

Když dospějeme, vědomí si zvykne na to, že skutečnost je jen fyzického charakteru. Svět je takový, jaký si ho člověk představuje. Vědomí většiny dospělých lidí je více či méně zavřené. Zavřeným míním, že ve vědomí není možnost více najednou existujících realit. Vědomí je jakoby zabetonované v pevných přesvědčeních a v pevné materii kořenové čakry.

Není tomu co vytknout, pokud jsme však schopni připustit, že někteří lidé mohou mít jiný názor.

Je všeobecně známo, že lidé, kteří přežili nějakou nehodu, operaci nebo podobný šokový zážitek, často podali zprávu o tom, že byli vědomě přítomni při svém oživování nebo při operaci jejich těla. Následně byli schopni přesně reprodukovat, co se říkalo, i když byli v dané situaci v hlubokém bezvědomí. Takový druh mimotělního zážitku je spojen se šokovým stavem a hlubokými traumatickými zážitky. Po takovém zážitku může trvat dlouho, než se člověk vrátí zpátky do svého těla. Může mít pocit, jako by kráčel vedle sebe nebo že není plně sám sebou. V takové situaci může být oporou poklepové léčení. Poklepové léčení je technika, kdy léčitel velmi zlehka poklepává po těle postižené osoby. Poklepávání se realizuje po celém těle. Léčitel začíná zvrchu a končí na chodidlech.

Pokud dospělý člověk zažije, že se jeho vědomí nachází mimo tělo, je hluboce uvolněn. Jedna moje známá absolvovala kurz nidra jógy. Tento druh jógy je indickou metodou velmi hlubokého uvolnění, v jejímž rámci se vědomě uvolňuje každá část těla a žáci jsou při tom o daném stavu poučeni svým učitelem. Moje známá zažila stav, kdy se najednou dívala na své tělo shora, z čehož byla velmi vylekaná.

Toto vylekání ji okamžitě vrátilo do fyzické reality, vstala a od té doby se nikdy více nidra józe nevěnovala. Mrzí mne to. Osobně si myslím, že osoby, které vykonávají cvičení zaměřené na hluboké uvolnění, by měly být připraveny na možnost, že při stavu velmi hlubokého uvolnění mohou případně zažít své vědomí mimo svého těla. Pokud by měli tuto informaci a zároveň by si také osvojili, jak se v daném případě zachovat, neudálo by se jim to, co mé známé.

Lucidní vědomí

Lucidní znamená svítící. Pojem lucidní vědomí vypovídá o tom, že vědomí je vůči sobě samému transparentnější. V takovém stavu má vědomí bdělý kontakt s oblastmi, které jsou mimo normál a v nichž dokáže být člověk bdělý i ve stavu, kdy běžně sníme.

Člověk, který rozvíjí své astrální vědomí, si nejprve projde určitými stadii, pokud dokáže vědomě opustit své tělo.

Tyto přípravné fáze nastávají, když je člověk zcela uvolněný, nebo když má určité druhy snů. Člověk může mít i pocit mravenčení a píchání v rukou nebo v těle. Může si být vědom i toho, že leží doma v posteli a zároveň se nachází na úplně jiném místě na světě.

Taková bdělost během snění je indicií, že ve vědomí člověka nastává probuzení v souvislosti s jeho astrální dimenzí. Vědomí má v takovém okamžiku na výběr. Může si vybrat, zda se v rámci snu oddá bdělému lucidnímu stavu nebo zda bude snít běžným způsobem.

Většina lidí, kteří se dostali takhle daleko, si vybírá první možnost. Následně se začne vědomí člověka zaměřovat na to, aby si vytvořilo kontakt s otevřeným stavem vědomí, které bylo člověku v dětství přirozeně přístupné. V dospělosti je však vědomí přece jen mnohem aktivnější. Člověku se zdá o létání, zažívá skvělý pocit svobody a akrobatickým způsobem letí vzduchem, zatímco zároveň ví, že jeho tělo leží v posteli.

V další fázi začne vědomí ovládat řízení lucidních snů. Samo se rozhodne, čeho se má sen týkat a jak má skončit. Toto je přechod k mimotělnímu zážitku.

Následují jisté rady, které by měl člověk v každém případě respektovat.

Rady

1. Osoby, které se nedostatečně připravily na mimotělní zážitky, mohou být při opouštění svého fyzického těla emocionálně nepřipravené a mohou se silně vylekat. Tento negativní zážitek se v nich může uložit jako traumatický strach ze smrti a ze života.
2. Osoby s fobiemi spojenými se strachem a jinými psychiatrickými nevyváženostmi by s mimotělními zážitky v žádném případě neměly experimentovat. Platí to i pro více či méně ustrašené lidi.
   Dříve než začne člověk s mimotělním zážitky experimentovat, musí mít svůj strach pevně pod kontrolou, uvědomit si jej a zpracovat jej.

Mimotělní zážitek a energetické pole

To, co nazýváme astrálním cestováním, astrální projekcí nebo mimotělním zážitkem, se děje, když se astrální, mentální a spirituální aura uvolní z fyzického těla. Člověk tedy neopouští jen fyzické tělo, ale i astrální energetické pole. Zbylá část nadřazeného vědomí, mentální a spirituální aura se rovněž vydají na cestu spolu s člověkem.

Proč se mimotělní zážitek nazývá astrálním cestováním a astrální projekcí?

Nazývá se astrálním cestováním nebo astrální projekcí, protože vědomí je u většiny lidí během mimotělního zážitku soustředěno v astrální dimenzi. Člověk si může sám určit, kde se bude jeho vlastní vědomí během mimotělního zážitku nacházet.

Různá stadia vědomí mimotělního zážitku

Ve většině případů mimotělního zážitku je vědomí snového charakteru nebo bděle lucidní. Skutečnost, v níž se člověk nachází, není tak jasná jako ta, v níž člověk pobývá během bdělého stavu v průběhu dne. Pokud je skutečnost během mimotělního zážitku vnímána takovým způsobem, vědomí je soustředěno v astrální dimenzi, což se děje při převážné většině astrálních cestování.

Pokud je během mimotělního zážitku skutečnost vnímána přesně tak jasně jako je bdělý stav, vědomí se nachází v astrální a mentální dimenzi.

Pokud je vědomí při mimotělním zážitku jasnější a skutečnější než je tomu v běžném bdělém stavu, vědomí je v takovém případě soustředěno v astrální, mentální a spirituální dimenzi.

Dochází i k situacím a stavům, že při mimotělním zážitku se může vědomí nacházet najednou ve více dimenzích. Člověk může vnímat vědomí, kulisy a scenérii v rámci mimotělního zážitku jako snové, mlhavé a nejasné, čímž se energie a intenzita zvýší a člověk zažívá vše jasnější, podobně jako ve stavu bdělého každodenního vědomí. Následně může vědomí výjimečně přejít do vyšší, intenzivnější jasnosti a světla, vedle kterých se běžný denní stav vědomí jeví jako snový a neskutečný.

Šamanský stav vědomí

Člověk dokázal již odpradávna oddělovat vědomí od těla. Tato schopnost byla vlastní léčitelům a šamanům různých kmenů, že byli schopni se dostat do kontaktu s duchy a uměli poskytnout radu v souvislosti s chorobami a důležitými rozhodnutími člověka.

Technika, kterou používali a kterou některé přírodní národy stále používají, je následující: Tělo se uvede do extatického tance, léčitel nebo šaman požije posvátné houby, které navozují stav euforie a monotónně hraje na svém vlastnoručně zhotoveném bubnu.

Tyto techniky umožňují léčiteli nebo šamanovi, aby opustil své fyzické tělo a aby obdržel potřebnou pomoc nebo radu ze světa duchů.

Astrální energetické pole a hudba

Hudba nabyla v moderním světě výrazně výjimečného významu. Ještě před sto lety byla hudba přístupná pouze omezené skupině lidí, dnes ji už poslouchá kdokoliv a kdykoliv - tedy většina lidí - což je patrně velkou výhodou, zvláště když člověk zná v této oblasti míru. V souvislosti s hudbou zmiňuji míru, protože hudba má velmi silný vliv na astrální energetické pole.

Hudbu je možné spojit s lidskými emocemi a city, které jsou vyjádřeny tóny a zvuky. Když se tóny a zvuky konfrontují s naším sluchem, vědomím a pocity, stáváme se ovlivněni emocemi a pocity, které jsou v hudbě obsaženy - ať to chceme nebo ne. Emoce a pocity z hudby mají tu vlastnost, že vytvářejí jakési astrální krajiny nebo jinak řečeno - hudba vytváří vnitřní obrazy. Tyto obrazy se liší od osoby k osobě. Pokud bychom se však na ně podívali zblízka, zjistili bychom, že u většiny lidí, kteří poslouchají stejnou hudbu, se nacházejí podobné dominující archetypální základní formy.

V souvislosti s mými kurzy jsem používal svou vlastní hudbu a hudbu ostatních, abych si mohl na mnoha účastnících kurzů ověřit schopnost hudby tvořit obrazy. Pozorováním individuálních symbolů, které měly nejsilnější energetický náboj, lze odvodit společné téma těchto symbolů, které má spojitost s konkrétním archetypem nebo více archetypy.

V auře lze pozorovat přímý vliv hudby na energetické pole člověka. Hudba dokáže vyvolávat jisté pocity a barvy, pozitivní nebo negativní polaritu, dokáže vytvářet jisté geometrické struktury, které vedou posluchače hudby do vlastního nitra nebo z jejich nitra směrem ven. Působení hudby na člověka má svůj nesporný význam.

V souvislosti s astrálním energetickým polem a osobním rozvojem je dobré poslouchat hudbu, která navozuje dobrý pocit a dokáže harmonizovat a hluboce uvolnit energetické pole, vědomí a tělo člověka. Člověk by se měl věnovat poslechu takové hudby, pokud možno, jednou denně. Hudba, kterou člověk poslouchá, by měla být právě taková, která mu přináší kýžený účinek.

Když by si člověk není jistý, která hudba má zmiňovaný účinek, musí trochu experimentovat. Pokud byste si nevěděli rady s výběrem, mohu vám například doporučit mou hudbu. Sám na sobě účinek této hudby znám a také znám její účinek na mnoho jiných lidí, proto vám ji mohu s klidným svědomím doporučit.

Astrální barvy
Obecné informace o astrálních barvách

Každá barva má pocitový odraz v lidském vědomí, který je vědomý nebo nevědomý. S tímto bude moci jistě mnoho lidí souhlasit.

Barva tedy není jen čistě vizuálním zážitkem. Je i pocitovým zážitkem. Barvy však zažíváme individuálně podle toho, co člověka s jednotlivými barvami z čistě psychologického hlediska spojuje. Podívejme se na barvy vizuálně, aniž bychom si vytvářeli jakékoliv osobní asociace, bez integrace vlastního obsahu naší psychiky - tehdy mají barvy potenciál vytvářet pocitové vjemy v našem vědomí a ty jsou z energetického aurického hlediska u všech lidí velmi podobné.

Jsou to barvy, které nazýváme astrálními barvami, protože mají zbarvující účinek na emocionální a pocitové stavy vědomí člověka, což se následně odráží jako vyzařování v energetickém poli člověka a z energetického a aurického hlediska lze toto vyzařování zažít ve formě barev.

Pocity a emoce jsou neustále v pohybu, jen málokdy jsou statické. Čtenář by si měl být vědom, že každá barevná ilustrace v knize je statickým obrazem spirálovitého pohybu, který se stále rozvíjí a je psychického a pocitového charakteru a tento pohyb má buď negativní nebo pozitivní směr. Barvy se z hlediska vědomí rozvíjejí více méně konstantně.

Astrální barvy se projevují ve třech kategoriích:
1. Vyšší astrální barvy
2. Astrální barvy ve spojení s osobním rozvojem
3. Zdraví škodlivé nižší astrální barvy.

Oblasti lidského vědomí, v nichž je nejméně pohybu a nejmenší míra rozvoje, jsou spojeny s nevědomým vytěsňováním emocí. Tato oblast vědomí se nazývá nižší astrální aurou a spojuje se s čakrou solar plexu.

Zdraví škodlivé astrální barvy

Nižší astrální barvy se objevují v souvislosti s různými nevědomými, vytěsňovanými a příliš silně prožívanými emocionálními stavy. Astrální energetické pole je jimi energeticky obarvené prostřednictvím atmosféry a vnitřního vyladění člověka, které tyto barvy vytvářejí. Takové emocionální stavy jsou projevem větší či menší emoční nevyváženosti a projevují se jako jisté barvy a symboly v astrálním energetickém poli. Tyto barvy a symboly označujeme jako zdraví škodlivé, protože z dlouhodobého časového hlediska způsobují onemocnění. Energetické subtilní barevné vyzařování těchto nevyvážených, nemoc způsobujících emocionálních stavů se projevuje ve formě nečistých, zakalených a nejasných barev v energetickém poli člověka.

Zdraví škodlivé emocionální barvy lze rozpoznat buď v astrálním energetickém poli člověka nebo v jeho nočních snech. Ovlivňují nebo jinak řečeno - zabarvují - éterické energetické pole, které se nachází nejblíže k pokožce člověka. Situace "tady a teď" se v člověku odráží v této éterické vrstvě, kterou nazýváme vrstvou přítomného stavu a manifestace.

Emoční charakter kalných, nečistých barev přerušuje tok nebo volný pohyb životní energie v éterickém energetickém poli, které tak nedokáže zásobovat potřebnou energií různé vitální tělesné orgány. Proto by měl člověk tomuto faktu věnovat pozornost. Negativní, zdraví škodlivé emocionální barvy jsou popsány níže. Je nutné zmínit ještě něco navíc: emoce a pocity, které nejsou vyjádřeny a projeveny normálním způsobem, se usazují ve formě bleděmodrého odstínu v spodní části těla a v oblasti nohou. Bleděmodrá, až ledově modrá barva v těchto oblastech je spojena s vytěsňováním a s vytěsňovacími mechanismy a nemá nic společného s léčením. Je znakem toho, že pocity nejsou projevované, ale potlačované a v tomto případě nastoluje diktát krční čakra.

Hnědá - barva stagnace

Z aurického hlediska je hnědá smícháním oranžové a černé barvy v astrálním energetickém poli. Oranžová je léčivá síla, která má pro zdraví podpůrný charakter. U lidí, který mají v sobě hluboce zakořeněný egoistický motiv, ať už vědomě nebo nevědomě, se tento motiv projevuje jako černá barva, která se mísí s léčivou oranžovou barvou. Tato barevná kombinace vytváří v energetickém poli hnědý odstín, který má přirozeně neprospěšný vliv na éterickou životní energii a snižuje ji.

Egoismus dokáže být zdravý ale i nezdravý. Potřebný, zdraví ochraňující egoismus, který má své limity, má tmavě oranžovou barvu, zatímco nezdravý egoismus má hnědé zabarvení.

Zdravý a nezdravý egoismus se liší v motivaci. Často jsou právě nevědomé a stagnující emocionální stavy hybnou silou, která se skrývá za mnoha formami nezdravého egoismu. Nezdravý egoismus má negativní, škodlivý vliv na energetický systém člověka, což se projevuje i v přítomnosti hnědých odstínů. Čím je hnědý odstín tmavší, tím silnější je stagnující nevědomý emocionální motiv.

Z aurického hlediska má nezdravý egoismus na energetické pole izolující efekt. Znamená to, že nezdravý egoismus není v souladu se zbylým energetickým systémem. Čím tmavší hnědá, o to větší izolace.

Tyto emocionální stagnace se projevují v astrálním energetickém poli a v nočních snech člověka jako hnědé odstíny. Pokud nastane v souvislosti s emocionálním projevem pozitivní změna, zpočátku se tyto hnědé odstíny přemění na tmavě béžový odstín. Díky léčivému procesu se hnědá barva, týkající se emocionálního projevu, pozitivním způsobem změní tak, že bude mít postupně bledší a bledší odstín. Nejprve se objeví tmavá béžová, pak béžová a bleděbéžová. Přítomnost béžové znamená, že v souvislosti s verbálním pocitovým projevem člověka vnikl do stagnující emocionální energie pohyb. Znamená to, že životní energie spojená v tomto případě s čakrou solar plexu a se sakrální čakrou může znovu volně proudit a tak zásobovat čakru solar plexu a sakrální čakru životní energií, kterou tyto čakry společně s vitálními orgány těla potřebují.

Pokud se obnoví přirozená rovnováha, béžový odstín se změní na oranžový, sytě žlutý a následně na žlutý. Tyto barvy naznačují, že každá část energetického systému, která je spojena s čakrou solar plexu a se sakrální čakrou, se stala vyváženou.

Šedohnědé odstíny

Když se v astrálním energetickém poli nebo v nočních snech člověka objevují šedohnědé odstíny, týká se to emocionální chamtivosti nebo relativizovaných emocí jako jsou touha, nenasytnost, výrazná hrabivost atd. Chamtivost je vlastně duševní porucha. Často mají tyto druhy emocí společné základní téma, kterým je "problematika odmítnutí".

Jako příklad mohu uvést případ muže s téměř chorobnou hrabivostí. Když jsem s ním pracoval na této nevyvážené emoci ve všech jejích různorodých stupních, regresivně jsme skončili v jeho embryonální fázi vývoje, kdy daný člověk zažíval, že se mu nedostávalo dostatečného množství výživy a proto se nacházel ve stavu neustálého hladu.

Tento neustálý pocit hladu zažívalo embryo jako odmítání své existence, což se později rozvinulo do strachu, že daný člověk nikdy nebude mít v životě dostatek. Přirozeně, tento strach nebyl jeho staršími sestrami a jeho rodiči vítán, což vedlo k následku, že takto postižený člověk neměl nikdy pocit, že jeho potřeby byly naplněny, ať už v období jeho dětství nebo v dospělosti. Když se příčina této emoce dostala do jeho vědomí, dotyčný člověk mohl uvolnit svůj strach, že byl "odmítán" a "že se mu ničeho nikdy nebude dostávat v dostatečné míře".

Šedozelené odstíny

Šedozelené odstíny se často objevují v souvislosti se stresem. Dva lidé mohou vykonávat stejnou práci, ale ta jednomu z nich může způsobovat stres. Stres je často vyvolán nevědomými a nezpracovanými emocemi, které jsou vyprovokované, když se někdo cítí být pod tlakem. Stres je v dnešních dobách jednou z nejčastějších příčin onemocnění. Člověk má mnohem větší odolnost vůči stresu, když jsou vhodně nevědomé emoce přiznány a zpracovány. Nemyslím tím, že by se člověk měl nechat v rámci společnosti a profesního života "zneužívat" a vystavovat tlaku, dokud jej stres úplně nezdolá.

Podle mého mínění je to jako nekonečná spirála, od člověka se očekává stále více, aby byl na každém poli schopen obstát v rámci konkurence. Takový pohled společnosti znamená z hlediska dlouhodobé perspektivy riziko nepříznivé ekonomiky, i když to může krátkodobě přinášet bonusy.

Zúčtování za takový nemocný a zároveň legalizovaný postoj společnosti se dostaví později.

Člověk je však vůči stresu často značně odolný a dokáže lépe snášet zátěž pocházející z pracovního prostředí, když jsou jeho nevědomé emoce zpracované a přiznané.

Šedozelené odstíny se často objevují v mentální éterické auře jako mentální stres. Myšlenky nejsou schopny se uklidnit, protože jsou příliš rychlé. Člověk těžce načerpává nové síly, což vede k poruchám spánku. Je to jako ďábelsky začarovaný kruh, ze kterého se stěží hledá východisko. Tento fakt je potvrzen přítomností šedozelených barevných odstínů v auře člověka.

Základním motivem mnoha forem stresu je přílišná vytíženost. Člověk je svou prací, svým projektem, nebo cílem natolik vytížen, že zapomíná na k

Příčina toho, že se člověk vystaví přemíře zátěže, spočívá často v hlubším emocionálním motivu, který může třeba pocházet z nedostatku přijetí a lásky v nejranějším období dětství (ale ne vždy je tomu tak). Dítě mohlo zažít, že pro to, aby bylo milováno a akceptováno, se muselo změnit - nasadit si masku a hrát roli. Nejprve bylo dítěti odepřeno přijetí a láska z toho důvodu, že bylo takové, jaké bylo. Pak se postupně nechalo vtlačit do jisté role, aby dosáhlo přijetí a lásky.

Když jsou lidé v rámci práce vystaveni tlaku a jsou stresovaní, často spočívá příčina v tom, že podléhají tomuto starému emočnímu vzorci chování ze svého dětství. Prostřednictvím uvědomění si příčiny, proč na sebe vážeme stres a proč se necháme plně využívat, když jsme pod tlakem, nakonec dokážeme upustit od strachu, že nebudeme milováni takoví jací jsme a můžeme tento strach rozpustit. Když je tento strach z našeho nitra uvolněný, dokážeme vykonávat stejnou práci bez stresu.

Žlutozelené odstíny

Žlutozelené odstíny v astrálním poli člověka nebo v jeho snech mohou být vyjádřením závisti, žárlivosti a falešného růstu. Za běžných okolností je zelená barvou růstu, která je spojena se srdeční čakrou a se stavem vyváženosti. V tomto případě je však žlutozelená barva kombinací žluté barvy čakry solar plexu a černé. Černá barva je v tomto případě výrazem nevědomí. Když se černá auricky promíchá se žlutou, výsledkem je žlutozelená barva. Tento odstín se dá nejlépe přirovnat k barvě žlutozelených řas ve stojatých vodách, které jsou ve stavu rozkladu.

Žlutozelená barva se objevuje v energetickém poli, když je člověk plný závisti a strachu něco ztratit. Dokonce se říká, že je člověk zelený závistí ...

Tuto barvu je možné pozorovat v energetickém poli i ve spojitosti s falešným růstem a nemocí. Častým motivem pro její výskyt je "odmítání", který je stejně přítomen při šedohnědé barvě, i při výskytu žlutozelené. V tomto případě je však spojen s pocitem méněcennosti.

Příčinu tohoto druhu problematiky méněcennosti a odmítání je často možné najít (i když ne vždy) v období nejranějšího dětství člověka.

Osoby s těmito problémy nebo výzvami byly často ponechány v souvislosti se základními potřebami samy sobě. Může se jednat o to, že dítěti se nedostávalo v uspokojivé míře tělesného kontaktu, blízkosti a lidského tepla. Mohlo opakovaně zažívat, že jeho rodiče neměli čas, že bylo více přítěží než radostí. Možná muselo někdy usínat s pláčem. Mohlo se stát i to, že dítě bylo bezprostředně po svém narození - po přestřižení pupeční šňůry - odloučené od své matky. V dnešní době se od tohoto kroku ze strany lékařů a personálu přítomného u porodu velmi odrazuje.

Dítě by mělo být hned po narození položené na břicho své matky, dříve než je pupeční šňůra přestřižená. Pro některé novorozence je to traumatizující zážitek, být hned po narození odloučena nebo odloučen od své matky. Tato skutečnost se může usadit v astrálním systému člověka jako šok. Dítě může v případě takového odloučení zažít pocit odmítání ze strany své matky.

Červenohnědé odstíny

Emoce jako nenávist, prudký výbuch hněvu, nekontrolovatelná zuřivost a podobné relativizované emoce, které v případě, že jsou člověkem pravidelně zažívány, se projevují v astrálním energetickém poli jako červenohnědé odstíny. Tato forma nevyvážené emoce má charakter sopky. Periodicky exploduje, aby působila přetlakově na vytěsňované aspekty v astrálním energetickém systému člověka. Emocionální systém člověka je jako tlakový hrnec s výpustí. Při příliš velkém tlaku dochází k uvolnění přetlaku prostřednictvím nekontrolovaných násilných emocí agresivního charakteru.

S takovým emočním chováním je možné pracovat a změnit jej. Jako první je možné určit časový odstup mezi nekontrolovanými emocionálními výbuchy, tím způsobem, že člověk si je bude zaznamenávat. Na základě jeho záznamů je možné určit časový odhad pro další výbuch, protože tyto druhy emocí se na základě pozorování v astrálním energetickém poli v pravidelných odstupech kumulují a uvolňují. Tím, že člověk si tyto časové intervaly uvědomí, může u něj vyvstat přání dosáhnout větší kontroly nad svým emočním systémem. Je možné nalézt konstruktivní způsob, jak emocionálnímu systému odebírat napětí. Může to být prostřednicvím sportu, fitnessu, kondičního tréninku nebo podobných aktivit.

Vlastní příčina destruktivních emočních výbuchů je často spojena se sakrální čakrou. Rané zážitky z dětství, týkající se velké "bezmoci", zde mohly podnítit chování, které se u člověka projevuje nekontrolovatelným destruktivním hněvem vůči svému okolí. Tento ohrožující, často destruktivní hněv vzniká kompenzačně, aby si člověk držel odstup od bezmoci, aby se stal pánem situace, aby ji měl pod kontrolou. Tímto se člověk vědomě či nevědomě snaží řídit a manipulovat své okolí. Vnitřní strach z "bezmocnosti" se v takovém případě promítá na okolí a v určitých emocionálních situacích ho můžeme zažívat jako hrozbu. Pocit, že člověk byl ponechán na pospas osudu, pramenící v dětství, má za následek, že člověk si vytvoří hlubokou nedůvěru vůči všem autoritám, společnosti, vůči světu, svému otci, matce i strach před pocity bezmoci, které člověk pak přeměňuje ve své dospělosti do emočních afektů.

Tento druh strachu může vést k tomu, že člověk se všemožně snaží získat co největší kontrolu nad svým životem. Ve více kontrolované formě se člověk snaží zajistit se ve všech oblastech života, což mu může dát pocit moci nad bezmocností, ať je to v jakékoli spojitosti - ekonomické, rodinné či pracovní. Může se to projevovat i kontrolou nad vlastním tělem.

Pokud si člověk tento strach uvědomí, postupně bude schopen převzít stále větší míru přirozené kontroly nad svým emocionálním systémem. Způsob, kterým lze získat větší míru kontroly, jsou dechová cvičení. Mnozí lidé s tímto druhem strachu se snaží vystavit aktivitám, které vyžadují výkon a které jsou často fyzického charakteru, ale mohou mít v sobě i psychické aspekty. Prostřednictvím fyzicky namáhavých sportovních výkonů, realizovaných často na amatérské úrovni, mohou právě i nevědomě využívat svůj dech za účelem, aby dosáhli jisté formy kontroly. Jejich výkon je zároveň nevědomým přáním dosáhnout kontroly. Člověku to může dávat jistý pocit bezpečí, zatímco funkce dýchání napomáhá vytvářet kontrolu nad emocionálním systémem.

Prostřednictvím denního, přibližně 10 minutového vědomého dechového cvičení lze dosáhnout pocitu kontroly a zároveň je možné, že do vědomí člověka pronikne nějaký materiál z jeho nevědomí. Toto dechové cvičení je základním cvičením v procesu osobního rozvoje.

Probíhá mezi čelní a sakrální čakrou (Viz část Cvičení).

Šedá

Šedou barvu nazývám "vnitřní svěrací kazajkou". Šedá je odstínem, který lze pozorovat při začínající depresi, při přílišné konzumaci alkoholu, při kouření atd.

Když se člověk dostává do depresivního stavu, vše vnímá a zažívá jako šedé. V astrálním energetickém poli se vše energeticky odráží jako šedé, zatímco člověk má pocit "izolace a uvízlosti". Člověk je chycen do vlastní emoční pasti, z níž se zjevně nedokáže dostat. Cítí se uvíznutý, nesvobodný a jakoby připoután řetězy. Takové emoce vytvářejí šedé odstíny v astrálním energetickém poli. Čím je šedá tmavší, tím větší je pocit izolace. Když se blíží šedá již k černé barvě, člověk se právě nachází v období kulminace deprese.

V souvislosti s kouřením vzniká u lidí v oblasti srdce a hrudníku šedé zabarvení astrální a éterické aury, které přerušuje tok životní energie v této oblasti. Tato šedá mlha se ztratí přibližně 45 minut po vykouření cigarety. Kouření je absolutně nezdravé i z aurického a energetického hlediska.

Lidé, kteří se cítí být jistým způsobem vnitřně "svázáni", to v životě často nemají lehké. Dokud není příčina tohoto jejich často nevědomého pocitu uvědoměna, lidé s takovou emocí budou nevědomě vyhledávat životní situace, ve kterých bude pocit, že jsou "uvězněni - svázáni", právě zesílený. Účelem takového chování je vlastně přání uvědomit si příčinu tohoto dominujícího pocitu. V mírné formě může daná emoce vyvolat pocit "izolovanosti a osamělosti" v různých vztazích, i v oblasti práce a v sociálním chování člověka. V extrémně silné formě mohou lidé dokonce v důsledku svého nevědomého přání propadnout kriminalitě, aby byly čistě fyzicky zadrženi a izolováni.

Příčinu pocitu izolace je třeba opět hledat v dětství, zejména v souvislosti s porodem. Děti byly často za trest zavírané nebo jim dokonce bylo zakázáno vycházet z jejich pokoje, byly potrestány domácím vězením. Tato forma vyloučení ze společenství a izolace je pro mnohé děti nepochopitelná.

Dítě pochopí z reakce svého okolí, že se chovalo nevhodně, ale samo od sebe nepochopí, co bylo na jeho chování nevhodné. Dítě prostě nepochopí příčinu trestu, kterému je vystaveno. Pokud se tento vzorec chování ze strany jeho rodičů opakuje v dostatečné míře, dítě se právě v důsledku tohoto začne chovat skutečně nevhodně. Nevědomě začne hledat dostatečné vysvětlení pro to, za co bylo potrestáno. Je to oblast, v níž by měli být rodiče obzvláště obezřetní a uvědomovat si, jaký druh trestu používají.

Je třeba, aby si byli skutečně jisti, že dítě chápe, za co je trestáno. Stejně tak by si měli rodiče dávat pozor na to, aby na dítě nepřenášeli svůj vlastní strach. Tento strach je často "strachem ze ztrapnění se".

Jiná příčina tohoto druhu emoce mohla nastat v souvislosti s porodem. Když uvízlo ještě nenarozené dítě na příliš dlouhou dobu v porodním kanále, v době jeho dospívání může docházet k různým formám "stavu ve vazbě", k pocitu "vnitřní vazby" nebo k pocitu, že "z dané životní situace není žádné cesty ven". Podle Stanislava Grofa je to třetí ze čtyř perinatálních matric s klíčovými slovy "žádná cesta ven".

Třetí příčinou této nevyvážené emoce může být to, že dítě mohlo být ve svém nejranějším dětství, tedy přibližně od svého šestého měsíce po druhý až třetí rok života, kladené do omezujícího prostoru s větším počtem jiných dětí, takže se nemohlo hýbat a bylo mu nepříjemně teplo. I když svou nespokojenost hlasitě projevovalo, bylo úmyslně vystaveno situaci, že ho nikdo neslyší. Takovému druhu násilného přístupu dítě nerozumí. Vnímá ho jako nepřirozený.

Stává se, že dítě je navíc trestáno i přivazováno tak, že se vůbec nedokáže vysvobodit. Cítí se fixované a pevně svázané. V bývalém Sovětském svazu se uplatňoval přístup, na základě něhož byly malé děti v kočárku uvazované tak pevně, že se nemohly hýbat, protože vládlo přesvědčení, že tímto způsobem se z nich stanou lepší občané...

Strach se může ve své extrémní podobě projevit jako klaustrofobie, kterou člověk nevědomě vyhledává nebo je jí přitahován, aby si uvědomil příčinu tohoto svého strachu.

Za touto zdraví škodlivou emocí spočívá i značná dávka bezmoci, chování je však často protikladné vůči bezmocnosti, která je zastoupena červenohnědým odstínem. Tato emoce se totiž snaží uvolnit se násilnou a mocenskou cestou.

Šedá barva, která reprezentuje tuto vlastnost, je často tichým, akceptujícím, nic nepožadujícím chováním, v jehož rámci se dokáže osoba stáhnout na jisté místo svého vědomí, které má určitou podobu s vnitřním psychickým vězením. Dechové cvičení spjaté s čelní a sakrální čakrou může být účinné i v případě tohoto problému.

Černá

Černá nebo tma jsou často výrazy pro chybějící povědomí o skutečnosti, že člověk má skrytý motiv pro depresi, pro velkou změnu v životě, pro smrt. Avšak černá barva může představovat i ochranu. Černá barva v astrálním energetickém poli a ve snech může poukazovat na výše zmíněné jevy.

Problémy s vědomím a černá barva

Takzvané stinné stránky člověka spočívají často v jeho nevědomí a v temnotě. Hluboký problém v rámci vědomí vlastních vnitřních negativních emocí vede k temnotě a k explozivním událostem v životě. Pokud si to nechceme připustit, život musí být naším učitelem. Největším strachem a hlavním stínem je smrt, strach ze smrti nebo strach ze života.

Deprese a černá barva

Stálý strach ze života a jeho aspektů může vést k depresi. Pokud se deprese nachází na svém vrcholu, všechno světlo zhasne a vyhasne každá naděje. Tuto tmu lze pozorovat v energetickém poli ve formě rozšířené černé nebo jako zatemnění vědomí. Tento stav se často srovnává s Kristem na kříži, ze kterého volal v hlubokém zoufalství: "Bože můj, Bože můj, proč jsi mě opustil?" Tento hluboce depresivní stav je znám také pod jménem "černá duše noci". Když se člověk nachází v nejhlubší temnotě, světlo je na dosah. Když najde člověk světlo v temnotě (vlastní světlo duše), strach ze života a strach ze smrti je překonaný. Deprese je v takovém případě pozitivní a často je doprovázena změnou náhledu na život a velkými zvraty v životě. Pokud však člověk přece jen nenajde světlo sám v sobě a nepřekoná svůj strach ze života, může to vést k jeho duševní či tělesné smrti.

Ochrana a černá barva

V západním protestantském světě jsou faráři během výkonu duchovní služby oděni v černých rouchách. V islámském světě se nacházejí oblasti, kde jsou ženy oděné výhradně v černé. Při změnách v srdeční čakře může být pozorována černá barva. Černá se projevuje i v rámci symbolu yin yang, který má nejčastěji své místo v srdeční čakře. Tmavá nebo černá barva zde symbolizuje prapůvodní temnotu nebo nevytvořené světlo; nevytvořené světlo, které existuje v temnotě před samotným stvořením.

V Bibli se píše: "I řekl Bůh: Budiž světlo. A bylo světlo". Toto světlo bylo stvořeno a vyvstalo z prastaré temnoty nebo spočívalo nečinně v této temnotě. Ta je symbolem dělohy universa, z níž pochází všechno světlo. V souvislosti s meditativním tichem je obvyklé, že lidé, kteří ho zažijí, se konfrontují s temnotou nebo s nevytvořeným světlem.

Lidské vědomí se dokáže takto navrátit zpět ke svému prameni - ke svému výchozímu bodu a ke své podstatě. V tomto prameni obsahuje lidské vědomí jak světlo, tak i temnotu. Neexistuje rozdíl mezi světlem a temnotou. Vědomí je jak pasivní, přijímající, univerzální ženskou prastarou energií (temnotou), tak i aktivní, jednající, tvořící mužskou energií (světlem).

Je možné, že tato hluboká archetypální metafora je základem toho, že se člověk v souvislosti s rituálními náboženskými úkony obléká do černé.

Normální astrální barvy v souvislosti s rozvojem osobnosti

K barvám spojeným s osobním rozvojem patří především červená, oranžová a žlutá, ale samozřejmě také barvy příslušející k horním čakrám. Když jsou tyto barvy v astrálním energetickém poli čisté, značí existenční emoční vyváženost v kontaktu daného člověka s jeho kořenovou a sakrální čakrou a čakrou solar plexu, což poukazuje zároveň i na dobrý kontakt s vlastní srdeční čakrou a ostatními čakrami. V dolních čakrách nemůže dojít k žádnému skutečnému vyvážení, aniž by byla do procesu zahrnuta srdeční čakra a schopnost sebepoznávání. Srdeční čakra je bodem vyváženosti v člověku. Pokud má dojít k osobnímu rozvoji, který se vztahuje k dolním třem čakrám, bezpodmínečně musí být do tohoto procesu zahrnuta právě srdeční čakra.

Červená
Červená barva je nejaktivnější barvou celého energetického systému. Červená je spojena se životem a s tím, jak se člověk vůči životu chová. Postoj člověka k životu se projevuje materiálně, sexuálně, emocionálně / pocitově, intelektuálně i spirituálně. Existuje mnoho červených odstínů: vínově červená, tmavě červená, třešňově červená, odstíny jahody, červeně zbarveného pomeranče, Buddhova červená atd. Každý odstín červené má svůj speciální význam v souvislosti s otázkou, jak se člověk vůči životu staví a odráží jeho individuální rovnováhu v souvislosti s tímto postojem. Když je červená pozorována ve spojitosti s emoční vyvážeností v astrálním energetickém poli, barva se projevuje svými poměrně čistými odstíny. Následuje popis celé řady červených odstínů, které vypovídají o vyváženosti, jakož i některých, které poukazují na nedostatek vyváženosti.

Královská červená
Královská červená je ohnivá a povznášející barva, která je podobná barvě královského pláště. Tato barva je spojena s pocitem vznešenosti a důstojnosti. Má v sobě i malé množství modré, také se říká "mít modrou krev". Vysoké kosmické energie v období Vánoc vedou řadu lidí k pocitu královské červené barvy, když se do centra pozornosti dostává uznání, radost a pocit sounáležitosti. To, co nazýváme pravou vánoční atmosférou, se dá pocitově vyjádřit právě královskou červenou barvou. Když se tato barva rozvíjí směrem k vyšším empatickým pocitům a k srdeční čakře, tedy k vyšším astrálním pocitům / barvám, barva královské červené se mění na Buddhovu červenou.

Hrdost

Když se v astrální auře člověka nachází pocit hrdosti, jedná se o přirozenou, zdravou a pozitivní hrdost, která se váže k práci, lidským schopnostem, k rodině atd. Pokud existuje vyvážený postoj k hrdosti, spojuje se s respektem a oceněním hodnot jiných lidí a vlastních hodnot a na základě tohoto se v člověku vytváří dobrý kontakt s vyváženou čakrou solar plexu.

Zdravý hněv

Když lidé projevují spravedlivý hněv a rozhořčení, v astrálním energetickém poli vzniká plamenná neonově červená barva, která je jakoby svítivá. Je projevem emocionálního systému, který je flexibilní a ohebný. Hněv nezůstává v podobě křečovitě vytěsňovaného výbuchu zuřivosti. Přichází rychle a přímo, když má člověk jakoby červenou před očima.

Je to zdravý hněv, který zná hranice, je to nezbytný a vyrovnávací faktor v životě, aby se na scéně života mohla projevit individualita člověka. Pokud je však hněv ze strachu nevědomě zadržován, zdravý neonově červený impuls hněvu se míchá s černou, která se spojuje s nevědomím a vzniká tak tmavočervená barva, která se váže k utrpení. Je velmi důležité, aby měl člověk dobrý kontakt se svým přirozeným hněvem. Pokud svůj hněv automaticky potlačujeme, měli bychom se pokusit odhalit příčinu, proč tak konáme.

Pýcha

Když člověk nemá v rámci svého pocitu hrdosti vyvážený kontakt se svou čakrou solar plexu, nedokáže respektovat a oceňovat sebe sama a ani ostatní. V tomto případě se hrdost degraduje na pocit méněcennosti, na neschopnost cenit si něčeho nebo někoho, též sebe samého, což je často živnou půdou pro jistou emoční hnací sílu. Zde se projevuje nevědomý emoční motiv jako nepřiměřené zdůrazňování vlastní osoby, přehnaná potřeba být viděn, i vlastní psychická inflace a přeceňování vlastní osoby. Takové degradování hrdosti může vést k pýše. A pak často platí: "Pýcha předchází pád". Lidé s touto neuvědomělou emocí si často projdou mnoha situacemi a aspekty, než si začnou své negativní postoje uvědomovat. Tyto životní psychologické procesy jsou často plné utrpení. I proto je aspekt utrpení také spojen s červenou barvou.

Červená signalizující utrpení

Hluboce červený odstín se váže k různým procesům lidského utrpení. Příčiny lidského utrpení jsou různorodé. Rozhodující zkouškou pro všechny lidi, kteří procházejí procesem utrpení, je zachovat si před sebou a ostatními lidmi důstojnost a respekt. Trpící lidé mají sklon k tomu, že se stávají velmi egoistickými a ztrácejí mnoho ze své lidskosti. Pro zachování rovnováhy je často potřebné zahrnout do svého života religiózní aspekt. Když se to člověku podaří, vyšší pocity plynoucí z víry se mohou v astrálním energetickém poli promíchat s hlubokými červenými odstíny utrpení, čímž dochází často k úlevě a k léčivému procesu.

Oranžová

Jasná čistá oranžová barva je v rámci svých éterických aspektů především barvou léčení a zdraví. Z pozitivního astrálního hlediska je to barva centrování osobnosti, silného já, ambiciózního já, je barvou vitality, zdraví i pohybu.

V rámci svého negativního aspektu je to barva soustředěnosti na sebe samého a sobectví. Je složité přirovnat k něčemu přesný odstín této barvy, nejbližším odstínem je oranžová barva lupenů měsíčku lékařského.

Vitalita, zdraví, centrování

Když jsou éterická a astrální aura v pohybu, znamená to, že éterická životní energie proudí bezproblémově, bez jakéhokoliv omezení.

Jak je popsáno v Kapitole 1 (Éterické energetické pole), životní energii získáváme prostřednictvím sluneční energie.

Oranžová barva je také ukazatelem vyváženého celistvého člověka. V zen buddhismu se využívá sakrální čakra jako fixační bod. Tento bod je meditativní bod, kterého si vědomí všímá a cítí ho, zatímco se zaměřuje na ostatní záležitosti v životě.

Barva slunce

Barvu slunce přirozeně není možné popsat, protože se jedná o světlo. Atmosféra země však zbarvuje sluneční světlo na oranžově žlutou barvu. Tato barva zprostředkovává pocit vitality a zdraví a vytváří jistou astrální barvu, která se ve východním světě používá již po mnoho staletí. Tento výjimečný žlutý odstín (jako lupeny krokusu) lze pozorovat v mentální auře zdravého člověka. Znamená to, že jeho mentální postoje jsou zdravé a vitalizující. Tento pocit se přenáší do astrálního systému jako dobrý pocit uvolněnosti, který se podobá pocitu, jaký máme po teplém slunečním dni stráveném na pláži.

Silné já

Tento výrazný oranžový odstín, promíchaný s trochou okrové, je často možné pozorovat u lidí se silnou, výraznou osobností. Lidmi s takovou osobností nic tak snadno neotřese. Jejich slabostí je duševní uzavřenost, což je dělá necitlivými vůči názorům, požadavkům a citům ostatních lidí. Na své okolí mohou působit v důsledku své stability a nedotknutelnosti poněkud egoisticky a jakoby byli roboty. Tyto osobnosti jsou společností ceněné, protože velmi dobře plní své individuální úkoly. Jejich slabou stránkou je, že neradi pracují v týmu.

Lidé a příliš otevřeným a slabým já mohou použít tento odstín barvy, aby její pomocí posílili vnitřní sílu svého já.

Ctižádost

Zde zastoupenou barvou je kombinace oranžové a okrové. Ambice a cíle člověka jsou různorodé. Ctižádost, která je zaměřena i na jiné lidi a společnost, stojí na zdravých základech. Velmi ctižádostiví lidé mohou na jiné, kteří mají málo ambicí, působit odpudivě. Silně ctižádostiví lidé musí mít silné já, aby prosadili své cíle. Tento typ lidí se vyznačuje vůlí dosáhnout cíle a také touhou po moci. Moc jim umožňuje, aby prosadili své cíle.

Sobecká ctižádost

Barvami jsou oranžová, černá a okrová. Když je ctižádost člověka zaměřena výhradně na cíl, který má posloužit jen danému člověku, oranžová se smíchá s černou (nedostatky ve vědomí). Takový druh ctižádosti se bude trvale potýkat s obtížemi, protože slouží jen tomu, kdo ji v sobě nosí. Nevědomé (černé) je často příčinou, že taková forma ambice je jen těžko realizovatelná, protože má často charakter neuvědomělé emoce a nejednou je tato emoce spojena s přáním "však já jim ukážu".

Žlutá

Žlutá barva odráží vyváženost astrálního pole a poukazuje na to, jakou míru vědomého kontaktu má člověk se svými hlubokými emocemi. Žlutá může připravit cestu pro pocitovou a mentální sílu, i pro intuici a citlivost.

Žlutá je také barva, která odhaluje naše intelektuální schopnosti, nejčastěji se vztahuje na mentální charakter člověka. Ale intelektuální dispozice se zakládají na astrálním instinktu, který je spojen se schopností subjektivního vědomí odlišit se od ostatních objektů. Tato schopnost se váže k žluté barvě, která v sobě tuto mentální schopnost pojímá. Čím více se dokáže člověk oddělit od osobnosti jiného člověka, tím je jeho osobnost z čistě psychického hlediska více stabilní. Když je tato schopnost zjemňovaná prostřednictvím mentálních procesů, které jsou spojeny s hlubšími odstíny modré barvy, v člověku se postupně rozvine schopnost vidět funkci jednotlivých částí v rámci jednoho celku. Tato jemná intelektuální schopnost byla hlavní hnací silou při rozvoji naší společnosti v průběhu posledních 300 let.

Síla a všeobecný intelekt

Barva síly se podobá žluté barvě slunce, která byla popsána výše v souvislosti s oranžovou. Rozdíl je v tom, že barva síly je téměř tak svítivá jako slunce. Když je možné pozorovat tuto barvu v astrálním poli, často je spojena s temně modrým odstínem modré barvy, která se může vázat k náboženským aspektům, ale i k mentálním vlastnostem jako je např. schopnost koncentrace a zacílení.

Proto lze často pozorovat tuto barvu u lidí s dobře fungujícím intelektem. Tito lidé mají často akademické vzdělání. Proto se tato barva nazývá i barvou obecného intelektu. Obecná intelektuální schopnost je silně spojena s levou hemisférou, s racionální a kalkulující polovinou mozku. Proto je doporučeno vytvářet si alespoň občasný kontakt s jemnou žlutou barvou intuice. Důvod je popsán níže. Umožňuje pocitový přístup k neracionální pravé polovině mozku, což je často v případě obecně rozvinuté intelektuální schopnosti problematické.

Intuice

Barvou intuice je barva jemného lotosového květu měkkého žlutého odstínu. Intuice, o níž pojednávám, se váže k otevřenému astrálního systému, se kterým je v kontaktu většina dětí. Není to barva intuice, která je spojena s modrofialovou barvou.

Tento druh intuice, reprezentován jemnou žlutou, je spojen s čakrou solar plexu a s otevřeným astrálním systémem a často se objevuje u dospělých, kteří jsou velmi citliví. Mnozí z těchto lidí jsou kreativní, často jsou činní jako umělci či jasnovidci. Pro dosažení větší rovnováhy v astrálním systému se doporučuje navazovat kontakt se žlutou barvou pro sílu, konkrétně s vyváženým žlutým odstínem.

Tato jasná žlutá barva se objevuje v mysli lidí, kteří mají silně vyvinutý intelekt a zároveň mají dobrý kontakt se svými pocity a intuicí.

Tato barva nese pojmenování vyvážená žlutá, protože je kombinací dvou žlutých barev: barvy intuice a barvy, která se váže k síle a k obecnému intelektu. Když jsou tyto dva odstíny žluté ve vzájemné kombinaci, výsledkem je jasná a čistá žlutá. Tím je zároveň i poukázáno na to, že tato barva vyjadřuje i vyváženost mezi intelektem a intuicí.

Esencí její intelektuální vlastnosti je křišťálová jasnost myšlenek a zároveň dává i intuitivní schopnost vnímat funkci jednotlivých částí ve vyšší spojitosti a ve vyšší jednotě. Tato křišťálově čistá intuitivní schopnost je projevem vlastnosti vyvážené žluté barvy.

Je málo lidí s takovými vlastnostmi. Jejich ostrý intelekt a jejich hluboká intuitivní schopnost bude pracovat vždy k dobru lidstva, protože oni sami zcela jasně chápou svou vlastní funkci individua v celku.

Nedostatečně rozvinutý intelekt

Tento druh barvy v mentální a astrální auře poukazuje na nedostatečně rozvinuté nebo na nízké intelektuální vlastnosti. V tomto případě není dostatečně rozvinutá schopnost vidět funkci jednotlivých částí v rámci celku.

Vyšší astrální barvy

Vyšší astrální barvy jsou aurickým vyjádřením vyšších pocitových stavů, které jsou občas reflektovány v astrálním energetickém poli, když má člověk s těmito stavy hluboký a intenzivní kontakt.

Tyto výše uvedené pocity mají životodárný a život obohacující charakter. Mají velmi pozitivní vliv na energetické pole tím, že vytvářejí kontakt mezi různými vrstvami vědomí energetického pole. Současný člověk často používá hudbu k vytvoření si kontaktu se svými pocity a náladami.

Velká část skladeb klasické hudby vytváří v energetickém poli právě tyto barvy, když se člověk konfrontuje s pocity, které taková hudba zprostředkovává.

Prostřednictvím zjemňování a rozvíjení těchto vyšších pocitů se tyto nakonec stávají tím, co nazýváme spirituálními kvalitami vědomí. Když dokáže být člověk více či méně v permanentním kontaktu s těmito vyššími pocity a stanou se pevnou součástí jeho osobnosti, stanou se také kvalitativní složkou jeho vědomí.

Spirituálním kvalitám předcházejí vyšší astrální smysly. Zmíním zde výběr šestnácti vyšších smyslů.

Nebesky modrá

Vyšší smysl: léčení, klid a přímá duchovní komunikace prostřednictvím telepatie

Nebesky modrá je velmi vzácnou a léčivou barvou. Je možné pozorovat ji u lidí s opravdovým hlubokým klidem v mysli. Stav vědomí a hlubší cítění, zobrazené nebesky modrým odstínem. vytvářejí hluboký klid v mysli, který se rozhostí v celém těle včetně všech jeho buněk. Klid a mír jsou výrazem vnitřní integrace osobnosti a všech nižších i vyšších vrstev jeho vědomí. Nedějí se žádná vnitřní roztříštění, žádné vnitřní boje. Vše vnitřní a vnější funguje v harmonické koexistenci a spolupráci. Klid je klíčovým slovem této harmonické kooperace.

Nebesky modrá vyšší kvalita vědomí zprostředkovává klid, který otevírá cestu k lásce a plnému vědomí. Klid je nezachytitelným a tajným kódem v každé vyšší formě komunikace jako je telepatie, přenos vědomí nebo splývání vědomí.

Tento odstín představuje vysoce léčivou barevnou vibraci a nesmí být zaměněn s bleděmodrou barvou, kterou je často možné pozorovat v souvislosti s vytěsňovanými pocity a myšlenkami, a také těmi, které se vážou k sebepopírání člověka. Tyto vytěsňované impulsy se usazují v dolní části těla a v oblasti nohou a lze je pozorovat jako ledově modrý odstín.

Ledově modrá barva znamená silné vnitřní vytěsňování a zamezování myšlenkové energie sexuálního, emocionálního / pocitového nebo intelektuálního charakteru.

Cvičení proti nespavosti: lidé s poruchami a problémy spojenými se spánkem by měli používat nebesky modrou barvu přímo ve své mentální auře.

Postup je nasledovný: lehněte si na záda. Úplně se uvolněte a nechte hlavu klesnout hluboko do polštáře. Když jste plně uvolnění, vizualizujte si před svým vnitřním zrakem nebesky modrou barvu a pečlivě vneste tuto barvu do své mentální aury. Prociťujte danou barvu svým srdcem - uvolněte ji ... Přeji vám příjemný spánek.

Růžová

Vyšší smysl: nepodmíněná láska - soucítění - humanitární činnost-přijetí / sebepřijetí - skutečná hluboká radost

Tento specifický odstín růžové barvy se váže k směrem ven směřované, horizontální srdeční energii. Proto je růžová co do své kvality velmi důležitá v souvislosti se zprostředkováním všech vyšších lidských pocitů, protože ty jsou vždy v přímé souvislosti s energií srdce. Růžová barva bude vždy zahrnuta v situacích, v nichž vycházejí lidé pokaždé z upřímného základu a jsou připraveni dávat; je spojena s každou humanitární aktivitou, činností, kdy se probouzí v lidech soucit, při akceptaci a sebepřijetí, v lásce k bližnímu, při bezpodmínečné lásce a při prožívání hluboké radosti.

Když je energie srdce v člověku aktivní, zpravidla se proudění energie děje samo od sebe. Energii srdce nedokážeme řídit, má svá vlastní pravidla. Jediné, co může být brzdou v proudění energie srdce směrem ven, je náš vlastní strach a obava z kontaktu nebo procítění právě této naší vlastní srdeční energie.

Plynoucí srdeční energie vychází ze srdeční čakry a z oblasti hrudníku, odkud proudí jemně a energeticky k osobě, subjektu, objektu nebo k jisté situaci, všude, kde vyvstává její skutečná potřeba.

Lidé s vyváženým energetickým systémem mají ve svém astrálním energetickém poli růžovou barvu zpravidla asi v 30 cm vzdálenosti před svou srdeční čakrou.

V přítomnosti takového člověka budeme mít pokaždé pocit přátelského naladění, pocit, že jsme vítáni a akceptováni. Člověk, který disponuje růžovou barevnou kvalitou, má zcela přirozený zájem zprostředkovávat a vysílat humanistické myšlenky, lidskost, léčení, lásku, soucítění a přijetí.

Růžová barva směřuje směrem ven ze srdce, má horizontální pohyb a je přímo spojena s energií srdce. Energie srdce je čistou léčivou energií, díky čemuž má silně léčivý, povznášející a osvobozující charakter. Směřuje tam, kde je jí zapotřebí a je vždy volně k dispozici.

Růžová barva je velmi nápomocná, když člověk potřebuje větší míru pocitového kontaktu se svými hlubšími pocity a spirituálními kvalitami a je velmi nápomocná snaze vyjadřovat emoce vyváženým způsobem a transformovat je.

Buddhova červená

Vyšší smysl: : skutečná hlubší individualita

Tento výjimečný červený odstín se váže k lidem, kteří mají dobrý kontakt se zemí, jsou s ní spjati a při konfrontaci s realitou disponují dobrou rozhodovací schopností. Tato konkrétní červená se objevuje v kořenové čakře, v astrální a mentální auře. Když začne člověk čerpat ze své hluboké víry a začne se o to všechno dělit, energie srdce se smíchá s červenou barvou a ve vyšší astrální auře vzniká odstín, o kterém se zde zmiňuji.

Tato barva je často vyobrazena v mentálním poli postavy Buddhy v buddhistických Tangách, odtud pochází i pojmenování jejího odstínu.

Tuto červenou lze vidět v energetickém poli člověka, když daná osoba vyjadřuje své hluboce individuální myšlenky a nápady. Tato barva je proto velmi dobře využitelná, když člověk hledá větší kontakt se svou hlubší individualitou a hodlá dosáhnout souladu mezi svým výrazem, řečí a jednáním. Buddhova červená silně ovlivňuje krční čakru, pokud se v energetickém systému člověka nacházejí vytěsňované emoce, pocity a myšlenky, které nedovolí, aby se v něm projevila jeho hlubší individualita. Tyto vytěsňovací mechanismy se nejčastěji vážou ke třem dolním čakrám. Proto může být tento odstín červené použitý na to, aby se dané vytěsňovací mechanismy dostaly do vědomí člověka.

Tato barva je vhodná i pro člověka, který neumí najít svou cestu v životě, když mu chybí to, co nazýváme směřováním v životě. Dokáže přinést klid ve spojení se se zemí, dodává pocit klidného, hlubšího a stabilního životního nasměrování. Je to barva, která by měla být používána s obezřetností, protože je velmi aktivní a může způsobit stres. Také dokáže vyvolat silné reakce v čelní a krční čakře, zejména když dolní tři čakry nejsou vyvážené.

Červenofialová

Vyšší smysl: síla prosadit se - kreativní posílení - vytváří emoční klid ve skupinách

Tuto vyšší astrální barvu je často možné pozorovat u lidí s velkou kreativní silou, která jim umožňuje prosadit se a "prodat se" a kteří disponují originalitou hraničící s genialitou; příznačné klíčové slovo pro ně je jednoduchost. Mají v sobě probouzející se kontakt k vyššímu vědomí a formám lásky.

Červenofialová kvalita vědomí je často příznačná pro šamany, medicinmany, umělce, vědce, vynálezce a podobně zaměřené lidi.

Tato barva je velmi nápomocná v krizových situacích, v nichž zmírňuje a tlumí nadměrné obavy a strach. Pro člověka se schopností vidět auru dokáže tato barva (tento stav vědomí) poskytnout jasno v náhledu na odvíjení konkrétní situace nebo na konec procesu spojeného s osobnostním rozvojem. Na základě informací získaných propojením se na danou barvu může být danému člověku případně poskytnuta osobní rada.

Navíc je tato barva užitečná v souvislosti se skupinami, kde nastoluje pocit mentální sounáležitosti, klid v emocích, inspiraci a kreativitu.

Tato barva má schopnost působit najednou ve více dimenzích, jelikož svou velmi rychlou vibrací proniká přes všechny ostatní barvy a dimenze vědomí. Červenofialová vytváří dobrou propojenost mezi kořenovou, srdeční a korunní čakrou a tím napomáhá i přirozené polaritě mezi fyzickou a duševní realitou člověka.

Vínově červená (tmavá magenta)

Vyšší smysl: Zmírnění a léčení bolesti - perspektiva v utrpení - uvolnění negativních vazeb

Tento barevný odstín je velmi podobný barvě červeného vína, když se na něj díváme například v láhvi, kterou podržíme proti slunci.

Když se vědomí váže na něco, co není tím, co si představujeme nebo očekáváme, nastává pocit utrpení. Vínově červená barva se hodí k uvolnění vazeb, z kterých vyvstává utrpení. Tato barva dokáže v okamžiku přivést vědomí na jiné místo, odkud se může podívat na utrpení z vyšší perspektivy a zároveň se dokáže přizpůsobivě konfrontovat s bolestí.

Tímto je trpící astrální aspekt spojený s dimenzí vyššího vědomí a ve vyšší astrální auře člověka se objeví vínově červená barva nebo její podobný odstín.

Medová barva

Vyšší smysl: vnitřní spirituální vedení - trpělivost - duševní radost - humor

Představte si pohled do nádoby s čerstvým tekutým medem. Toto je nejvěrnější odstín barvy, o které pojednávám.

Lidé s touto barvou v jejich vyšší astrální auře jsou mlčenliví a hodně toho sami od sebe neudělají - ve srovnání s běžnou mírou lidské aktivity. Tito lidé pracují v tomto světě velmi tiše a nepozorovaně, protože nevyhledávají žádné vnější potvrzení výsledků své činnosti nebo uznání. Tyto ojedinělé lidi je často možné najít kolem skutečného spirituálního učitele nebo gurua nebo mezi mnichy, nebo v mnišských řádech a v mnoha duchovních komunitách po celém světě.

Tato barva je výrazem osobnosti, která se vždy ochotně podřídí vůli svého vnitřního a vnějšího rádce. Schopnost podřídit se spirituální vůli a impulsu a přizpůsobit jim ve vzájemné shodě své myšlenky a činy je nejvyšším projevem a nejvyšší kvalitou vědomí této barvy. Vytváří vnitřní ojedinělou duševní radost a humor, které projevují tyto osoby velmi suchým a velmi zemským způsobem - je to podobná stálá radost a podobný humor, jaký mají někteří lidé ve velmi vysokém věku, kteří jsou zároveň duševně velmi čilí.

I trpělivost je jedním z vyšších smyslů této barvy. Tuto barvu se doporučuje používat, když je vyšší vůle člověka velmi emočně ovlivněna, zejména v případech, kdy stojí v popředí závist a žárlivost, strach ze ztráty, strach něco opustit a zejména v případě velké netrpělivosti.

Zelená barva přírodních věd (vyšší mentální zelená)

Vyšší smysl: zaměřenost na cíl - preciznost - sebedisciplína

Tato zelená kvalita vědomí se často vyskytuje u lidí, kteří mají schopnost být zaměřeni na cíle, jsou precizní a disciplinovaní. Vysoká etika, která se spojuje s přírodními vědami, je poznávacím znamením této vlastnosti. Schopnost člověka být zaměřen na cíl a jeho preciznost prostřednictvím sebekázně vyžaduje vysokou morálku a etiku. Danost pracovat do hloubky a důkladně pro nějaký cíl nebo výsledek nějakého rozhodnutí je často mnohaletá nebo celý život trvající aktivita.

Když se na realizaci nějakého cíle čeká z roku na rok, pro mnoho lidí se daný cíl často stává stále méně aktuálním.

Není tomu tak v případě lidí s tímto vyšším smyslem. Pronikají do hloubek, které jsou často dostupné jen lidem jim podobným. Tito lidé jsou často označováni za geniální, i proto, že jsou schopni pronikat až do takových hloubek.

Této schopnosti být zaměřen na cíl a být precizní můžeme vděčit za mnohé velké lidské objevy, které změnily svět a možnosti lidí k lepšímu. Když jsou takové schopnosti nebo přirozené nadání využívané vládami a režimy, kde je motivem v pozadí strach, tato úžasná schopnost je bohužel využívána i destruktivním způsobem.

Vyvážená zelená

Vyšší smysl: vyváženost a harmonie

Člověk s vyváženým čakrovým a energetickým systémem bude více či méně propojen s uvedeným vyšším smyslem. Protože vyváženost je klíčovým slovem ve spojení s jakýmkoli růstem na všech lidských úrovních, tato barva má také klíčovou pozici vůči všem ostatním vrstvám vědomí nebo úrovním vědomí energetického pole. Slovo vyváženost můžeme chápat jako spolupráci různých úrovní vědomí v harmonickém souznění, které jsou dle svého významu vnímány jako stejně důležité.

Při vyvážené srdeční čakře vzniká v astrálním energetickém poli přirozeným způsobem růžová barva, přibližně v 30 cm vzdálenosti před srdeční čakrou. Vyvážená zelená kvalita vědomí se stará o nastolení vyváženosti v čakrovém systému, zatímco růžová je odpovědná za to, aby byla tato vyváženost poskytována a rozdělována rovnoměrným způsobem.

Když není čakrový systém vyvážený, oprávněně můžeme použít biblický výrok o házení perel sviním, protože takový postoj vede k nesprávnému způsobu, jak se člověk jiným odevzdává a "rozdává". Nemá smysl dávat něco ze své velké vnitřní hodnoty, aby toto lidé následně využívali pouze pro svůj vlastní profit a bez hlubší etiky. Lidé s takovými emocionálními motivy nebudou nikdy schopni docenit to, o co se s nimi člověk dělí.

Transformační zelená

Vyšší smysl: přivádění vědomí za všechny strachy - vytváření transformace emocí

Tato jemná zelená barva se objevuje v energetickém poli lidí, kteří dokáží zprostit své vědomí strachu. Protipólem této kvality vědomí jsou proto oblasti strachu a obav, které jsou spojeny s nižší astrální aurou a se solar plexem. Strach a obavy mají smršťující efekt na celou auru člověka, zatímco láska a vroucnost mají na energetické pole rozpínací efekt.

Strach je možné přemoci, pokud se člověk naučí konfrontovat se se svým strachem a stavět se k němu konstruktivně. Kvalita vědomí, která se spojuje s touto zelenou barvou, dokáže člověka posílit a pomoci mu konfrontovat se s jeho strachem na hlubší úrovni. Prostřednictvím cvičení může být vědomí zbaveno strachu.

Zbavit vědomí strachu a obav není možné v krátkém čase. Vyžaduje to trpělivost a cvičení.

Nejprve si člověk představuje transformační zelenou barvu, následně se pokusí procítit ji. Tento postup umožní probudit v sobě tento zvláštní pocit v situacích, kdy člověk pocítí strach. Strach je iracionální emoce, která je auricky spjata s fyzickým tělem a s astrální a nižší mentální aurou. Spojitost mezi myšlenkou, emocí a tělem je možné zažít prostřednictvím určitých meditativních cvičení, při kterých se používá právě tento odstín zelené barvy.

Tyrkysová

Vyšší smysl: upřímnost

Základní kvalitou tyrkysové barvy je upřímnost. Tyrkysová je velmi léčivá barva, která může být velmi užitečná v souvislosti s problémy v čakrovém systému a v dětství. Lidé, kteří jsou upřímní vůči sobě samým a vůči ostatním, si snadno vytvářejí kontakt k této barvě a k jejímu aspektu v rámci vědomí. Když máme strach říct to, co cítíme, co si myslíme a jak něco míníme, jsme zavřeni vůči tomuto aspektu vědomí, které je reprezentováno tyrkysovou barvou. Příčinou našeho mlčení je strach z toho, co by se mohlo na základě naší upřímnosti a otevřenosti stát.

Jako děti se velmi brzy naučíme potlačovat věci, které rodiče a naše okolí nedobře přijímají. Naučíme se přizpůsobit se stanoveným normám.

Z osobního hlediska a hlediska rozvoje osobnosti je tyrkysová jednou z nejlepších barev pro zpracování takových zážitků z dětství, které nevyhnutelně způsobují potíže v našem čakrovém systému. Tyrkysová může skutečně navodit léčení v jedné či více porušených čakrách.

Jednou z nejlepších možností vytvoření si kontaktu k této barvě jsou noční sny. Sny člověka s problémy v čakrách, které vyplývají z jeho dětství, se budou vždy snažit vyvážit toto narušení, a to největší možnou mírou upřímnosti.

Světle tyrkysová

Vyšší smysl: kontakt se srdcem - vnitřní dítě - jednoduchost

Světle tyrkysová v spirituální auře poukazuje na stupeň citového kontaktu člověka k sobě samému. Tento speciální druh kontaktu se nazývá srdečním kontaktem (v angličtině feeling contact). Člověk, který disponuje vůči sobě samému takovým druhem kontaktu, jím bude disponovat i vůči ostatním lidem.

Všichni se rodíme se srdečním kontaktem v sobě. Když začne malé dítě soustředit své vědomí na vlastní ručky a nožky, znamená to, že si začíná uvědomovat vlastní tělo. Ve věku přibližně půl roku je děťátko schopno soustředit své vědomí na jiné lidi - ti, kteří jsou v kontaktu s malými dětmi, tuto skutečnost v souvislosti s nimi určitě rozpoznávají. Pokud je člověk alespoň trochu vnímavější, neunikne mu, že když dítě zaměřuje na někoho svou pozornost, děje se něco zcela výjimečného. Většina lidí zažívá při takovém kontaktu hlubokou radost, která je pro ně příjemným a povznášejícím pocitem. Některé velmi citlivé lidi to může hodně překvapit nebo dokonce přímo vystrašit, že nedovedou své rozpoložení vůči dítěti nijak maskovat či skrýt.

Dítě má důkladný srdeční kontakt k sobě samému a tento kontakt ještě není oddělen od jeho vlastního vnitřního jednotného vědomí. Když zaměří dítě svůj pohled na nějaký předmět či osobu, nezažívá tedy žádný rozdíl mezi svým subjektivním vědomím a objektem, na který je jeho vědomí zaměřené. Prostřednictvím srdečního kontaktu v rámci svého zaměřeného pohledu zažívá dítě přirozenou jednotu se svým okolím a ještě se nenaučilo, co se vědomí týče, rozlišovat mezi sebou a svým okolím. Zažívá podněty bez předsudků a s plnou mírou akceptace ve smyslu toho, v jakém vnitřním rozpoložení se člověk nachází - zda je někdo veselý, nadšený, smutný, zda je zklamán, rozzlobený nebo frustrovaný. Dítě si všechno hluboce uvědomuje, aniž by posuzovalo. Dítě pozoruje okolí s naprosto neutrálním vyladěním.

Přesto se může dítě leknout, když má svou pozornost zaměřenou na dospělého a když se neočekávaně konfrontuje s výraznými obrannými mechanismy tohoto dospělého, které vycházejí ze strachu. V takové situaci může dítě najednou začít plakat.

Barvou vibrace vědomí malého dítěte při takovém druhu zaměření pozornosti je světle tyrkysová, která vyjadřuje i čistotu srdce a srdeční kontakt k sobě samotnému a k celému svému okolí.

Tato forma čistého srdečního kontaktu se časem vytrácí. Nakonec se dítě od tohoto kontaktu oddělí, aby si mohlo začít uvědomovat své pocity, mentální zdroje a lidskou řeč. Tato jeho vrozená schopnost přirozeně upadá. Lidé, kteří si jsou vědomi své citlivosti (nemají před ní žádný strach), mají v pozdějším dospělém životě možnost opět této schopnosti nabýt.

S kvalitou této barevné vibrace jsou navíc spojeny aspekty jako jsou upřímnost a čisté a věrné srdce. Prostřednictvím vibrace upřímnosti a věrného srdce se člověk setkává se svým vnitřním dítětem. Tato barva je vhodná, pokud si chce člověk vytvořit lepší citový kontakt se svým vnitřním dítětem a chtěl by dosáhnout lepšího vyjádření pocitů spojených s jeho vnitřním dítětem.

Tmavomodré / modrofialové odstíny a religiózní pocity

Vyšší smysl: skutečná náboženská víra - religiózní aspekt

Již od nepaměti má člověk reálnou potřebu něčemu věřit, něčemu, co je majestátnější a co existuje mimo tento fyzický svět. Tato skutečná lidská potřeba se projevuje prostřednictvím všech světových náboženství. Religiózní zaujetí lidí se manifestuje ve vyšší astrální auře jako tmavomodrý barevný odstín.

V našich časech je potřeba věřit něčemu vyššímu mnohem větší než tomu bylo dříve. Odborníci na náboženskou tematiku hovoří o religiózní - náboženské vlně. Mnohostrannost náboženských směrů, filozofie, přírodních věd, psychologických směrů, guruů, duchovních učitelů atd. nebyla nikdy rozmanitější.

Jediné, co je spojuje, je pojem "víra", se kterým jsou lidé konfrontováni. Víra a náboženské cítění vytvářejí ve vyšší astrální auře občas modré a modrofialové barevné odstíny.

Existuje řada modrých, tmavomodrých a modrofialových odstínů, které reprezentují specifické vyšší pocity. To, co tyto odstíny spojuje, je náboženské téma.

Panenská modrá

Vyšší smysl: náboženská oddanost - léčení - hudba - telepatie - odevzdanost - vyváženost mezi hemisférami - koncentrace - zaměření pozornosti

Ve svém náboženském významu a svém ženském aspektu se jedná o barvu odevzdanosti, která je spojena s Pannou Marií. Když dosáhne člověk v rámci svého duchovního rozvoje mentální rovnováhy v používání své pravé a levé poloviny mozku, v jeho mentálním systému nastává schopnost přijímat vyšší duchovní impuls. Tento duchovní impuls je Kristův impuls. Aspekt Marie je božským ženským živícím aspektem a aspektem odevzdanosti v rámci rozvoje směrem ke Kristovu impulsu.

Mentální klid a zcela jasné zaměření na cíl jsou mužskou silou, která je nezbytná k dosažení tohoto cíle. Tato barevná kvalita je z mužského hlediska velmi intenzivním vnitřním klidem a jasností. Proto ji nazýváme i královskou modrou - kvůli srozumitelnosti a klidnému přehledu a koncentrované schopnosti zaměření své pozornosti, která je člověku vlastní a se kterou je spjat. Takto disponovaní lidé mají vůdčí schopnosti.

Je to také barva, která nastoluje rovnováhu mezi oběma hemisférami a do vědomí vnáší schopnost abstraktního a intuitivního myšlení. Má spojující charakter a vytváří jednotu, místo aby oddělovala a rozbíjela.

Tato barva má zvláštní spojitost s vyváženou žlutou. Aktivuje také schopnost přijetí a odevzdanosti a někdy má silný vliv na krční a čelní čakru, kde může případně také vyvolávat silné reakce. Při příliš velké aktivitě krční a čelní čakry by měl být člověk velmi obezřetný. Platí to především pro osoby se schopností jasnovidectví, protože nadměrná aktivita například v oblasti krční čakry, která trvá více než 14 dnů a déle, může vést k predispozici vůči Basedově nemoci a ke strumě, neboli zvětšení štítné žlázy. Aktivita v rámci jak krční, tak i čelní čakry, je jinak spojena i se spirituálním růstem v těchto čakrách. Přesto by měl být člověk při dlouhodobější nadměrné aktivitě vždy obezřetný.

V takovém případě by se člověk měl zdržet všech vnějších a vnitřních aktivit, které vedou k uvedené nadměrné aktivitě. Člověk může například v souvislosti s jasnovidectvím příliš silně využívat svou čelní čakru.

Modrá barva iniciace

Vyšší smysl: iniciační zážitek - náboženská / spirituální povolanost

Je to barva, která se objeví v energetickém poli tehdy, když je člověk z vlastního nitra iniciován k spirituálnímu procesu rozvoje, v rámci kterého se v jeho životě ukrývá i jeho povolanost nebo mise v této oblasti. Proto nazýváme tuto specifickou barvu i iniciační modrou.

Pokud nastane takové vnitřní spirituální zasvěcení, týká se většinou více životů a inkarnací a následkem je několik iniciačních událostí. K první iniciační události se váže modrá barva iniciace.

První počáteční událostí je příliv spirituální energie do osobnosti, která je na krátký čas nebo jistý moment naplněna intenzivní energií vyššího vědomí. Tato energie v sobě nese inspiraci nadcházející formy a rozvoje směrem ke speciální povolanosti či misi člověka.

Po iniciační události, která se může objevit v rámci iniciačního snu, při meditaci či zážitku, kdy se člověk nachází blízko smrti, člověk začne z vnitřních pohnutek vyhledávat poznání a prostředí, v rámci nichž se může rozvíjet v souladu se svým cílem a povoláním, přestože si daný člověk tohoto faktu nemusí být ještě plně vědom. Celý tento proces rozvoje je řízen aspektem iniciační modré hluboko ve vědomí a v srdci člověka, nachází se v něm a stále v člověku působí.

Iniciační modrou barvu lze pozorovat u lidí, kteří jsou schopni následovat svou vnitřní povolanost, misi a svou víru a pevně se jí držet, i když se může taková víra zdát ve srovnání s realitou fyzického života mystickou a neskutečnou. Člověk, který zažije skutečnou iniciační událost, musí svou víru nutně následovat, protože pokud tak neučiní, onemocní nebo zažije duchovní smrt. Tato barva se váže k vyššímu vědomí člověka.

Fialová

Vyšší smysl: důstojnost - vznešenost

Spirituální fialová kvalita barvy má nejsilnější pronikající vyzařování. Pronikne všechny vrstvy vědomí energetického pole, které se pod ní nacházejí a spojuje se s janovidectvím, intuicí i vyššími vrstvami vědomí.

Lidé s uvedeným vyšším smyslem a s touto barvou ve svém energetickém poli mohou vstoupit do místnosti spolu s dalšími lidmi a bez jakéhokoliv úmyslu se mohou stát centrem pozornosti jiných, byť by neřekli ani slovo.

Tito lidé svým vyzařováním a přítomností všechno vědomě nebo nevědomě prozáří - i pocit sounáležitosti ve skupině, či seskupení lidí. Automaticky se stávají hlavními osobnostmi - mluvčími v rámci seskupení lidí.

Fialová barva má tendenci vytvářet celistvost a váže se také ke korunní čakře, která je energetickým centrem všech ostatních čaker nacházejících se pod ní.

Fialová barevná kvalita bude vždy stát ve službách psychologické celistvosti a bude přivádět lidi k vyššímu vnímání sounáležitosti v rámci pocitu důstojnosti a vznešenosti.

Nejranější záznamy a popisy fialové barvy se nacházejí v písemných záznamech z období narození Krista. Od toho období nebyla tato barva nikde popsána - kromě antroposofie. Může to být překvapivé, pokud se díváme na barvy jako na různé aspekty vědomí s různorodými vlastnostmi a kvalitami - znamená to, že je možné, že člověk si vibraci fialové barvy dokázal uvědomit až v období narození Krista.

Světlefialová

Vyšší smysl: Boží milost - spirituální bdělost - duchovní porodní asistentka

Tento velmi vysoký pocitový impuls je spojen s vnitřním rádcem člověka a s jeho vyšším vědomím. Tuto barvu často nosí a vyzařují ženské moudré bytosti. Světlefialová barva je čistě spirituální impuls, který je projevuje například v Boží milosti, jasné intuici a vizi - v případě, že se objevuje ve vyšší astrální auře člověka.

Tato barva hraje svou roli při přechodech mezi jednotlivými úrovněmi vědomí nebo při každé formě obměny vyšší sféry vědomí. Obměnám nebo změnám vědomí jsou denně vystaveni všichni lidé - například v souvislosti s bděním či spánkem, snem a skutečností, meditací a fyzickou aktivitou.

Pokud dokáže člověk trénovat své vědomí a zůstávat během těchto přechodů ve stavu jasného vědomí, naváže kontakt se světlefialovou barvou. Při velkých změnách vědomí a při přechodech mezi jeho úrovněmi, které se dějí mezi narozením a smrtí člověka, jsou často na pozadí té osoby pozorovatelné světlefialové odstíny, což představuje psychickou podporu při těchto významných přechodech. Proto se tato barva nazývá i duchovní porodní asistentkou. Obecnému vědomí poskytuje pocit Boží milosti.

Kapitola 4
Cvičení

Uvedl jsem, že se zmíním o některých jednoduchých meditativních cvičeních a poskytnu k nim popis. Může je provádět prakticky každý člověk. Všechna cvičení je však třeba vykonávat na vlastní zodpovědnost. Lidé trpící vnitřní nerovnováhou nebo duševním onemocněním by je neměli vykonávat. Provádění cvičení meditativního charakteru, která jsou spojena s různými body energetického pole člověka, mají za cíl přivést cvičícího k většímu souladu se sebou samým a tím i zvýšit kvalitu jeho vědomí pro jeho každodenní existenci a fungování v životě.

Cvičení fungují pouze v tom případě, že jsou prováděna v pravidelných časových odstupech. Pravidelné provádění cvičení vytváří lepší základ pro to, aby mohla energie v energetickém poli člověka lépe proudit, protože jednotlivé body jsou aktivovány vědomím člověka. Znamená to, že následně budeme moci mnohem lépe fungovat v každodenním životě jak po fyzické, tak i po psychické stránce. Doporučuji také, aby si zájemci o uvedené cvičení sestavili svůj denní cvičební program, který by mohl mít trvání v rozmezí 15 až 30 minut. Takovým způsobem lze ze cvičení dosáhnout největšího možného účinku. Pokud byste měli dotazy týkající se sestavy cvičebního programu, rádi vám poskytneme rady na emailové adrese **mail@auric-energyfields.com** a také vám rádi poskytneme informace týkající se našich kurzů - navštivte prosím internetovou stránku

www.auric-energyfields.com

Všem, kteří mají zájem o cvičení, přeji hodně příjemných a přínosných hodin strávených při jednotlivých cvicích.

Dechová cvičení

Existuje mnoho různých cvičení, která se soustřeďují na dech a na práci s ním. Všechna slouží k tomu, aby na jejich základě došlo k vytvoření lepšího propojení mezi například hlavou a tělem, mezi myšlenkami a pocity, mezi introverzí a extraverzí, mezi dvěma energetickými body atd.

Zároveň tato cvičení napomáhají lepšímu toku energie v celém éterickém energetickém systému, protože dech představuje největší éterický příjem éterické energie, která je nám lidem k dispozici, hned na druhém místě po příjmu energie ze stravy. Této skutečnosti si jsou vědomi ve východním světě již několik tisíciletí a mnozí lidé tam denně praktikují takzvanou pránajámu. Slovo „prána" je pojmenováním pro éterickou energii. „Jáma" je pojmem pro dechové cvičení.

Dechové cvičení mezi čelní čakrou a sakrální čakrou

Cvičení se provádí 10 minut denně

Cílem tohoto cvičení je vytvořit si přirozenou kontrolu nad emocemi, jako například nad velkým strachem, nekontrolovatelnými a příliš silnými, často kamuflovanými jako potřeby, umíněnost, dogmatizmus či tvrdohlavost i nad nepružnými a mocenskými postoji, mocenským bojem a zaměřeností na výkon. Dechové cvičení mezi čelní čakrou a sakrální čakrou je základním cvičením pro lepší fungování energetického systému v případě, že člověk se konfrontuje s některým z výše uvedených stavů.

Díky dennímu provádění tohoto cvičení dochází z energetického hlediska u člověka k propojení čelní a sakrální čakry, což vytváří v energetickém poli obloukové spojení zmíněných dvou čaker. Takový oblouk lze pozorovat u lidí, kteří přirozeně disponují vyvážeností mezi těmito dvěma čakrami.

Je důležité, aby byl váš dech klidný a hluboký, aby jste nedýchali silně a aby byl během 10 minut cvičení udržován v podobném opakujícím se rytmu.

Cvičení
1. Při nádechu se soustřeďte na vaši čelní čakru uprostřed čela. Následuje soustředění pozornosti na směřování dechu dolů k sakrální čakře do středu břicha.
2. Při výdechu soustřeďte svou pozornost na vydechnutí vzduchu ze sakrální čakry směrem nahoru do čelní čakry.

Dechové cvičení mezi srdeční čakrou a sakrální čakrou

Toto cvičení se provádí pravidelně, přibližně třikrát týdně po 10 minutách.

Toto dechové cvičení napomáhá větší vzájemné propojenosti mezi sexualitou a energií lásky, což je nezbytné, pokud chce člověk dosáhnout skutečné, vnitřní a hluboké sexuality. Toto cvičení je rozdílné pro muže a pro ženy, protože v jejich tělech dochází k rozdílnému toku energie.

Muži - cirkulace dechu mezi srdeční a sakrální čakrou
1. Veďte klidně svůj nádech ze srdeční čakry spolu se soustředěním vaší pozornosti směrem do sakrální čakry.
2. Veďte výdech ze sakrální čakry spolu se soustředěním se na oblouk ve vašem energetickém poli směrem vzhůru k srdeční čakře.

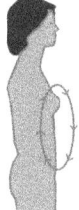

Ženy - cirkulace dechu mezi sakrální a srdeční čakrou
1. Veďte klidně svůj nádech ze sakrální čakry spolu se soustředěním vaší pozornosti směrem nahoru do srdeční čakry.
2. Veďte výdech v oblouku spolu se soustředěním vaší pozornosti na energetické pole zpět do sakrální čakry.

Dechové cvičení mezi sakrální čakrou a čelní čakrou

Toto cvičení spojuje vědomí a spirituální aspekt s aspektem sexuality a spontaneity. I toto cvičení se provádí u mužů a žen rozdílným způsobem.

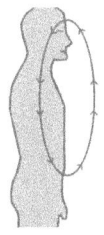

Muži - cirkulace dechu mezi čelní a sakrální čakrou
1. Veďte nádech soustředěný do čelní čakry uprostřed čela klidně směrem dolů, k sakrální čakře.
2. Veďte výdech ze sakrální čakry v oblouku zpět do svého energetického pole, směrem k čelní čakře.

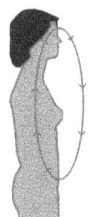

Ženy - cirkulace dechu mezi sakrální a čelní čakrou
1. Veďte svůj nádech klidně tělem ze sakrální čakry vzhůru k čelní čakře.
2. Veďte výdech z čelní čakry do energetického pole a v polooblouku jej veďte zpět do sakrální čakry.

www.auric-energyfields.com

Cvičení s partnerem

Partnerské cvičení mezi mužem a ženou na cirkulaci dechu mezi sakrální a srdeční čakrou

Stůjte nebo seďte proti sobě tak, abyste byli předními částmi vašich těl ve vzájemné těsné blízkosti. Nebo žena si může také lehnout na muže.

5 minut denně

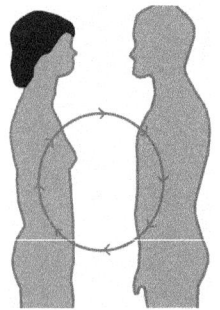

Muž: Představte si, jako by váš nádech vycházel ze srdeční čakry vaší partnerky. Veďte ho odtud směrem ven do vlastní srdeční čakry a dále do sakrální čakry. Výdech se děje směrem ze sakrální čakry směrem do sakrální čakry partnerky a jejím tělem nahoru do její srdeční čakry.

Žena: Představte si, jako by váš nádech vycházel ze sakrální čakry vašeho partnera. Veďte ho odtud do vlastní sakrální čakry a odtud dále do vlastní srdeční čakry. Výdech se provádí ze srdeční čakry směrem k srdeční čakře partnera a odtud dále k sakrální čakře partnera.

Partnerské cvičení mezi mužem a ženou na cirkulaci dechu mezi čelní a sakrální čakrou

5 minut denně

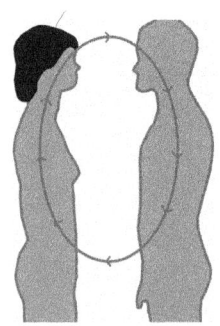

Muž: Představte si jakoby váš nádech vycházel z čelní čakry vaší partnerky, odtud pokračuje dále k vaší vlastní čelní čakře a dolů tělem k sakrální čakře. Výdech se provádí ze sakrální čakry a odtud k sakrální čakře partnerky a dále tělem směrem nahoru k čelní čakře partnerky.

Žena: Představte si, jak váš nádech vychází ven ze sakrální čakry vašeho partnera, odtud pokračuje k vaší vlastní sakrální čakře a dále tělem vzhůru k čelní čakře. Výdech se realizuje ven z čelní čakry směrem k čelní čakře partnera a odtud je veden tělem partnera dál, směrem dolů a končí v sakrální čakře vašeho partnera.

Cvičení na uzemnění se

5 minut denně

Toto cvičení vám navodí jasno ve vašem vědomí. Zároveň zvyšuje pochopení toho, co je v souvislosti s fyzickou realitou realistické a užitečné. Toto cvičení je tedy velmi důležité, protože nás přivádí do souznění s fyzickou skutečností. Realizuje se prostřednictvím pomalých, klouzavých, tanečních pohybů, zatímco pozornost je zároveň orientována na jisté body na těle a na prováděné pohyby.

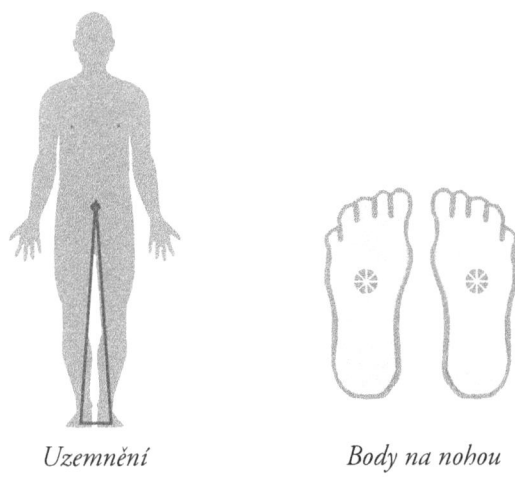

Uzemnění *Body na nohou*

1. Zaměřte svou pozornost na vaši sakrální čakru (1-4 centimetry pod pupkem) a navažte s tímto bodem dobrý kontakt.
2. Přeneste své těžiště na pravou nohu a zároveň zaměřte svou pozornost na pravý bod na noze.
3. Následně přeneste těžiště na levou nohu a soustřeďte se na levý bod na noze.
4. Přeneste těžiště zpět do středu vašeho těla a zároveň zaměřte svou pozornost na vaši sakrální čakru. Následně cvičení opakujte. Cvičení zakončete v sakrální čakře.

Cvičení zaměřené na vizualizaci barev

15 minut třikrát týdně

1. Představujte si červenou barvu. Pociťte ji. Umístěte si ji do kořenové čakry. Na dvě minuty udržte svoji koncentraci a barvu v kořenové čakře.
2. Tento postup se opakuje při každé další čakře, vždy s jinou barvou. V sakrální čakře si vizualizujte jasnou oranžovou barvu, v čakře solar plexu jasnou žlutou barvu, v srdeční čakře jasnou zelenou barvu, v krční čakře jasnou modrou barvu, v čelní čakře jasnou indigovou barvu a nakonec v korunní čakře si vizualizujte jasnou fialovou barvu.
3. Když se dostanete ke korunní čakře, soustřeďte svou pozornost na krátký čas na vaši čelní, krční, srdeční čakru, čakru solar plexu, na sakrální a kořenovou čakru spolu s barvami, které jim náleží.

Cvičení zakončete v kořenové čakře.

Barvy k tomuto cvičení:
Pokud byste si nebyli jisti barvami, které jednotlivým čakrám přísluší, můžete si je prohlédnout na stránce www.frankloretzen.dk .

Cíl cvičení
Toto cvičení stabilizuje přirozenou rotační rychlost a pulzování jednotlivých čaker a zároveň udržuje jednotlivé čakry v příznivé, zdravé kondici. Účelem tohoto cvičení je přivést jednotlivé čakry do jejich přirozeného stavu, což vnímá většina lidí pouze na úrovni vlastní fyzické a psychické pohody. Pokud by se v některé čakře vyskytoval blok nebo nevyváženost, barva, která jí přísluší, napomůže rozpustit danou nerovnováhu a také přenést do vědomí člověka nevědomý psychický materiál, který se v ní nachází.

Obtíže při cvičení
Pokud se v některé čakře nacházejí bloky, je pro člověka v takto narušené čakře těžší udržet svou koncentraci. Když se vám nepodaří skoncentrovat se, nedělejte si s tím starosti. Pokud si všimnete, že vaše koncentrace v souvislosti s konkrétní čakrou upadá, vraťte se do bodu - čakry, při níž jste koncentraci ztratili a pokračujte dál od ní. Pokud byste při tomto cvičení pocítili nepohodlí, je dobré přestat. Pokud byste přece jen zamýšleli pracovat se svými čakrami dále, měli byste vyhledat osobu, která má příslušné znalosti a zkušenosti s prací s čakrami.

Barevná meditace s třemi synchronními barvami

Pokud by si chtěl člověk vytvořit lepší kontakt se svým vnitřním rádcem, zpravidla musí být zvýšena vibrační rychlost v jeho astrálním energetickém poli. V zájmu zvýšení vibrační rychlosti vám doporučuji jemné meditativní cvičení, zaměřené na vizualizaci barev. Toto cvičení bylo vyvinuto Bobem Moorem a je to jedno ze cvičení, které jsem sám s velkým úspěchem využil a rád bych se o něj podělil s těmi, kteří by měli o toto cvičení zájem. Podle potřeby si prohlédněte barvy na stránce www.auric-energyfields.com.

Lidé, kteří hodlají toto cvičení provádět, by měli vědět, že jim přenese veškerý psychický materiál do jejich vědomí; materiál, který brání člověku v tom, aby pochopil a poslouchal svou vnitřní moudrost. Tento psychický materiál musí být člověkem uvědoměný a zpracovaný, pokud má být toto cvičení nápomocné. Lidé s psychickými problémy nebo jinými nesrovnalostmi v psychice by neměli toto cvičení provádět. Připomínám, že cvičení vykonává člověk na vlastní zodpovědnost. Pokud je toto meditativní cvičení prováděné pečlivě jednou denně přibližně 10 minut po dobu půl roku, vnitřní moudrost člověka bude vtažena prostřednictvím vyšší frekvence vibrací do jeho astrálního energetického pole. Lidské vědomí je skvělým mnohostranným nástrojem – i v tomto případě, když se jedná o barvy. Pokud je patřičná barva vizualizovaná a pečlivě vnášena do energetického pole, její přítomnost v energetickém poli lze pozorovat následně až po dobu 48 hodin.

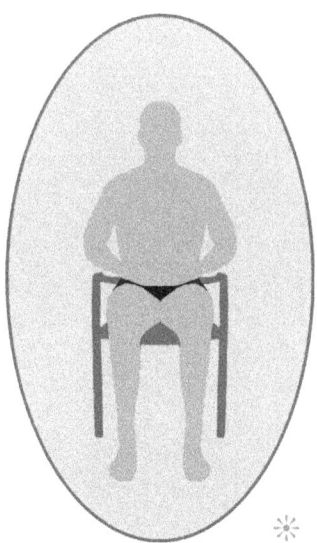

Při tomto cvičení se pracuje se třemi konkrétními barvami. Se zlatou, růžovou a nebesky modrou. Jeden týden pracuje člověk se zlatou, další týden s růžovou a následující týden pak s nebesky modrou barvou.

1. Podívejte se na danou barvu svým vnitřním okem. Pokud s ní navážete dobrý kontakt, prociťte ji svým srdcem.
2. Umístěte danou barvu do esenciálního bodu 30 cm nad hlavou a nechte ji, aby postupovala z tohoto bodu směrem dolů ze všech stran, vpředu i vzadu, ve vzdálenosti 30 cm od vašeho těla až do bodu 30 cm hluboko pod vašimi chodidly. Buďte důslední a dopřejte si dostatek času.
3. V bodě pod chodidly si vizualizujte světlo (bez jakékoliv konkrétní barvy - prostě jen světlo). Tahejte toto světlo nahoru mezi své nohy, výše vzhůru mezi vašima nohama, dále výše přes vnitřek vašeho těla, vnitřek krku a hlavy až do bodu 30 cm nad vaší hlavou. Uvolněte světlo, pusťte ho a chvíli klidně seďte. Tímto je cvičení ukončeno.

Medová barva

5 minut dvakrát týdně

Toto cvičení, jehož podstatou je barevná vizualizace medové barvy, je vhodné zejména pro lidi, jejichž vyšší vůle je silně emočně ovlivněna, a to zejména v případě, kdy je tato skutečnost spojena se závistí a žárlivostí, strachem ze ztráty a strachem něco pustit. Toto cvičení může být použito i v případě velké netrpělivosti.

1. Upřete krátce svou pozornost na vaši srdeční, krční, čelní a korunní čakru.
2. Následně upřete svou pozornost do esenciálního bodu 30 cm nad vaší hlavou, který je vrcholovým bodem vaší mentální aury. Vizualizujte si medovou barvu a umístěte ji do daného bodu.
3. Nechte medovou barvu rozšířit se kolem vaší hlavy a kolem celé mentální aury dokud celou vaši mentální auru úplně nepokryje. Ukončete vizualizaci barvy v srdeční čakře, v nejnižší oblasti mentální aury.
4. uvolněte medovou barvu a na krátký čas upřete svou pozornost na vaši sakrální, kořenovou čakru a na vaše chodidla. Tímto je cvičení ukončeno.

Speciální cvičení

Cvičení proti nespavosti

Nespavostí trpí mnoho lidí. Příčin je mnoho, jednu však mají všechny společné - pocit neklidu v mysli a v těle. Pokud budeme imitovat stav energetického pole, v jakém se nachází, když pociťujeme mír a klid, budeme moci navázat kontakt i s naším vlastním hlubokým mírem.

Hluboký mír září v energetickém poli jako nebesky modrý barevný odstín, a to zejména v mentální auře. Prohlédněte si barvu, o které pojednávám, na stránce www.franklorentzen.dk . Toto cvičení se provádí ve fázi usínání, může být však prováděno kdykoliv jindy, když si přejeme navázat kontakt s naším vnitřním mírem.

Upravte svůj polštář tak, abyste měli v leže úplně uvolněnou hlavu, krk a ramena.

1. Ležte na zádech.
2. Nechte svou hlavu klesnout do polštáře - zcela volně. Dovolte, aby klesala a klesala stále hlouběji.
3. Pokud jste úplně uvolnění, vizualizujte si před vaším vnitřním zrakem nebesky modrou barvu, prociťte tuto barvu a pečlivě ji umístěte do celé vaší mentální aury - nad hlavu, dopředu, na pravou a levou stranu a také dozadu, na horní část zad, na ramena a na hrudník.

Uvolněte barvu a ať se vám následně dobře spí.

Očištění místnosti a aury

Očištění a transformace místnosti se špatnou atmosférou se děje v souladu se čtyřmi světovými stranami. Následuje popis daného postupu.

1. 1. Postavte se do středu místnosti, tváří k rohu, který je nejblíže severní straně. Představte si, že jedním hlubokým nádechem vsajete do sebe veškerou negativní energii ze severního rohu a zároveň si vizualizujte černou barvu. Při výdechu si vizualizujte bílé světlo, které vydechněte směrem k tomuto rohu.
2. Pak se natočte doprava tak, že budete tváří k východnímu rohu místnosti. Zopakujte stejný postup nádechu a výdechu jako v případě severního rohu.
3. Natočte se doprava k jižnímu rohu místnosti a zopakujte předešlý postup.
4. Natočte se doprava směrem k západnímu rohu místnosti a znovu výše uvedený postup zopakujte.

Prostor je očištěný od negativních energií a postup je uzavřený. Následně si můžete případně očistit i svou auru. Čištění probíhá ve stoji - v esenciálním bodě přibližně 30 cm nad hlavou si vizualizujte světlo, kterým vyplníte všechny oblasti svého energetického pole. Začínáte shora a skončíte v jednom bodě přibližně 30 cm pod vašimi chodidly.

Tímto je uvedené cvičení ukončeno. Pokud byl člověk během celého dne v tělesném kontaktu s jinými lidmi, může si očistit svoji auru případně i pomocí sprchy, která by měla trvat minimálně pět minut. Na našich kurzech předkládáme i jiné techniky čištění aury.

Léčivé cvičení s vaším partnerem zaměřené na "waste energy"

Dvakrát týdně

Toto cvičení se týká "odpadní" či ztracené energie, která se hromadí v oblasti horní části zad a způsobuje v této oblasti problémy. Tyto problémy se mohou projevit kromě jiného jako bolest hlavy, různé pocity napětí a ztuhlost svalů v ramenou, krku nebo mžitky před očima. Těchto příznaků a obtíží se můžete zbavit níže popsaným léčivým cvičením, které bylo sestaveno Bobem Moorem. Případně si přečtěte podrobnější informace o příslušném bodu v této knize.

Důležité upozornění: Musí uplynout přibližně 24 hodin, než může člověk, kterému se dostalo této léčby, stejným postupem léčit i svého partnera.

Postavte se na levou stranu vašeho partnera. Položte svou levou ruku na její / jeho čelo a svou pravou ruku na její / jeho zadní spodní část hlavy. Pár minut nechte své ruce v této poloze. Takto se dostane do souladu s vaším partnerem a on / ona se uvolní.

1. Umístěte svou pravou ruku na 2. obratel na zádech partnera a levou ruku na brániční bod (na okraj spodního žebra vodorovně směrem dolů od levé bradavky).
2. Svou pravou rukou provádějte krouživé pohyby proti směru hodinových ručiček tak, aby se plocha vaší ruce vždy jemně dotkla místa nad 2. obratlem na zádové části partnera. Pohybujte rukou ve stále se zvětšujících krouživých pohybech, až po body na ramenech, které se nacházejí na hranách pravé a levé lopatky.
3. Podél těchto bodů na ramenou kružte opět směrem zpět do výchozího bodu.
4. Pokud dosáhnete výchozího bodu, na krátký čas ponechte svou pravou ruku na zádech partnera, konkrétně na příslušném 2. obratli. Tímto je toto léčivé cvičení ukončeno.

Přehled bodů
Přední část těla

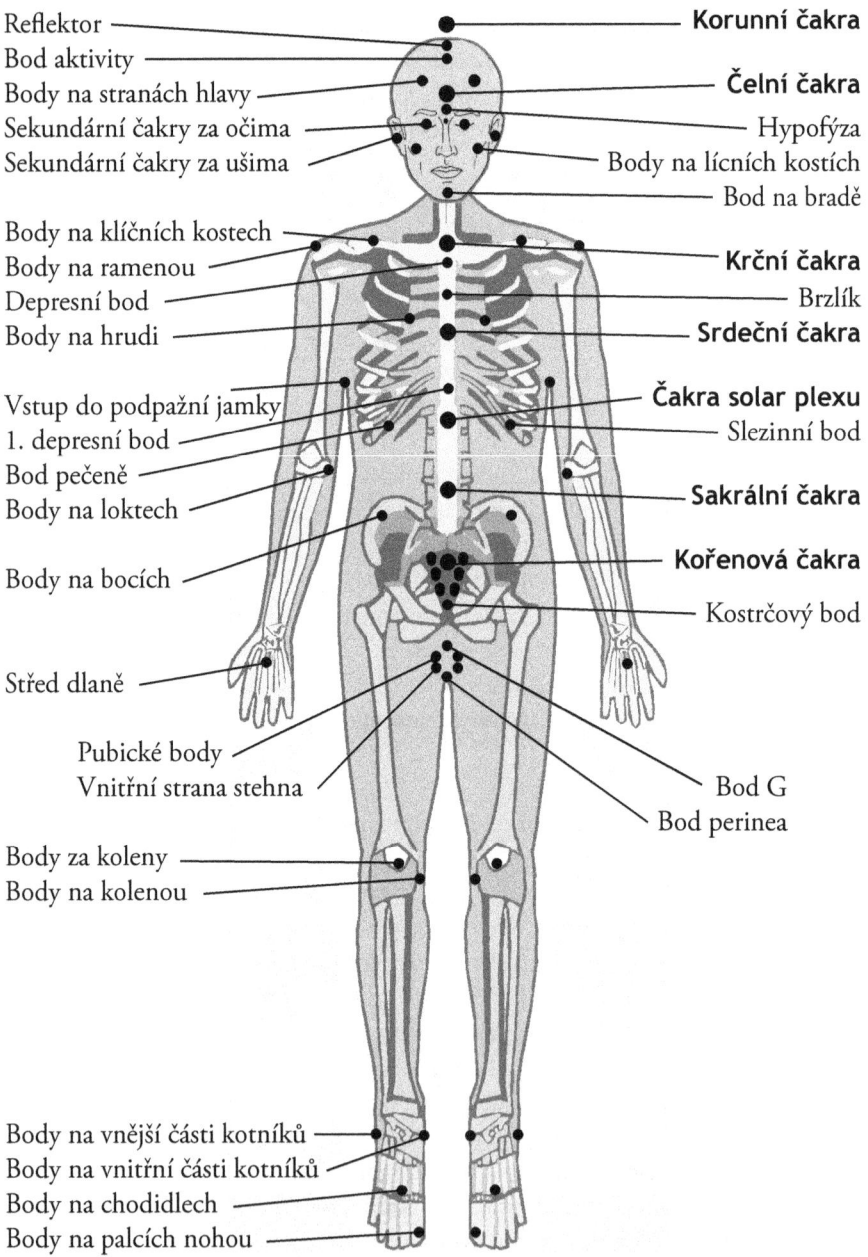

www.auric-energyfields.com

Přehled bodů
Zadní část těla

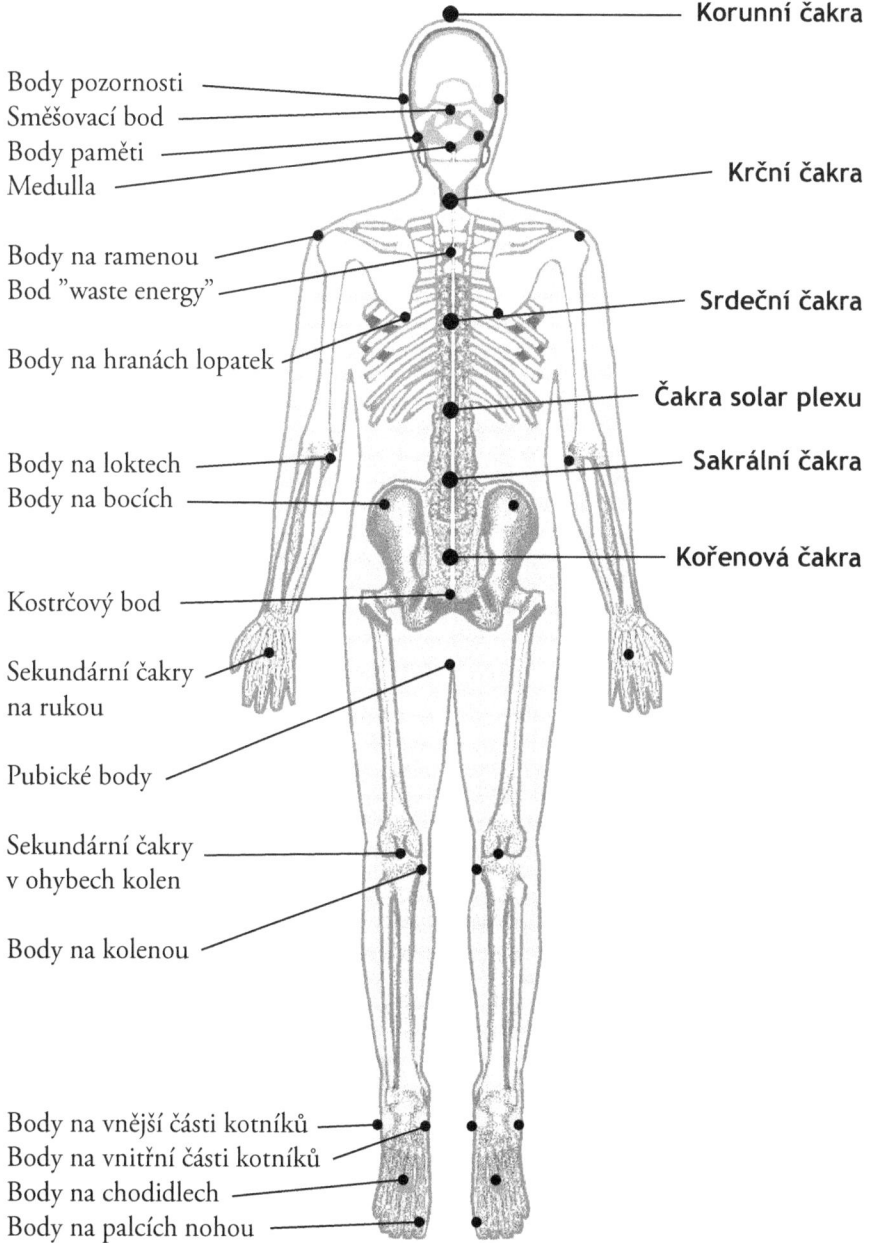

Frank Lorentzen (nar.1949)
je hudebník, skladatel, léčitel,
jasnovidec a autor knih,
který se dlouhá léta věnuje
oblastem a tématům obsaženým v této knížce.

Vyrůstal v Dánsku, severně od Aarhusu. Díky svému jasnovidnému přístupu k přírodě a svému mnohostrannému hudebnímu talentu se brzy začal odlišovat od svého okolí. Jako devítiletý se oddal kouzelnému světu hudby, což ho vedlo k tomu, že se sám naučil hrát na klavír, později na kytaru a jiné hudební nástroje. Až do svého 36. roku života se živil prostřednictvím své hudby.

V roce 1972 se začal denně věnovat meditaci. Tato meditativní praxe ho v roce 1982 přivedla k "mystickému zážitku", který ho dovedl k osobnímu poznání, iniciaci, aby působil jako léčitel.

Materiál této knihy vychází z autorových živých vzpomínek z jeho dětství a z jeho dospělého života. Vychází z pojetí člověka jako celku a ze spirituální formy vědomí i z integrace této formy vědomí s osobností člověka. V roce 1983 se Frank Lorentzen setkal s významným irským léčitelem Bobem Moorem, který se pro něj stal velkou inspirací a důležitou oporou.
Od roku 1985 působí Frank Lorentzen jako léčitel a pracuje tak s individuálními osobami i se skupinami. Léčí pomocí hudby, zvuku, snů, práce s energií v energetickém poli člověka a v lidském těle. Na domácí půdě a v zahraničí se prezentuje mnoha koncerty a také kurzy a semináři, které vede.

Paralelně se svou výukou a individuálními konzultacemi se věnuje také komponování hudby, v hudebním vydavatelství Fønix Musik dosud vyšly jeho hudební CD s následujícími tituly:

Hands 1986
Centering 1989
Summer Vision 1990
The Balance of Gaia 1994
Alpha 1997

Harmonic Resonance 1999
Serenity 2003
Concert for Prague Castle 2003
Chakramusic 2007

Frank Lorentzen
mail@auric-energyfields.com
www.auric-energyfields.com

www.ingramcontent.com/pod-product-compliance
Lightning Source LLC
Chambersburg PA
CBHW031629160426
43196CB00006B/339